내게 사랑이라는
소중한 선물을 건네준
나의 벗 한 사람 한 사람에게.

헨리 나우웬의
안식의 여정

지은이 | 헨리 나우웬
옮긴이 | 윤종석
초판 발행 | 2023. 6. 28
등록번호 | 제1988-000080호
등록된 곳 | 서울특별시 용산구 서빙고로65길 38
발행처 | 사단법인 두란노서원
영업부 | 2078-3333 FAX | 080-749-3705
출판부 | 2078-3332

책값은 뒤표지에 있습니다.
ISBN 978-89-531-4493-4 03230

독자의 의견을 기다립니다.
tpress@duranno.com www.duranno.com

두란노서원은 바울 사도가 3차 전도 여행 때 에베소에서 성령 받은 제자들을 따로 세워 하나님의 말씀으로 양육
하던 장소입니다. 사도행전 19장 8-20절의 정신에 따라 첫째 목회자를 돕는 사역과 평신도를 훈련시키는 사역,
둘째 세계선교™와 문서선교단행본·잡지 사역, 셋째 예수문화 및 경배와 찬양 사역, 그리고 가정·상담 사역 등을 감
당하고 있습니다. 1980년 12월 22일에 창립된 두란노서원은 주님 오실 때까지 이 사역들을 계속할 것입니다.

마지막 한 해,
만남과 기도로 꽃피운
일상 영성의 기록

헨리 나우웬의

안식의 여정

헨리 나우웬 지음   윤종석 옮김

두란노

차 례

본향을 향한 여정의
마지막 한 바퀴

1995년 9월 2일, 안식년을 맞이한 헨리 나우웬은 자기 내면과 주변에서 일어나는 일들을 하루도 거르지 않고 기록하자고 마음먹었다. 드디어 1996년 8월 30일, 700페이지에 달하는 원고에 마지막 일기를 더함으로써 그는 생애 마지막 책을 완성했고 작가로서 그의 소명을 마쳤다.

그는 미처 자신의 일기를 다시 읽거나 고칠 기회도 없이, 평상시 늘 그랬던 것처럼 몇몇 친구들에게 원고를 보내 소감을 들어 보지도 못한 채 세상을 떠났다. 그에게 고칠 기회가 주어졌다면 분명 초고를 더욱 세심하게 다듬었으리라. 원래의 원고에 충실하고자 나 역시 별로 손대지 않았다. 그리하여 비록 완성도와 기교는 조금 떨어질지 몰라도 헨리의 삶과 정신이 가득 넘치는 이 책이 탄생했다.

1995년 9월, 헨리와 9년을 함께 산 우리 라르쉬 데이브레이크(L'Arche Daybreak) 공동체 가족은 그에게 안식년을 주면서, 글쓰기 말고는 다른 모든 일을 사절해야 한다는 사명을 주었다. 그러나 우리가 미처 생각하지 못한 것이 있었다. 그는 친구가 필요했고 또한 그에게는 우정의 은사가 있었다. 그리고 거기에 대한 헨리만의 반응도 생각하지 못했다. 이 책은 말하자면 우정의 '오디세이'(경험이 가득한 긴 여정을 뜻하는 말. 오디세우스가 트로이 전쟁 후 귀향하기 전에 10년을 방랑하면서 겪은 모험을 그린 고대 그리스 서사시 '오디세이'에서 유래했다)를 담은 것이다. '오디세우스' 헨리는 고단한 여정을 거쳐야 했고 그 과정에서 다섯 권의 책이 태어났다.

초고를 보면 헨리가 만나고 축하하고 위로하고 조언하고 관계를 쌓은 사람이 1,000명도 넘으며, 그중 우정으로 이름을 언급한 사람만도 600명이 넘는다. 크리스마스 다음 날 그는 이런 일기를 썼다. "내 마음은 감사와 애정으로 충만했다. 내 친구들을 일일이 끌어안고 그들이 내게 얼마나 큰 의미가 있으며 내가 그들을 얼마나 그리워하는지 말해 줄 수 있다면 좋으련만. …… 몸과 마음과 영혼, 내 전 존재가 아무런 조건도 두려움도 제약도 없이 사랑하고 사랑받고 싶은 심정이었다."

그의 일기에 언급된 많은 사람은 헨리와의 만남이 자기 인생에서 중요한 '사건'이었다고 고백한다. 헨리가 시간을 아끼지 않고 상대방과 함께 있으며 사랑으로 상대방의 이야기를 들어주었기 때문이다. 헨리는 줄곧 작고 좋은 만남을 이야기하고 있지만 그를 마주한 사람에게는 그 '작은' 것이 곧 깊고도 아름다운 것이었다.

생애가 그러했듯 일기에서도 헨리는 무엇보다도 사제이자 목회자였다. 날마다 거행하는 성찬식에 대한 그의 열정은 책 전체를 관통하는 하나의 맥이다. 결혼식과 장례식에서 많은 무리와 함께 행할 때도 있지만 개인적으로 그는 사람들 사이에 공동체 의식이 느껴지는 작고 친밀한 성찬식에서 더 큰 은혜를 받은 듯하다. 헨리는 그날그날의 성경 말씀을 사회문제, 시사, 신간 서적, 예술 작품 등과 관련지어 통찰력 있게 풀었으며, 뛰어난 영적 감각으로 이를 일상의 경험과 연결했다. 현실을 사는 가슴과 머리의 이 대화야말로 그의 영성의 특징이자 영적 독서의 풍부한 원천이 된다.

일기에서 헨리는 시종 피로감에 싸여 있다. "왜 이렇게 피곤할까?" 그는 자문한다. "실컷 잤는데도 깰 때면 한없이 피로가 밀려온다. …… 무슨 일을 하든 굉장히 애써야 하고 그나마 몇 시간만 일하면 완전히 탈진해 쓰러져서는 종종 깊은 잠에 빠지곤 한다." "내 몸이 신음하며 쉴 곳을 갈망한다." 이렇듯 그는 몹시 지쳐 있건만 그도 그의 친구들도 탈진이라는 불길한 전조를 알아차리지 못했다. "내가 피곤한 것은 단순히 내 일을 하고 싶은데 할 수 없어서인가, 아니면 다른 사람들의 짐을 덜어주고자 내가 분에 넘치는 짐을 지고 있어서인가?" 이런 자문은 한번쯤 생각해 볼 만한 신학적 묵상이겠지만 그의 때아닌 죽음을 생각할 때 그다지 위안이 되지는 않는다.

일기에는 그의 친구들인 로드레이 가족이 거듭 등장한다. 그들을 통해 헨리는 사제의 길과 글쓰기라는 자신의 소명을 보다 선명한 의식의 차원에서 더 깊고 새롭게 깨닫는다. 그들과 나눈 따뜻한 우정, 공중그네의 기예, 작은 곡예단 공동체의 생활 방식은 헨리의 내면에 아주 깊이 와닿았다. 그들의 곡예에서 그는 자신의 가장 깊은 갈망의 예술적 실현을 보았다. 그는 그들을 만나면서 새로운 의식의 세계에 들어서게 됐다고 고백한다.

안식년 기간 중 곡예에 관한 책을 쓸 수 있기를 헨리도 그 친구들도 바랐지만 그 작업은 아직 때가 아니었다. 비록 그의 의식 속에 이 주제에 관한 관심과 책을 써야겠다는 마음이 '잉태'는 됐으나, 글쓰기 면에서

o   11

나 그의 삶 면에서나 그것이 아직 '태어날' 만큼 충분히 무르익지는 않았기 때문이다. 그는 어느 날 산타페의 작은 출판사 사장인 짐에게 이렇게 말했다. "(로드레이 가족과의 만남이) 어찌나 강렬했던지 지금도 감히 그것을 글로 옮기지 못하고 있습니다. 글은 물론 내 삶마저 철저히 새로운 단계로 들어서야 하기 때문이지요." 일기에는 "(그) 글을 쓰려 할 때마다 심한 망설임과 심지어 두려움마저 느껴진다"고 밝힌 대목도 있다.

헨리가 공중그네에 마음이 끌린 것은 다분히 '나는 사람'(flyer)과 '잡는 사람'(catcher) 사이의 특수한 관계 때문이다. 나는 사람은 군중 위로 높이 그네를 타다가 겁도 없이 그네를 놓고는 단순히 손을 내밀어, 잡는 사람이 강한 손으로 공중에서 자기 손을 잡아 주기만을 기다린다. 로드레이는 헨리에게 말했다. "**나는 사람**은 절대 **잡는 사람**을 잡으려 해서는 안 됩니다. 완전히 믿고 기다려야만 해요." 이 관계는 영적 삶에서 날고 싶었던 헨리의 내면의 열망에 새 지평을 열어 주었다. 영혼의 비상이란 영원토록 우리를 잡아 주시는 존재와의 관계 안에서 그 사랑의 손에 더욱 자신을 내어 맡김으로만 가능한 것이기 때문이다.

안식의 여정 동안 헨리의 마음에는 내면의 줄다리기가 계속된다. 한편으로는 고독, 기도, 글쓰기, 보다 친밀한 우정으로 끌리는 마음이 점점 깊어지지만 다른 한편으로는 설교, 강의, 여행, 행사, 협업 등 일하고 싶은 평생의 열망이 따라다닌다. 다시 자리에 앉아 글을 쓸 때면 역시 글쓰기가 즐겁다. 글 쓰는 시간을 더 많이 갖고 싶은 마음도 자주 표현한다. 하지만 이상과 현실의 간극을 메우고 싶은 그의 고뇌는 너무 현실적이고 고통스러우며 너무 인간적이다!

헨리는 언제나 열정적으로 살았으며,《안식의 여정》에서 자신에게 우정과 친밀함이 필요하다고 인정한다. 간혹 소외감과 외로움을 토로할 때도 있다. 그의 아름다움은 자신의 고통을 나누는 데 있지 않고 고통에 대한 자신의 반응을 단순히 털어놓는 데 있다. 그는 통상적 도피처(그것이 무해한 것이든 위험한 것이든)로 쉬이 달아나지 않고 기꺼이 고통을 감내했다. 너무 힘들 때는 손을 내밀어 도움을 구하며 고민을 나누었다. 그는 자신의 연약함을 알았으며 최대한 신실하게 그 모습으로 살고자 했다. 그는 자신의 모든 성공과 인기의 배후에 숨은 이 '가시'를 자기 힘으로 통제할 수 없었지만 서서히 그것을 자신이 사랑했던 소명의 한 부분으로 수용하여 통합하려 했다.

헨리는 자신이 생각과 느낌과 정서 면에서 새로운 영역에 들어서고 있음을 알았다. 한 인간으로서만 아니라 다른 사람들과 교회에 헌신된 자로서 그는 새로운 차원의 깊이로 들어가고 있었다. 그러나 한편 그는 머뭇거렸다. "원치 않게도 나는 (사제로서, 작가로서, 영성 지도자로서) 계속 지금의 명성에 갇혀 있음을 깨닫는다. 최근 들어서는 명성이 오히려 제약으로 느껴진다. 명성에 부합되게 살아야 하며, 교회, 라르쉬, 가족들과 친구들, 독자들의 기대에 부응해 말하고 행동하고 책을 써야 한다는 부담이 내면을 짓누른다. …… 내 소명에 충실하다는 것은 무슨 뜻인가? 이전의 생활 및 사고방식을 고수해야 하는가, 아니면 일부 사람들에게 실망을 줄 수 있음에도 불구하고 새로운 방향으로 나아갈 용기를 구해야 하는가?"

이런 새로운 질문은 공동체, 기도, 우정, 친밀함, 일, 교회, 하나님, 삶, 죽음 등 그의 인생의 모든 차원에 해당되는 것이라고 그는 말한다. 곡예에 관한 책이 아직 내면에 충분히 무르익지 않았던 것처럼 그에게 손짓하는 새로운 자유의 온전한 통합도 마찬가지였다. 그는 말한다. "내가 아직도 완전히 자유롭지 않음을 안다. 여전히 두려움이 있다." 그는 원망이나 부끄러움 없이 이런 질문에 삶으로 부딪치며 새로운 통합에 힘쓴다. 그 모습을 통해 독자들은 그가 미지의 새로운 방향을 얼마나 뜨겁게 갈망하며 혼신을 다했는지 볼 수 있다. 그는 두려웠지만 그 사실을 부끄러워하지 않았다. 평생 다져 온 지혜로 그는 젊음과 인간의 한계를 뛰어넘는 새로운 자유를 추구했다. 사람들과, 또한 그가 믿었고 날마다 교제를 나누었던 보이지 않는 하나님과 더 깊은 연합을 추구했다.

1970년대 후반, 어머니가 돌아가신 뒤 헨리는 어머니와의 관계에 관해 두 권의 책을 썼지만 아버지와의 관계에 관해서는 거의 글을 쓴 적이 없었다. 복잡한 일이었고 둘 사이에 대화도 어려웠기 때문이다. 《안식의 여정》에는 아흔세 살 아버지와 예순네 살 아들이 함께 유익한 시간을 보내는 감동적인 장면이 몇 군데 등장한다. 캐나다를 떠나 네덜란드의 아버지를 방문한 헨리는 아버지에게서 이런 인사를 듣는다. "이발 좀 해야겠구나! 우선 한숨 푹 자. 그동안 못 잤던 잠부터 보충해야지." 헨리는 농담처럼 말한다. "아버지는 언제나 아버지다!"

헨리는 부자 관계의 간략한 역사와 둘 사이의 깊은 화해의 과정을 가슴 뭉클하게 털어놓는다. "오래전 나와 다툴 때 아버지는 이렇게 말했다. '너는 심리학자니까 권위적인 아버지에 대해 훤히 알겠지. 너 역시 그런 아버지를 둔 것, 행복한 줄 알아라. 하지만 날 바꾸려 들진 마!' …… 내가 서른두 살이고 아버지가 예순한 살이었을 때 우리는 서로 세대가 달랐고 완전히 딴 세상에 살았다." "그러나 둘 다 나이가 들고 점점 방어적인 태도가 줄어들면서 나는 아버지와 내가 얼마나 비슷한지 새삼 알게 됐다. 오늘도 거울을 보면 예순네 살 적의 아버지가 보인다. …… 우리 둘의 가장 큰 차이는 성격이 아닌 나이임을 즉시 깨닫는다!" "지금 우리 사이에 존재하는 이 친밀감은 30년 전만 해도 생각조차 불가능한 것이었다." "[이제 우리는] 난로 앞에 바짝 앉아 손을 녹이는 두 노인[이 됐다]." "이런 일이 가능해지기 위해 아버지는 아흔세 살, 나는 예순네 살이 돼야만 했는지도 모른다!" "지금 우리는 죽음을 목전에 두고 같은 세대의 일부가 돼 서로 한결 가까워진 기분이다. 아버지를 주신 하나님께 감사드린다."

부자는 아흔세 살과 예순네 살이 돼야 했을 뿐 아니라, 차라리 갈라서서 오해의 고통을 끝내는 편이 더 쉬웠을지도 모를 어려운 관계의 시절에도 서로에게 변함없이 충실해야 했다. 둘 다 연약한 모습 그대로 관계에 임했고 그리하여 이들이 마침내 누리게 된 푸근한 친밀감은 기나긴 고통의 과정의 열매였다. 모호했던 오랜 세월을 두 사람 모두 기꺼이 견뎌 낸 대가였다.

《안식의 여정》은 본향을 향한 여정의 마지막 한 바퀴를 돌던 헨리의 생각과 활동을 담은 아주 단순한 책이다. 나그네 길과 본향에 대한 그의 믿음이 도처에 배어 있어, 늘 변화하며 성장하는 신앙으로 하나님 앞에서 자신의 소명을 다하려던 그의 평생의 갈망과 씨름을 잘 증언해 준다. 그 간증만으로도 이 책은 소중한 기록이다. 이 책은 천천히 읽어야 한다. 독자들은 특정한 만남의 의미, 성경이나 뉴스 속 사건의 의미, 신간 서적에 담긴 통찰의 의미, 음악회나 예술품의 배경의 의미 등을 헨리와 함께 주의 깊게 묵상해야 한다. 이 책에는 말없이 숨어 있는 깊이와 아름다움이 아주 많아 호기심으로 급히 읽어 내려던 독자들은 실망할 수 있다.

헨리도 미처 몰랐지만 헨리에게 《안식의 여정》은 곧 당면한 죽음의 준비였다. 그는 안식년을 마치고 라르쉬 데이브레이크로 돌아온 지 3주 만에 세상을 떠났다. 몇 해 전 그는 죽음에 대한 자신의 태도 변화를 《죽음, 가장 큰 선물》(*Our Greatest Gift*)이라는 책에 소개했는데, 이 글이 삶으로 구체화된 것이 바로 《안식의 여정》이다.

죽음과 친해지는 이 외로운 작업은 나뿐만 아니라 다른 사람들에게도 유익이 되리라 생각한다. 나는 다른 사람들의 인생 여정을 돕기 위한 열망으로 평생을 살아왔지만 내가 그들에게 줄 수 있는 것은 내 인생 여정 외에는 달리 더 없다는 것을 늘 깨닫곤 했다. 기쁨과 평안과 용서와 화해가 내 살과 피의 일부가 되지 않는 한 어떻게 그것을 전할 수 있단 말인가? 나는 언제나 다른 사람들에게 선한 목자가 되고

싶었지만 동시에 선한 목자란 친구들을 위해 자신의 목숨(자신의
아픔과 기쁨, 회의와 희망, 두려움과 사랑)을 내주는 사람이라는 것도 언제나
알았다.

헨리가 남긴 말과 본보기라는 선물이 목자처럼 우리를 이끌어 주
기를 기도한다. 또한 우정 안에서 서로를 발견하고, 우리의 갈구 가운데
일어나는 의문을 환영하며, 기쁨과 아픔을 함께 나눌 수 있기를, 우리를
'잡아' 영원한 기쁨 안에서 하나 되게 하려 기다리시는 하나님을 믿음으
로써 죽음과 친해질 수 있기를.

1998년 5월, 라르쉬 데이브레이크에서

수 모스텔러
Sue Mosteller

헨리나우웬유작센터
유작 관리인

1995년 9월.

내 앞에 놓인 한 해,
'기도의 해'가 되리라

1995년 9월 2일 토요일, 캐나다 온타리오주 오크빌

오늘은 안식년 첫날이다. 흥분과 불안, 희망과 두려움, 피곤함. 하고 싶은 일이 너무 많다. 내 앞에 길게 활짝 펼쳐진 이 한 해는 꽃과 잡초가 무성한 밭이다. 그 밭을 어떻게 지날 것인가? 마침내 반대쪽 끝에 이를 무렵이면 나는 무엇을 배웠을까?

지금으로부터 딱 9년 전에 나는 데이브레이크에 도착했다. 그때도 막 한 권의 일기를 끝낸 터였다. 그 일기에 나는 하버드신학대학원을 떠나 '방주'(프랑스어 '라르쉬'는 방주라는 뜻이다)에 오게 된 경위를 중심으로 많은 생각과 감정과 열정과 기분을 적었다. 그렇게 길을 바꾸는 데 1년이 걸렸다. 그때가 내 첫 안식년이었다. 그 시간 동안 내 마음은 새로운 삶, 장애를 가진 이들과 함께 사는 삶에 서서히 열렸다. 《데이브레이크로 가는 길》(The Road to Daybreak)이 그 안식년을 담은 기록이다.

정확히 9년이 지난 지금, 나는 토론토 근방 오크빌에 있는 한스와 마거릿 부부의 집 작은 방에 앉아 있다. 한스와 마거릿은 내 '텅 빈 한 해'의 첫 2주를 '그냥 쉬면서' 자기들과 함께 보내자며 나를 초대했다. 한스는 말했다. "그냥 먹고 자고 뭐든 하고 싶은 대로 하세요."

기분이 묘하다! 아주 좋으면서도 동시에 아주 무섭다. 약속, 모임, 강의, 여행, 편지, 전화 없이 꼬박 1년만 지내 봤으면 하고 그토록 바랐건만.

완전히 새로운 일이 일어나도록 1년만 완전한 자유 시간이 있었으면 했다. 그런데 과연 내가 그렇게 할 수 있을까? 내가 유용하고 중요한 존재라는 느낌이 들게 해 주는 모든 일들을 놓을 수 있을까? 그간 내가 바쁜 삶에 꽤 중독됐다는 생각이 든다. 금단증상인지 약간의 불안마저 느껴진다. 나 자신을 의자에 붙들어 매야 한다. 다시 일어나 아무거나 관심이 끌리는 일로 바빠지고 싶은 거센 충동을 다스려야 한다.

그러나 이 모든 불안 아래에 커다란 기쁨이 흐른다. 드디어 자유다! 냉철하게 생각하고 깊이 느끼고 전보다 집중해 기도할 수 있는 자유, 지난 9년간 마음과 생각 속에 쌓아 온 수많은 경험을 글로 옮길 수 있는 자유, 우정을 깊게 가꾸고 새로운 사랑의 방식을 탐색할 수 있는 자유, 무엇보다도 하나님의 사자와 씨름하며 새로운 복을 구할 자유가 생긴 것이다. 지난 3개월은 마치 넘기 어려운 허들이 사방에 복잡하게 늘어선 장애물 경주 같았다. '9월까지 어떻게 견디지?' 하는 생각이 자주 들었다. 그런데 지금 여기 와 있다. 견뎌 낸 것이다. 기쁘다.

내게 큰 도움이 되는 사실이 하나 있으니, 바로 데이브레이크 공동체가 나를 이 안식으로 파송했다는 것이다. 이것은 사명이다! 나는 1년 내내 쉬는 이 상황에 죄책감을 느낄 자유가 없다. 도리어, 다시 바빠질 때 죄책감을 느껴야 하리라. 캐리와 제프를 비롯해 데이브레이크의 많은 친구들이 내게 "보고 싶어 어쩌죠?" 하고 말했지만 동시에 "신부님에게나 우리에게나 신부님이 이렇게 떠나시는 것이 좋아요"라는 말도 잊지 않았다. 혼자서 읽고 쓰고 기도하며 그렇게 새로운 삶을 살아야 하는 내 소명을 일깨워 준 것이다. 그런 시간은 내 삶뿐 아니라 우리 공동체의 삶에도 열매를 맺을 것이다. 데이브레이크의 이런 후원이 있기에 내가 자리를 비우고 떠나 있는 시간은 내 뜻을 실행한 것만이 아닌 공동체의 뜻을 실현한 것이기도 하다. 순종의 행위라고도 생각할 수 있다!

어젯밤 한스와 딸 마야가 금요일 밤 열리는 성찬식에 참여하고 나도 데리고 갈 겸 해서 데이브레이크에 왔다. 같이 오크빌로 오면서 한스가 말했다. "이제는 거기 더 머무를 구실이 없으시겠지요?"

지금 이 시간, 나는 모든 것이 잘되리라는 믿음으로 새로운 여정을 떠나는 것 말고는 어떤 일로도 댈 핑계가 없다. 데이브레이크에 오기 전한 해 동안 일기를 썼던 것처럼 이번에도 일기를 써야 한다는 것을 분명히 알고 있다. 내 내면과 주변에서 일어나는 일들을 하루도 거르지 않고 최대한 정직하게 쓰기로 나 자신과 약속했다. 쉽지 않으리라. 내가 들어서는 새 밭을 나도 모르기 때문이다. 그러나 어느 정도 모험을 감행할 각오가 돼 있다.

이 한 해를 샤를 드 푸코의 기도로 시작하고 싶다. 심한 떨림으로 날마다 드리는 기도다.

> 아버지, 아버지의 손에 저를 드립니다.
> 아버지 뜻대로 제게 행하시옵소서.
> 어떻게 하시든 저는 감사합니다.
> 모든 것을 수용할 각오가 돼 있습니다.
> 제 안에서, 아버지의 모든 피조 세계에서
> 아버지의 뜻만이 이루어지기 원합니다.
> 아버지의 손에 제 영혼을 맡깁니다.

제 마음속에 있는 모든 사랑을 드립니다.

아버지를 사랑하기에 저를 드리며

아무 조건 없이 무한한 믿음으로

아버지의 손에 저를 내려놓기 원합니다.

주님은 제 아버지이시기에.

아멘.

9월 3일 일요일

내 무의식은 필시 아직 안식년에 들어서지 않았다! 간밤에는 꿈자리가 그렇게 사납고 뒤숭숭할 수 없었다. 회의인데 제시간에 도착하지 못하고, 내 모든 직무를 다하지 못하고, 끝내야 할 일을 하나도 끝내지 못하는 꿈. 내 꿈에는, 부탁한 일을 하지 않았다며 내게 화난 사람들이 줄줄이 등장했다. 급히 답해야 할 편지와 팩스도 끊이지 않았다. 중간에 잠에서 깰 때마다 나는 내일의 스케줄이 전혀 없이 조용하고 평화로운 친구네 손님용 방에 누워 있는 내 모습에 웃음을 참을 수 없었다.

내가 할 수 있는 말이라고는 이 간단한 기도뿐이었다. "주 예수 그리스도여, 나를 불쌍히 여겨 주옵소서."

기도는 무의식의 삶과 의식의 삶을 이어 주는 다리다.

22

기도는 내 생각과 마음을, 의지와 열정을, 머리와 가슴을 이어 준다. 기도야말로 생명을 주시는 하나님의 성령이 내 존재 구석구석에 스머드시게 하는 길이다. 기도는 내 온전함과 일관성과 내면의 평안을 위한 하나님의 도구다.

그렇다면 내 기도 생활은 어떤가? 나는 기도가 좋은가? 기도하고 싶은가? 기도 시간을 내고 있는가? 솔직히 세 질문 모두 대답은 '아니오'다. 63년을 살았고 그중 38년을 사제로 지냈지만 지금 내 기도는 싸늘히 식은 것 같다. 10대 청소년 시절의 애틋한 기억이 떠오른다. 그때는 교회를 떠나서는 살 수 없었다. 예수님의 임재를 깊이 느끼며 몇 시간이고 무릎을 꿇곤 했다. 왜 사람들이 기도할 마음이 없는지 이해가 안 갔다. 기도는 너무 친밀했고 충만했다. 성직자의 길로 부르심을 입은 것도 기도에 충만하던 그 시기였다. 그 이후로 나는 기도에 많은 관심을 기울였다. 기도에 대해 읽고 쓰며 수도원과 기도원을 찾아다녔고 많은 사람들의 신앙 여정을 지도했다. 지금쯤이면 내 영혼은 기도의 불로 활활 타올라야 마땅하다. 실제로 많은 사람이 나를 그렇게 보며, 기도가 내 최고의 은사요 내 가장 깊은 갈망인 양 내게 말한다.

실상은 다르다. 나는 기도할 때 별 느낌이 없다. 들끓는 감정도 몸의 감각도 정신적 환상도 없다. 내 오감도 마찬가지 반응이다. 특별한 냄새나 소리도 없고 특별한 광경도 특별한 맛도 특별한 움직임도 없다. 성령께서 오랜 세월 내 몸을 통해 분명히 역사하셨지만 지금은 아무런 느낌이 없다.

나는 나이가 들고 죽음이 가까워질수록 기도가 더 쉬워지려니 기대했다. 그러나 사실은 정반대인 것 같다. 지금의 내 기도를 가장 잘 묘사할 수 있는 말은 어두움과 무미건조함이 아닐까?

이 어두움과 무미건조함은 내 과다한 활동에도 일부 원인이 있을 것이다. 나이가 들수록 나는 더 바빠지고 기도하는 시간이 점점 줄어들었다. 하지만 그런 식으로 나를 탓하지 말아야 할지도 모른다. 진짜 질문은 이것이다. "이 어두움과 무미건조함은 무엇인가? 나를 어디로 부르려는 것일까?" 이런 질문에 답하는 것이 내 안식년의 주요 과제일 것이다. 예수님은 이 땅에서의 삶의 끝자락에서 하나님께 버림받은 기분을 느끼셨다. 그분은 십자가 위에서 부르짖으셨다. "나의 하나님, 나의 하나님, 어찌하여 나를 버리셨나이까"(마 27:46). 그분의 육체는 가해자들에게 짓밟혔고 그분의 정신은 더 이상 존재의 의미를 추스를 수 없었으며 그분의 영혼은 한 점의 위로도 맛볼 수 없었다. 그럼에도 바로 그 찢긴 심장에서 새 생명의 표징인 물과 피가 쏟아져 나왔다.

내 기도의 어두움과 무미건조함은 하나님의 부재의 신호인가, 아니면 내 감각으로 수용할 수 없는 보다 깊고 넓은 임재의 신호인가? 내 기도의 죽음은 하나님과의 친밀한 관계의 종말인가, 아니면 말과 감정과 몸의 감각을 초월하는 새로운 연합의 시작인가?

내 기도가 싸늘히 식었다고 고백함에도 불구하고 내 앞에 놓인 한 해는 분명 기도의 해가 되리라. 내 기도는 분명 싸늘히 식었지만 내 속의 성령의 기도는 결코 그렇지 않다. 어쩌면 내 기도, 하나님과 가까워지려는 내 노력, 하나님과 연합하려는 내 방식을 버리고 성령께서 내 안에 자유로이 운행하시도록 해야 할 때가 왔는지도 모른다.

바울은 말한다. "너희는 다시 무서워하는 종의 영을 받지 아니하고 양자의 영을 받았으므로 우리가 아빠 아버지라고 부르짖느니라 성령이 친히 우리의 영과 더불어 우리가 하나님의 자녀인 것을 증언하시나니"(롬 8:15-16).

내 사납고 뒤숭숭한 꿈자리는 아마 내 앞에 놓인 많은 영적 임무를 내게 계속 상기시킬 것이다. 그러나 그 일을 해야 하는 것이 나 혼자가 아니라는 것을 나는 믿는다. 성령이 내 영과 연합하여 이 복된 시절에 들어서는 나를 인도해 주시리라.

9월 4일 월요일

지난밤에는 토론토 시내에 들어가 네이선과 수와 함께 저녁을 먹었다. 네이선은 데이브레이크 대표이고 수는 내가 안식년을 보낼 동안 나를 대신할 사제다. 네이선과 나는 같은 날 데이브레이크에 왔고, 데이브레이크 25년 역사의 거의 대부분을 그곳에 살았던 수는 나를 그 공동체의 멤버이자 사제가 되도록 캐나다로 부른 주역 중 하나였다. 우리 셋은 지난 9년 동안 같은 공동체에 살며 다방면으로 함께 일했을 뿐 아니라 절친한 친구가 됐다. 지난밤은 그 우정을 기리는 날이었다.

앞으로의 한 해를 내다볼 때 나는 기도 못지않게 우정도 중요한 사안이 되리라는 생각이 든다. 아니, 우정이 더 중요할지도 모른다. 나는 우정에 대한 필요가 크다. '정상' 수준보다 더. 돌아보면 내 인생의 아픔과 기쁨은 성공, 돈, 출세, 나라, 교회 따위와는 거의 상관이 없고 오히려 철저히 우정과 관계된 것이었다. 네이선과 수와 나눈 우정이 그 분명한 증거다. 데이브레이크에서 보낸 9년의 세월은 그들 둘과의 관계에서 빚어진 환희와 고뇌의 순간들로 점철돼 있다.

도움받고 환영받고 사랑받는 느낌일 때도 있었지만 거부당하고 버림받고 미움받는 느낌일 때도 있었다. 그 모든 과정을 거치며 나는 우정이란 진정한 훈련임을 깨달았다. 당연히 여길 일도 없고, 저절로 되는 일도 없고, 집중적으로 노력하지 않고 되는 일도 없다. 우정은 신뢰, 인내, 관심, 용기, 회개, 용서, 축하, 무엇보다도 신실함을 필요로 한다. 다 끝났다고 생각될 때, 네이선과 수가 나를 배반했거나 내게 등 돌렸다고 생각될 때도 참 많았다. 질투, 원망, 분노, 우울이 걸핏하면 나를 덮치곤 했다. 그런 생각을 하면 새삼 신기하다. 더 신기한 것은 우리가 아직도 친구, 정말 좋은 친구라는 사실이다. 물론 그렇게 되는 데는 세 사람 모두 고된 노력이 필요했다.

1년간 데이브레이크를 떠나면서 고민하는 문제는 "이 기간 동안 우정을 어떻게 이끌어 갈 것인가?"이다. 눈에 안 보이면 마음도 멀어진다는 것을 실감하며 절망에 빠질 것인가, 아니면 상대가 눈앞에 있든 없든 우정의 끈이 더 깊어질 수 있음을 믿는 새로운 내면의 영역으로 들어갈 것인가? 필경은 인간관계 스펙트럼의 양극단을 다 맛보게 될 것이다. 거기에 마음을 대비하는 것이 좋다. 그러나 중요한 것은 '느낌'과 무관하게 내면에서 늘 신실함을 선택하는 것이다.

그런 면에서 내 기도의 고민은 우정의 고민과 그리 다르지 않다. 기도도 우정도 정화(淨化)를 요한다. 둘 다 순간적 감정에 대한 의존도를 줄이고 영속적 헌신에 더 뿌리내려야 한다. 이렇게 글로 쓸 때는 아주 지혜롭게 들린다! 그러나 내 몸과 영혼이 그 지혜를 따라가는 데는 엄청난 양의 훈련이 필요할 수도 있다는 것을 나는 이미 알고 있다.

함께 저녁을 먹은 뒤 네이선과 수와 나는 영화 〈아폴로 13호〉(Apollo 13)를 보았다. 달나라 여행이 무산된 세 명의 우주 비행사가 성공적으로 안전하게 지구로 귀환한다는 내용이다. 그 모든 거창한 기술 공학 이면에는 인간관계의 이야기가 있다. 생명을 살리는 관계가 되는 데 필요한 훈련이 있다. 셋이 함께 영화를 보면서 나는 어떤 면에서 우리도 안전하게 집으로 돌아가려는 우주선의 비행사들이라는 생각이 들었다. 우정의 모험에 나서는 모든 이들에게 적용되는 사실일 것이다.

한스와 마거릿의 집 창문 너머로 온타리오호(湖)의 장관이 눈에 들어온다. 내 시선은 물과 하늘이 맞닿아 있는 신비의 선(Line)으로 자꾸만 끌린다. 푸른색이 회색에 닿은 것도 같고 회색이 푸른색에 닿은 것도 같고 푸른색이 푸른색에 닿은 것도 같고 회색이 회색에 닿은 것도 같다. 끝없는 푸른색 색조와 끝없는 회색 색조. 마치 모든 것이 선 하나로 응집되는 추상화 같다. 그러나 그 선은 하늘과 땅, 영혼과 몸, 삶과 죽음을 이어 주는 선이다.

그 선에 시선을 고정하는 것 자체로도 좋은 묵상이 된다. 마음과 생각이 차분히 가라앉는다. 일상적 실존의 제약을 넘어서는 소속감이 느껴진다. 물과 하늘은 대부분 텅 비어 있지만 이따금씩 멀리서 범선이나 비행기가 지나간다. 배도 비행기도 절대 그 선을 가로지르지 않는다. 선을 가로지른다는 것은 죽음을 뜻한다.

지난 일요일 캐나다 국립 박람회 에어쇼 때 일곱 명의 항공병을 태운 영국 공군 님로드기가 온타리오호에 추락했다. 단 한 명도 살아남지 못했다. 푸른 하늘은 믿지 못할 공간이 됐고 잔잔히 빛나던 물은 삼키는 괴물이 됐다. 그리고 그 선은, 떨어지는 순간 모든 것을 잃어버릴 수밖에 없는 곡예사의 줄이 됐다.

나는 그 선을 계속 주시해야 한다. 그래야 삶과 죽음, 선과 악, 부드러움과 힘에 맞설 수 있고 마음을 활짝 열어 존재의 깊이를 맛볼 수 있다.

이제 서서히 사방에 어둠이 깔리고 있다. 그 선도 시야에서 사라지고 모든 것이 침묵에 잠긴다.

어젯밤 나는 시카고 대주교인 조셉 버나딘 추기경에게 전화해 건강이 어떤지 물었다. 그는 말했다. "헨리, 연락해 주어 정말 기뻐요. 어제부터 다시 한나절씩 일을 시작했습니다. 상태가 아주 좋은 편이에요." 목소리는 강하고 힘이 있었다. 나는 말했다. "7월에 찾아뵌 뒤로 조셉 생각을 많이 하며 기도해 왔습니다. 건강이 좋아져 다시 일을 시작하셨다니 정말 다행이에요." 그러자 그는 말했다. "헨리, 그때 찾아와 함께 기도해 주고 책을 주고 간 것이 얼마나 큰 힘이 됐는지 이루 다 말할 수 없어요. 정말 고마워요. 요즘은 정말 특별한 은혜의 시기입니다."

7월에 추기경을 찾아갔던 일이 기억에 선하다. 당시 나는 시카고에서 열린 전국 가톨릭 HIV/에이즈 사역 수련회에 참석 중이었다. 버나딘 추기경이 췌장암에 걸려 대수술을 받고 나서 방사선 치료를 받고 있다는 소식이 신문에 크게 보도됐다. 시카고에 도착하고 얼마 지나지 않아 사제인 내 친구 밥에게서 전화가 왔다. 추기경이 내가 찾아와 주었으면 한다는 것이었다.

나는 추기경과 함께 30분 정도 이야기하고 기도했다. 대화하면서 깊은 감동을 받았다. 그는 내게 스티븐에 관해 이야기했다. 추기경을 성희롱 죄로 허위 고소했다가 나중에 고소를 취하한 사람이다. 그 사건은 큰 뉴스거리가 됐고 추기경에게 엄청난 고통을 떠안겼다. 모든 진실이 밝혀진 뒤 추기경은 필라델피아로 스티븐을 찾아가 그에게 용서를 베풀고 함께 기도한 뒤 성찬식을 가졌다. 에이즈 환자이며 교회에 강한 적대감을 품고 있던 스티븐은 이 화해의 몸짓에 큰 감동을 받았다. 스티븐은 물론 버나딘 추기경에게도 그것은 인생의 가장 중요한 순간 중 하나요 진정한 치유의 순간이었다.

추기경은 말했다. "지금은 스티븐도 나도 중환자예요. 스티븐은 에이즈에 걸렸고 나는 암에 걸렸지요. 둘 다 죽음을 준비해야 합니다. 스티븐은 한 달에 한 번 정도 내게 전화해 안부를 묻곤 하지요. 나한테 큰 힘이 됩니다. 이제 우리는 서로 돕는 사이랍니다."

그렇게 말하는 추기경이 문득 아주 가깝게 느껴졌다. 그는 진정 내 형제요 나와 똑같이 고뇌하는 한 명의 동료 인간이었다. 어느새 나는 '추기경님' 따위의 경칭을 버리고 그를 조셉이라 부르고 있었다.

조셉은 말했다. "요즘은 아주 은혜로운 시간입니다. 치료받으러 병원에 갈 때도 뒷문으로 살짝 들어가 곧장 의사 방으로 직행할 생각이 없습니다. 오히려 암에 걸려 죽음을 두려워하는 다른 환자들을 만나고 싶답니다. 형제요 친구로서 그들과 함께 있으면서 조금이나마 위로와 위안을 전하고 싶어요. 병에 걸린 뒤로 완전히 새로운 사역이 생겼습니다. 그것에 깊이 감사하고 있어요."

우리는 죽음에 관해 이야기했다. 우리 어머니가 췌장암 수술 후 돌아가셨기에 나는 조셉의 병이 얼마나 위험한지 알고 있었다. 그는 아주 낙관적인데다 다시 일도 시작했고 주변에서도 완치를 기대하고 있었지만 그럼에도 자신의 죽음에 관해 이야기하는 것을 겁내지 않았다. 그와 마주 앉아 있노라니 그의 병과 죽음이야말로 그가 현대 교회에 베풀 수 있는 최고의 선물일 수도 있다는 깊은 확신이 들었다. 너무나 많은 사람이 에이즈와 암으로 죽어 가고 너무나 많은 사람이 기아와 전쟁과 폭력으로 죽어 가고 있다. 조셉의 병과 죽음은 그 모든 사람들에게 참된 긍휼의 사역이 될 수 있을까? 그도 예수님처럼 다른 사람들을 위해 그것을 감당할 수 있을까? 그가 병원에 갈 때 뒷문으로 가지 않고 앞문으로 들어가 환자들을 만났다는 사실이 나는 너무 감사했다. 에이즈 환자 스티븐이 그에게 격려를 보내고 있다는 사실이 너무 감사했다. 조셉이 기꺼이 슬픔의 잔을 마시며, 지금이 자신의 인생에서 가장 값진 시간임을 믿고 있는 것이 한없이 감사했다.

말할 것도 없이 나는 조셉의 암이 완치되기를 바란다. 그리고 그가 다시 일을 시작한 것을 큰 다행으로 생각한다. 내가 보기에 조셉 버나딘 추기경은 현대 가톨릭교회의 가장 중요한 지도자 중 한 사람이다. 시카고에 있는 신자들도 그가 계속해서 사역할 수 있기를 간절히 바라고 있다.

그럼에도 불구하고 조셉은 언젠가 죽을 것이다. 그의 병은 그에게 죽음의 임박성을 일깨워 주었다. 스티븐을 용서하고 암을 받아들여 온 그간의 삶을 토대로, 길든 짧든 추기경의 여생이 그의 평생에 가장 긍휼이 풍성한 시절, 생사의 한계를 훌쩍 뛰어넘어 열매 맺는 시절이 되기를 기도한다.

9월 8일 금요일

어젯밤부터 토론토 국제영화제가 시작됐다. 9월 16일까지 다양한 나라와 문화의 신작 영화 수백 편이 이 도시에서 선보일 것이다. 한스는 사진이 잔뜩 실린 안내 책자를 사서는 '공부'하라며 내게 건넸다. 그 안에는 출품된 모든 영화가 소개돼 있었다.

책자를 쭉 훑어보노라니 이거야말로 현대판 이야기책이라는 생각이 든다. 영화마다 사람들의 삶과 고통과 죽음에 관한 이야기가 담겨 있다. 대부분의 이야기는 (부드러운 애정 관계든 폭력과 학대 관계든) 인간관계에 관한 것이다. 모든 영화에 아프리카, 아시아, 중남미, 호주, 북미 등 오늘날 우리가 사는 세계의 일면이 담겨 있다.

책자에는 '현대의 양식(nourishment)'이라는 부제가 달려 있기는 하지만 그 양식은 대부분 쓴맛이다. 우리 시대는 분명 엄청난 혼란과 심한 기복과 정서적·도덕적 혼돈의 시대다. 그러나 그 와중에도 미담과 친절과 희생이 있고 소속에 대한 깊은 갈망이 있다. 20세기 말 인간의 갈망을 이 영화제를 통해서보다 더 잘 알 수 있는 길은 없을 것 같다. 영화로 소개되는 이야기들은 우리 시대 남녀노소의 사연들 아닌가. 이야기들이 대부분 비정상이요 예외적인 것이라며 반론을 펼 사람도 있을 것이다. 그러나 바로 그 이야기들이 우리 사회의 가장 민감한 신경을 건드리고 있다는 점은 부인하지 못하리라.

어느 출품작이든 막판에 표를 구입한다는 것은 불가능에 가까우리만큼 힘든 일이었다. 영화제가 시작되기 오래전에 표는 이미 매진됐다. 사람들은 이야기를 보고 듣고 싶어 한다. 그리고 자신의 인생 사연을 보다 크고 보다 극적이며 보다 명확하고 보다 강렬한 이야기의 맥락 안에서 경험하기 원한다.

지난 25년간 나는 많은 에세이와 깨달음과 묵상 글을 썼다. 그러나 좋은 '이야기'를 써 본 일은 거의 없다. 왜일까? 내 도덕적 성향 때문에 일상생활의 모호한 현실보다는 바른 메시지를 전하는 일에 더 사명감을 느꼈을지도 모른다. 사실 바른 메시지란 일상의 현실에서 자연스럽게 나와야 하는 법인데도 말이다. 나는 새 생명이 태동하는 습지에 발을 딛기가 무서웠는지도 모른다. 끝이 열려 있는 이야기의 여파에 불안을 느꼈는지도 모른다. 그럴 수도 있다.

그러나 나는 인간이란 누구나 태어나는 순간부터 죽는 순간까지 이야기를 듣고 싶어 한다고 확신한다. 이야기는 우리의 작은 삶을 주변 세계와 이어 줌으로 자신의 참존재를 발견하도록 도와준다. 성경도 하나의 이야기책이며 복음서는 예수님의 탄생과 죽음과 부활에 관한 네 편의 이야기다. 실은 예수님이 가장 위대한 이야기꾼이셨다.

안식년을 시작하면서 나도 이제 사제로서 이야기꾼이 돼야 한다는 생각이 든다. 하고 싶은 이야기는 많다. 첫 번째 질문은 이것이다. "어떻게 잘 전할 것인가?" 이야기를 전한다는 것은 쉽지 않다. 빨리 해피엔딩에 이르고 싶은 성향이 강할수록 더욱 어렵다. 두 번째 질문은 이것이다. "어떻게 용기를 내서 기존의 틀과는 다른 이야기를 쓸 것인가?"

내 앞에 기다리고 있는 삶이 무엇이든, 토론토 국제 영화제는 두려움을 떨치고 이야기를 쓰라는 분명한 부르심이다.

9월 9일 토요일

오늘로 안식년이 시작된 지 일주일이 됐다. 그런데 아직도 글쓰기에 손도 못 대고 있다. 물론 일기야 매일 썼고 또 작은 노트에 '오늘의 생각'도 메모해 두었지만, 망설이느라 첫 번째 작품을 아직 시작도 못 하고 있다. 첫 번째 작품이란 예수님이 제자 요한과 야고보에게 주셨던 "잔을 너희가 마실 수 있느냐"(마 20:22)는 질문에 관한 소책자다.

이런 망설임은 어디서 오는 것일까? 내가 쓰려는 말이 무엇인지는 알지만 어떻게 써야 할지를 모르겠다. 나는 새로운 스타일, 그러니까 보다 직접적이고 친근감 있는 이야기체의 글쓰기를 꿈꾸지만 일단 꿈을 깨면 도무지 자신이 없다. 자꾸만 질질 끈다고 도움이 되는 것은 아니다. 그래서 오늘은 시작해야 한다. '새로운 스타일'에 대한 걱정일랑 버리고.

솔직히 "잔을 너희가 마실 수 있느냐"는 예수님의 질문은 내게는 아주 개인적인 질문이다. 내 잔에는 굳이 마시고 싶지 않지만 소명을 완수하기 위해 필히 마셔야 할 것들이 아주 많이 있다. 지난 한 달 동안 '잔을 마신다'는 말은 내가 살아가는 삶에 가장 적절한 표현이 됐다. 묵상하면 할수록 이 잔은 기쁨의 잔만 아니라 슬픔의 잔이라는 사실을 깨닫는다.

어젯밤과 오늘 아침 나는 "잔"(cup)이라는 단어가 쓰인 성경 본문을 모두 찾아보았다. 창세기부터 요한계시록까지 모두 68번 나온다. 가장 놀라운 것은 이 말이 정죄의 단어로 쓰인 적도 있고 구원의 단어로 쓰인 적도 있다는 사실이다. 진노의 잔도 있고 축복의 잔도 있다. 악인들을 위한 잔도 있고 택함받은 자들을 위한 잔도 있다. 이렇듯 "잔을 너희가 마실 수 있느냐"는 질문은 그 뜻이 한층 풍부해진다. 인생이란 슬픔도 가득하고 기쁨도 가득한 것이다. 그 둘은 한데 속한 것일까? 어떻게 우리는 정죄(유죄 판결)가 구원이 될 수 있음을 믿으며, 기쁨과 슬픔을 둘 다 온전히 맛보며 살 수 있을까?

어쨌든 이제 글쓰기를 시작해야 한다. 더 이상 기다릴 명목이 없다.

저녁마다 식사 전에 나는 한스와 마거릿과 그들의 손님들로 더불어 식탁에서 성찬식을 갖는다. 식사를 나누기 전 친구들이 함께 모여 기도하는 그 시간이 나는 늘 감사하다.

성경 말씀을 읽고 그것이 오늘 우리 삶에 주는 의미를 묵상하며 어려움에 처한 많은 사람을 위해 기도하고 예수님의 살과 피를 받는 것이야말로 어떤 유익한 대화나 근사한 식사로도 이룰 수 없는 방식으로 우리를 하나 되게 해 준다. 성찬식은 과연 우리로 교회 즉 에클레시아가 되게 해 준다. 에클레시아는 노예의 삶에서 자유로 불러냄을 입은 사람들이라는 뜻이다.

물론 우리는 가족이요 친구요 직장 동료이기도 하다. 그러나 그 이상으로 우리는 함께 본향(예수님이 우리의 처소를 준비하러 가신 곳)을 향해 걸어가는 하나님의 사람들이다.

o   35

삶에는 즐길 거리가 많다. 그러나 그것을 앞으로 하나님의 집에서 보고 듣게 될 것들의 맛보기로 즐길 수 없는 한, 죽음의 한계 앞에서 우리의 모든 낙은 헛되고 부질없고 심지어 공허하기까지 할 것이다.

오늘 읽은 두 번째 본문(몬 1:10, 12-17)은 바울이 오네시모를 위해 탄원하고자 빌레몬에게 쓴 놀라운 편지의 한 부분이다. 도망친 노예 오네시모는 감옥에서 바울을 통해 회심했다.

이 편지는 걸작이다. 그 안에는 빌레몬과 그의 노예 오네시모에 대한 애정이 있다. 동시에 빌레몬에게 그의 도망친 노예를 노예로서가 아니라 형제로서 받아 달라고 당부하는 설득력 있는 논거가 있다. 빌레몬이 바울에게 은혜 입은 자임을 지적하는 미묘한 지혜마저 엿보인다. 바울은 과연 "뱀같이 지혜롭고 비둘기같이 순결"하다(마 10:16). 오네시모를 향한 바울의 깊은 사랑은 너무 분명하다. 실은 오네시모를 자기 곁에 머물러 있게 하고 싶은 심정이었다. 그러나 빌레몬(골로새의 지주로서 바울을 통해 회심했을 가능성이 높다)은 유력한 자이며, 바울은 그를 배제하고 싶은 마음이 없다. 그래서 그는 오네시모를 주인에게 돌려보낸다. 그러면서 자신이 빌레몬에게 베풀었던 은혜를 애써 언급하고 있다. 바울은 우선 말한다. "그가 만일 네게 불의를 하였거나 네게 빚진 것이 있으면 그것을 내 앞으로 계산하라 나 바울이 친필로 쓰노니 내가 갚으려니와"(몬 1:18-19).

그러고는 빌레몬에게 아무런 보상도 바라지 않는다며 지나가는 말투로 이렇게 덧붙인다. "네가 이외에 네 자신이 내게 빚진 것은 내가 말하지 아니하노라"(19절). 바울은 빌레몬의 회심이 '오네시모가 빌레몬에게 졌을 수 있는 그 어떤 빚'보다도 훨씬 값진 것이라고 봤다. 빌레몬이 자신의 회심을 그리고 바울과의 개인적 관계를 중요하게 여긴다면 오네시모를 바울의 당부대로 대하는 것이 마땅하다!

세상에 속하지 않으면서도 세상에서 사는 것, 하나님 나라의 유익을 위해 세상의 전략을 사용하는 것, 받을 것보다 줄 것이 더 많다는 믿음으로 부유한 사람들을 두려움 없이 대하는 것, 부자들이 이해할 수 있는 방식으로 가난한 자들을 위해 탄원하는 것, 한 손에는 복음을 들고 한 손에는 지팡이를 드는 것, 이 모든 것이 투사이자 종인 바울의 자세에 녹아들어 있다. 이는 본향으로 나아가는 우리 공동체의 모습이기도 하다.

우리는 자신을 회심한 노예로 생각할 수 있다. 계속 이 세상에 살면서 많은 '상전들'에게 우리를 형제자매로 대해 줄 것을 부탁하는 자로 말이다. 우리 삶의 모든 빌레몬이 다 우리의 부탁에 호의적으로 반응하지는 않을 것이다. 그럼에도 불구하고 바울의 편지 같은 편지를 품고 다니는 것도 나쁘지는 않다. 회심한 친구들을 위해 그런 편지를 써 보내야 할 때도 있을 것이다!

왜 이렇게 피곤할까? 실컷 잤는데도 깰 때면 한없이 피로가 밀려 온다. 다만 조금이라도 일을 해야겠기에 자리에서 일어난다. 그러나 이 내 심한 좌절을 느낀다. 쓰고 싶고 읽고 싶고 몇몇 사람들 부탁에 응하 고 싶지만, 무슨 일을 하든 굉장히 애써야 하고 그나마 몇 시간만 일하 면 완전히 탈진해 쓰러져서는 종종 깊은 잠에 빠지곤 한다. 바쁘고 빡빡 한 여름을 보내고 나면 당연히 피곤해질 줄이야 알았지만, 열흘이나 조 용히 보냈는데도 쉬면 쉴수록 더 피곤해지는 기분이다. 끝이 없다.

피곤이란 이상한 것이다. 오랫동안 밀쳐 둔 채 '기계적으로' 살아갈 수도 있다. 처리해야 할 일상적 업무가 많을 때 특히 그렇다. 그러다 마 침내 뭔가 새롭고 창의적인 일을 할 시간과 공간을 확보하고 나면 그간 억눌렸던 피로가 한꺼번에 홍수처럼 밀려와 나를 마비시킨다.

나는 시간에 상당히 집착하는 편이다. 되도록 시간을 잘 쓰고 싶고, 오래전부터 품은 계획들을 조금이라도 이뤄 가고 싶다. 나는 시간의 허 비를 견딜 수 없다. 하나님, 친구들, 가난한 사람들과 더불어 시간을 '허 비하는' 것에 관해 글을 쓰고 싶어 하면서도 말이다! 내 안에는 모순이 참 많다.

한스는 계속 나를 보고 웃는다. "바쁜 삶을 모두 떨치고 여기 쉬러 오셨으면서 이 휴가마저 하나의 커다란 일로 삼고 계시는군요!" 맞는 말 이다. 그러나 깨달음과 실천 사이는 아득하기만 하다.

내게 진짜 중요한 질문은 이것이다. "어떻게 피로를 내 영혼을 깊 어지게 하는 경험으로 소화할 것인가? 어떻게 피로를 참고 살면서 그 고통과 아픔을 온전히 맛볼 것인가?"

그러나 피곤한 사람은 나만이 아니다. 토론토 시내를 걷노라면 여기서 저기로 바삐 이동하는 사람들의 얼굴에서 피로를 읽을 수 있다. 그들은 가정, 직장, 해지기 전에 마쳐야 할 많은 일에 온통 생각이 젖어 있는 듯하다. 또한 텔레비전 뉴스에서 보스니아, 르완다 등 곳곳에 전쟁에 짓밟힌 사람들의 얼굴을 보면 인류 전체가 피곤한 듯 보인다. 피곤 정도가 아니라 탈진한 것 같다.

어떻게든 나는 내 작은 피로를 인류의 큰 피로와 연결해야 한다. 인류는 어깨를 짓누르는 무거운 짐을 지고 피곤하게 살고 있다. 예수님은 말씀하신다. "인생의 짐으로 피곤한 자들아, 내게 오라. 와서 내 짐(온 세상의 짐)을 지라. 가벼운 짐임을 알게 될 것이다." 예수님은 "내가 너희 짐을 없애 줄 것이다" 하지 않으시고 "하나님의 짐을 지라"고 말씀하신다. 그 점이 내게 큰 감동을 준다.

그렇다면 하나님의 짐이란 무엇인가? 내가 피곤한 것은 단순히 내 일을 하고 싶은데 할 수 없어서인가, 아니면 다른 사람들의 짐을 덜어 주고자 내가 분에 넘치는 짐을 지고 있어서인가?

9월 13일 수요일

한스와 마거릿과 함께 지내면서 토론토 시내를 지나갈 일이 여러 번 있었다. QEW(퀸엘리자베스웨이)와 가디너고속도로를 지날 때면 이 도시를 색다르게 경험할 수 있다. QEW에 들어서면 씨엔타워와 스카이돔을 비롯해 주변 고층 건물들이 서서히 내 눈앞에 모습을 드러낸다. 그러다 QEW가 끝나고 고가도로인 가디너고속도로에 오르면 그 모든 키다리 건물들이 마치 대형 쇼를 공연하려는 거대한 극장 세트처럼 보인다.

토론토를 사랑한다는 기분이 들기는 처음이다! 지금까지 도시를 사랑한 적은 한 번도 없었던 것 같다. 인디애나주 사우스벤드, 코네티컷주 뉴헤이븐, 매사추세츠주 케임브리지에 살아 보았지만 그런 곳들에 애착을 느낀 적은 한 번도 없었다. 북미에 오기 전에 살았던 네덜란드의 몇몇 작은 마을과 도시들에도 별로 친근감이 느껴지지 않았다. 그러나 토론토에서 9년을 살고 나니 비로소 여기가 나의 도시요 내가 속한 곳이라는 기분이 들기 시작한다.

네덜란드에서 배편으로 도착해 뉴욕의 스카이라인을 처음 보았을 때 나는 깊은 감동을 받았다. 친구가 처음으로 시카고 레이크쇼어드라이브〔시카고 도심 미시간호변을 따라 놓인 주요 간선도로〕로 나를 데리고 나갔을 때 그곳의 스카이라인을 보고도 감탄했다. 샌프란시스코, 달라스, 휴스턴의 스카이라인도 내 마음속에 영영 잊지 못할 그림처럼 남아 있다. 그러나 이번 주에 토론토의 스카이라인을 여러 번 보면서 나도 모르게 이런 말이 새어 나왔다. "여기가 나의 도시요 나의 집이다. 가슴이 벅차다. 아름다운 곳이다. 여기 산다는 것이 뿌듯하다." 놀라운 느낌이다. 소속감이었다.

어젯밤 나는 데이브레이크의 두 친구 캐리와 제프를 씨엔타워 꼭대기에 자리한 회전식 레스토랑으로 초대해 저녁을 함께 먹었다. 레스토랑의 대형 창문 너머로 우리는 빙빙 돌아가는 도시 야경을 보았다. 70분 만에 토론토섬, 하버프론트, 온타리오 플레이스, 음악당, 시청, 컨벤션센터, 로열요크호텔, 그리고 많은 철로가 동서로 뻗어 있는 기차역을 보았다. 오가는 비행기, 호수에 떠다니는 배, 고속도로를 기어가는 수많은 차도 보았다. 그렇게 도시를 내려다보고 있으니 이곳을 더 알고 싶은 마음, 이곳을 진정 나의 도시요 내가 사랑할 수 있는 도시로 삼고 싶은 열망이 생겼다.

9월 14일 목요일

오늘로 이곳을 떠난다. 데이브레이크로 돌아가 주말을 보낸 다음 보스턴으로 차를 몰고 가 거기서 크리스마스 때까지 머무를 예정이다.

데이브레이크에서 보내는 주말은 내게 중요한 시간이 될 것이다. 금요일부터 일요일까지 여섯 명의 방문자들이 우리 공동체에 와서 머물 것이다. 공동체는 또한 이번 주말을, 내게 안식년을 주어 '공식' 파송하는 기회로 삼기로 했다. 파송식은 내일 저녁 성찬식 중에 할 것이다.

그래서 앞으로 며칠은 아주 바쁠 것 같다. 그 모든 행사를 고대하면서도 한편으로는 긴장된다. 모든 일이 잘될지, 그렇게 바쁜 주말을 보낸 뒤 모두가 마음이 충만할지 내심 걱정도 된다.

9월 15일 금요일,
리치먼드 힐

아주 가슴 뭉클한 하루였다. 오후 5시에 조운, 필, 조앤, 어맨다, 스 칼이 도착했다. 안타깝게도 프레드는 오지 못했다. 휴가 중 발을 약간 다치는 바람에 집에 있어야 했다.

방문자들과 식구들이 함께 저녁 식탁에 둘러앉았다. 먼저 방문자 들이 간략한 자기소개와 더불어 우리를 더 잘 알고 싶어 데이브레이크 에 오게 됐다며 자신들의 관심을 털어놓았다. 이어 빌과 린더와 다른 핵 심 멤버 및 협력자들이 데이브레이크를 소개한 뒤 그들의 질문에 답했 다. 모임의 분위기가 아주 좋았다.

저녁 8시, 공동체 전체가 성찬식으로 모였다. 나를 위한 송별 모임 이기도 했다. 그들의 애정과 우정과 관심에 나는 가슴이 벅차올랐다. 덕 담과 예쁜 카드와 재미난 연극, 이 모두가 내가 공동체의 사랑을 받고 있으며 많은 기도와 풍성한 격려 가운데 안식년 파송을 받고 있음을 실 감하게 했다.

모임을 마치면서 공동체 모든 식구들이 내게 복을 빌어 주었다. 이 어 네이선이 공동체의 이름으로 내게 편지 한 장을 건넸다. 그가 수와 함께 쓴 것으로 안식년 기간의 내 새로운 사명이 담겨 있었다. 편지에서 그들은 데이브레이크 온 가족의 지원을 거듭 다짐하면서, 글쓰기 외에 는 모든 일을 사절할 것과 그 '사명'을 충실히 이루는 데 필요한 모든 도 움을 아끼지 않을 것을 명시했다. 엄한 사랑의 표현으로 나를 참된 순종 의 자리로 부르는 아름다운 편지였다.

오늘 일들을 곰곰이 돌아볼수록 이 공동체에 속한다는 사실이 내게 얼마나 중대한 일인지 더욱 절감한다. 나는 소심한 생각과 불안한 마음과 피곤한 몸 때문에 곧잘 외로움과 내가 무가치한 존재라는 느낌에 빠지곤 한다. 그 유혹에 져서 불성실해질 뻔한 적도 있다. 오늘 밤 공동체가 내 안식년에 요구한 '사명'은 내가 혼자도 무가치한 존재도 아니라는 명명백백한 선언이었으며, 저술가로서의 부르심을 충실히 지킬 수 있는 힘을 실어 주었다.

9월 16일 토요일

아주 충만하고 행복한 하루였다! 오전에 수와 나는 '하나님과의 연합, 사람들과의 교제, 가난한 자들을 향한 긍휼'을 주제로 방문자들에게 미니 수련회를 진행했다. 낮 12시 반에는 함께 성찬식을 가졌다. 간단히 점심을 마친 후 우리는 데이브레이크의 작은 서점과 데이브레이크 가정 중 두 곳을 들렀다. 조운은 전부터 글을 통해 알고 있던 아담 아네트를 만나 은혜의 시간을 가졌다. 어맨다와 스캇은 몇몇 젊은 협력자들을 만나 이야기했고, 필과 조앤은 많은 질문을 던지며 우리를 더 깊이 알게 됐다고 좋아했다.

저녁에는 방문자들과 함께 외식을 했다. 우리는 데이브레이크, 그들이 그간 보고 들었던 것, 우리 서로 간의 관계, 앞으로 장단기적으로 서로를 후원할 방법에 관해 허심탄회하게 격의 없는 대화를 나누었다.

특히나 짧지만 알찬 공동체 답사를 통해 깊은 감동을 받았다는 친구들의 이야기에 기쁘고 감사했다.

| 9월 17일 일요일, |
| 미국 뉴욕주 유티카 |

정오에 네이선이 보스턴까지 태워 주겠다며 나를 데리러 왔다. 나는 크리스마스 때까지 내 친구 로버트 조너스(이후 일기에서 헨리는 그를 '조너스'로 부른다)와 그 가족들과 더불어 보스턴에서 지낼 예정이다. 토론토에서 보스턴까지 혼자서 열두 시간 동안 운전하고 갈 일이 막막했는데 네이선이 기꺼이 나를 데려다주겠다고 해서 너무 고마웠다. 내가 보스턴에서 그 차를 쓰도록 네이선은 비행기를 타고 토론토로 돌아갈 것이다. 오늘은 뉴욕주 유티카까지 왔다.

| 9월 18일 월요일, |
| 매사추세츠주 워터타운 |

아름답고 화창한 날이다. 아침 9시에 유티카를 떠나 오후 2시에야 조너스와 마거릿의 집에 도착했다. 긴 운전 시간은 공동체에서 나를 파

송한 일과 주말에 방문자들이 찾아왔던 일 등에 관해 네이선과 많은 이야기를 나눌 좋은 기회가 됐다.

우리는 질병과 죽음에 관해서도 이야기했다. 네이선은 말했다. "신부님이 큰 사고를 당하거나 불치병에 걸릴 경우 어떻게 하기를 원하는지 말씀해 주세요." 그러잖아도 '사망 선택 유언장'(living will; 본인이 직접 결정을 내릴 수 없을 정도로 위독한 상태가 되었을 때 연명 치료를 거부한다는 뜻을 밝힌 문서)을 막 작성해 네이선에게 내 명의로 대행할 권한을 이양해 둔 터라 그것은 아주 유익한 대화였다. 나는 우선 그에게 여기까지 살아온 삶에 감사한다고 말한 뒤 인위적으로 목숨을 연명하거나 장기이식을 받거나 특별한 수술을 받고 싶은 뜻이 없음을 밝혔다. 나는 말했다. "일찍 죽고 싶은 마음은 없지만 사고가 나거나 중병에 걸릴 경우 죽을 준비가 돼 있습니다. 내가 회복의 가망성이 전혀 없을 경우 전혀 망설일 것 없이 네이선이 목숨을 연명하는 치료를 끊어 주세요."

그러자 네이선이 물었다. "장례식은 어떻게 하기 원하세요?" 나는 잠시 생각하고 답했다. "장례식까지 좌지우지하고 싶은 마음은 없습니다. 내가 할 필요가 없는 걱정이지요! 하지만 내 바람을 듣고 싶다면 …… 장의사한테 갈 것 없이 우리 작업실에서 간단한 목관을 만들어 데이스프링채플에서 사람들에게 작별할 시간을 준 다음 데이브레이크의 다른 가족들이 묻히는 엘진밀즈 묘지의 한 평 땅에 묻어 주면 됩니다. 그리고…… 간단하게 해 주시고 기도의 시간, 아주 기쁜 시간이 되게 해 주세요."

우리는 편지, 노트 등 내 미간행 저작에 관해서도 이야기했다. 전에 그 출판 부분을 선정할 권한을 수에게 위임해 두었고, 네이선에게도 그렇게 말했다. 내가 죽은 뒤 사람들이 내 자세한 사생활을 들춰 본다는 것이 약간 두렵기는 하지만 나를 친밀하게 잘 아는 친구들이 있어 살아서는 물론 죽은 뒤에도 나를 지켜 줄 것임을 알기에 안심이 된다.

조너스와 마거릿 그리고 이 부부의 다섯 살 난 아들 새뮤얼(샘)은 보스턴 근교 워터타운의 아름다운 집에 살고 있다. 3층에는 마거릿의 친정 어머니 새러의 멋진 방이 있는데, 새러는 바르로 피정을 떠나는 3개월 동안 내게 그 방을 쓰라고 내주었다. 이 집에 머물게 돼 자못 설렌다. 여기는 고독과 공동체가 공존하는 곳이요 토론토에서 멀면서도 가까운 곳이다. 아주 조용한 집이지만 근처 도시에는 누구나 가 볼 법한 온갖 책방과 도서관이 있다. 무엇보다도 글 쓸 시간이 있고, 아주 좋은 친구들과 함께 보낼 시간이 있다.

조너스, 마거릿, 샘은 나와 네이선을 따뜻이 맞아 주었다. 새러도 함께 저녁을 먹었다. 우리는 이 부부의 가을 계획, 새러가 곧 떠날 피정, 샘의 첫 피아노 교습, 네이선과 내 장래 꿈에 관해 이야기했다.

저녁 후 나는 조너스와 마거릿과 새러에게 지난 금요일 날 받은 사명 편지를 보여 주었다. 조너스는 웃으며 말했다. "저희도 사명 수행을 도와드리겠습니다. 사람들이 신부님을 뵈러 찾아오면 이 편지부터 보여 줘야겠어요. 신부님이 왜 여기 와 계신지 알 수 있도록 말입니다!"

여기 있으니 기분이 아주 좋다. 오래전부터 꿈꾸던 곳에 마침내 와 있다는 사실이 믿어지지 않는다.

아침 6시 반에 조너스와 함께 네이선을 로건 공항에 데려다주었다. 네이선과의 우정을 선물로 주신 하나님께 감사드린다.

조너스와 나는 내가 하버드신학대학원에서 가르치던 1980년대 초에 처음 만났다. 내가 케임브리지 세인트폴교회에서 강연하고 있는데 조너스가 찾아와 자신의 신앙을 지도해 줄 수 있겠느냐고 물었다. 나의 지도 못지않게 그의 지도도 내게 유익하다는 것이 곧 밝혀졌고 그리하여 우리 사이에는 우정이 싹트기 시작했다. 우리의 삶이 다방면으로 연결된 것을 보면 지금도 놀랍기만 하다. 하버드를 떠나 1년간 유럽에 가 있을 때 조너스는 두 번이나 나를 찾아왔고, 내가 토론토 라르쉬 데이브레이크에 들어간 뒤에도 나를 찾아왔다. 그는 우리 공동체의 친구가 됐고 네이선, 수, 칼 등 데이브레이크의 많은 식구들과 따뜻한 관계를 맺었다.

1986년, 조너스가 마거릿과 결혼하면서 나는 이 가정의 친구가 됐다. 이후 조너스와 마거릿은 개인적인 삶은 물론 전문직 종사자로서의 삶도 더욱 발전, 심화시켜 나갔다. 정신과 의사인 조너스는 신학 공부로 석사 학위를 받았고 마거릿은 바바라 해리스 목사를 통해 성공회 목사로 안수받았다. 1989년 12월 6일 그들의 아들 샘이 태어났고, 1992년 7월 29일에는 딸 레베카가 태어났다. 그러나 레베카는 몇 시간밖에 살지 못하고 아빠 품에서 죽었다.

지난 10년간의 특별한 기쁨 중 하나는 이따금씩 조너스와 함께 수련회와 워크숍을 진행하던 일이었다. 음악에도 뛰어난 조너스가 샤쿠

하치라는 일본 대나무 피리로 연주하는 음악은 말로 표현할 수 없는 방식으로 사람들에게 하나님의 마음을 느끼게 해 준다. 지난 세월 우리는 서로를 보완해 주는 역할을 했으며, 다른 사람들의 삶의 유익을 위해 우리의 우정을 기쁨으로 내주었다.

하버드에 있을 무렵, 조녀스와 마거릿을 알기 전에 나는 이미 새러를 만났다. 그녀의 잔잔하고 부드러운 마음씨에 깊은 인상을 받았던 일이 기억난다. 이제 새러의 방을 내 은신처 삼아 조녀스, 마거릿, 샘과 함께 살게 되다니 실로 감개가 무량하다.

9월 20일 수요일

오늘 아침 마거릿이 샘을 유치원에 데려다준 사이 조녀스와 나는 엠티 벨(Empty Bell)에서 성찬식을 가졌다. 그곳은 조녀스와 마거릿의 집 뒤편에 있는 작고 아름다운 묵상 처소다.

안식년을 보내기에 여기보다 더 좋은 곳이 있을까? 심리학과 영성이 만나는 자리, 기도와 묵상의 자리, 가정생활의 자리, 종교 간의 대화가 있는 자리, 고독의 자리, 우정의 자리, 아이들과 어른들의 자리. 규모가 큰 회합의 장소는 아니다. 아주 단순하면서도 작고 친밀한 곳이다.

엠티 벨에는 작은 현관이 있다. 사람들은 거기서 신발을 벗고 2층 기도실로 갈 준비를 갖춘다. 기도실은 텅 비어 있다. 그렇다고 황량하고 싸늘하여 반감을 주는 곳이 아니라, 조용하고 널찍하고 아늑한 곳이다.

천장의 흰색 나무 대들보에는 간접 조명이 비치고 있고, 나무로 된 마루 바닥에는 방석이 빙 둘러 놓여 있다.

조너스에게 엠티 벨은 몸과 마음과 영혼이 치유와 통합을 찾을 수 있는 곳이다. 엠티 벨이 내 영혼의 삶도 새롭고 힘 있게 해 주는 곳이 되리라는 깊은 확신이 든다.

9월 22일 금요일

조너스는 인근 헬스클럽 멤버다. 조너스는 나한테도 같이 가자고 했고 네이선도 권했다. 그래서 가 봤다. 오늘은 조너스와 함께 운동한 지 이틀째 되는 날이다.

나는 헬스클럽에서 운동하는 것이 좋은 줄 통 모르겠다. 여기저기서 조금씩 수영을 해 본 것 말고는 스포츠는 한 번도 내 삶의 일부가 된 적이 없었다. 지금껏 건강을 지키기 위해 한 일이라곤 전혀 없다. 그러나 갈수록 심해지는 몸의 피로와 시간이 넉넉하다는 단순한 사실 때문에 일단은 친구들 권유에 따르기로 했다.

헬스클럽의 세계는 바깥 사람이 보기에는 정말 기가 질린다. 러닝머신에서 뛰고 역기를 들고 온탕에서 땀을 빼는 남자와 여자들은 마치 고문실에서 끙끙거리며 신음하는 것 같다. 모두가 일절 말이 없다. 저마다 자기 심장, 허파, 근육에만 온통 마음이 쏠려 있다.

조너스와 나는 20분 동안 러닝머신에서 뛰었다. 각자 지정하는 속도에 따라 걷거나 빨리 걷거나 뛸 수 있도록 바닥에 벨트가 돌아가는 기구다. 뛰면서 시간, 거리, 경사도 등 자신이 알고 싶은(혹은 알고 싶지 않은) 모든 정보를 한눈에 볼 수 있다. 정면 화면에는 빨간색 점선으로 자신의 경로가 표시된다.

집에 돌아오자 몸이 너무 나른해 몇 시간을 잔 다음에야 생각이든 글쓰기든 뭔가 인간다운 일을 할 수 있었다.

헬스클럽이 내가 가고 싶은 곳인지는 아직도 잘 모르겠다. 하지만 다른 길이 없다. 이미 돈도 냈고 조너스가 주 3회 그곳에 가면서 나도 함께 가기를 원하고 있다. 글쎄, 다음번에는 제자리 뛰기를 하면서 차라리 조너스와 대화를 해야겠다.

9월 23일 토요일

간단한 게임이지만 먹혀들고 있다. 메트로폴리탄미술관에서 표지에 페루시스 제단 장식의 천사가 그려진 작은 노트를 한 권 샀다. '미술관 노트'라는 제목이 달린 160페이지짜리 필기하기 좋은 중성지 묶음이다.

하퍼샌프란시스코 출판사의 톰과 존은 1년 동안 하루에 한 가지씩 생각을 적어 달라고 내게 부탁했다. 1년이 365일임을 생각할 때 어떻게 그 일을 할 수 있을지 막막했다. 새로운 생각이 그렇게 많을지 자신이 없다. 하기야 낡은 생각도 마찬가지다!

그러나 이 노트가 큰 도움이 된다. 날마다 생각을 몇 가지씩 적고 있다. 생각 하나당 한 페이지 이상을 넘기지 않으며 맞은편 페이지는 교정을 위해 비워 두기로 했다.

정말 하나의 게임이 되고 있다. 책상에 앉아 나 자신에게 이렇게 묻는다. "천사 노트에 쓸 생각이 떠올랐나?" 그러면서 펜을 노트에 대면 대개 마음속에 뭔가가 떠오른다. 오늘은 생각이 여덟 가지나 떠올라 깜짝 놀랐다. 노트에 80가지의 생각이 모아지면 토론토로 보내 내 비서 캐시에게 컴퓨터 입력을 부탁할 생각이다. 그때 가서 다시 읽으면 되풀이된 생각이 얼마나 많았는지 알 수 있을 것이다. 현재로서는 앞의 글을 보지 않고 있다! 톰과 존의 기대에 부합하려면 이런 노트를 다섯 권쯤은 써야 하니 다소 걱정이 된다. 하지만 아직 9월이다. 천사 노트를 채워 넣을 시간은 아직도 많이 남았다.

9월 24일 일요일

어젯밤 나는 워터타운의 한 작은 극장에서 조너스와 마거릿과 함께 영화 〈아폴로 13호〉를 두 번째로 보았다. 집에 돌아와서 마거릿은 케빈 켈리의 구상과 편집으로 우주탐험가협회에서 펴낸 *The Home Planet*(홈 플래닛)이라는 화보집을 보여 주었다.

우주 공간에서 찍은 지구라는 별의 장엄한 사진들을 보며 우주 비행사들의 소감을 읽노라니 새로운 신비의 세계로 들어가는 기분이었다. 우주 공간에서 느낀 소감은 해저 세계에서 느낀 소감과 아주 비슷해 보인다. 둘 다 생명의 오묘함, 인류라는 가족의 단일성, '선각자'의 책임, 사랑의 힘, 하나님의 신비를 드러내 준다. 1971년 7월 아폴로 15호에 탔던 제임스 어윈은 이렇게 말한다.

> 지구는 우주의 어둠 속에 매달려 있는 크리스마스트리의 한
> 장식품을 연상시켰다. 더 멀리 나갈수록 크기가 작아졌다. 마침내
> 지구는 구슬 크기로 작아졌다. 인간이 상상할 수 있는 가장 아름다운
> 구슬이다. 그 아름답고 따뜻하고 살아 있는 물체는 손가락 하나로
> 건드리기만 해도 그대로 부서져 내릴 것처럼 연약하고 가냘파
> 보였다. 이것을 본 사람은 달라질 수밖에 없다. 하나님의 창조와
> 하나님의 사랑을 깊이 인정하고 감사할 수밖에 없다.

모든 우주 비행사들은 자신의 고향 별인 지구의 형용할 수 없는 아름다움에 두 눈이 휘둥그레졌고 저마다 이런 의문을 품게 됐다. "우리 고향을 어떻게 좀 더 잘 돌볼 수 있을까?" 고향 별을 잘 가꾸고 지켜야 할 하나의 값진 작은 보석으로 본다는 것은 은혜와 책임 같은 단어로밖에 표현할 수 없는 지극히 신비로운 체험이다. 1969년에 아폴로 9호에 탔던 러셀 슈바이카트는 이렇게 썼다.

> 내가 체험하고 있는 것이 무엇이며 그 이유가 무엇인지 생각해 본다.
> 나는 이 환상적 체험을 맛볼 자격이 있는가? 내 노력으로 얻어 낸
> 것인가? 나만 특별히 구별돼 하나님의 손길을 느끼며, 남들이 맛볼
> 수 없는 특별한 경험을 맛보는 것인가? 절대 그렇지 않다는 것을

안다. 내 노력으로 이런 자격을 얻어 낸 것이 절대 아니다. 이 특별한 일은 나를 위한 것이 아니다. 나는 온 인류의 감각기관일 뿐이다. 우주에 들어서는 순간 그 사실을 너무나 분명히 깨닫게 된다. 나는 지금 내 평생 살아온 저 지구 표면을 내려다본다. 나는 저 아래 살고 있는 모든 사람을 안다. 그들도 나와 같다. 그들이 나다. 어떤 면에서 나는 그들을 대표하는 자다. 나는 말단의 감각기관으로 이 위에 와 있다. 이런 기분은 내 마음을 겸손케 한다. 내게 책임이 있음을 일깨워 준다. 이것은 나를 위한 것이 아니다. 눈이 보지 못하면 몸에 유익이 안 된다. 눈은 보라고 있는 것이다. 내가 우주에 와 있는 것도 마찬가지다. 나는 이 전체 생명의 한 조각임을 깨닫는다. 나는 지금 최전방에 와 있다. 어떻게든 이것을 가지고 돌아가야 한다. 특별한 책임이다. 생명이라는 것과 나와의 관계를 새삼 깨닫는다. 변화다. 새로운 것이다. 이제 내가 돌아가면 저 세상은 달라질 것이다. 나와 저 별과의 관계가 달라질 것이며 저 별에 사는 모든 다른 형태의 생명과의 관계가 달라질 것이다. 이것을 체험했기 때문이다. 하나의 변화요 아주 소중한 것이다.

이것이야말로 선각자의 말이다. 이사야가 했을 법한 말이고 잔다르크나 십자가의 요한이 할 수 있는 말이다. 그들이 본 광경은 그들에게 깊은 겸손과 커다란 책임감을 불러일으켰다. 그들은 자신의 비전을 자기만을 위한 것이 아니라 온 인류를 위한 은혜요 소명이요 선물로 체험했다. 가장 내밀한 체험이 가장 보편적 삶으로 옮겨지는 법이다. 인간의 마음은 우주의 마음과 하나 되며, 그 연합은 새로운 사명의 근원이 된다.

　'선각자'란 자기가 본 바로 인해 특별한 광채를 발하는 성자와 같다. 1986년 1월, 우주왕복선 콜롬비아 7호에 탔던 로버트 센커는 이렇게 말한다.

　　내가 우주의 체험을 이야기한 모든 사람들 가운데 그나마 내 말을
　　조금이라도 이해할 수 있는 사람들은 나와 가장 가까운 이들이다.
　　내 아내는 내 어조를 통해 내 말뜻을 안다. 내 자녀들은 내 눈빛을
　　보아 내 말뜻을 안다. 우리 부모님은 내가 우주와 함께 자라나는
　　것을 보셨기에 내 말뜻을 아신다. 그러나 실제로 가서 직접 체험하기
　　전에는 아무도 제대로 알 수 없다.

　이것이 선각자의 고독이다. 말로 표현할 수 없으면서도 여전히 전달해야만 하는 것을 목격하고 체험한 자다. 우주 비행사들의 말에는 성직자로서의 내 체험이 그대로 표현돼 있다. 성직자의 길은 은혜다. 그것은 나로 비전을 보게 한다. 그것은 내가 본 것을 다른 사람들에게 알려야 하는 소명이다. 기나긴 고독이자 표현 못할 기쁨이다.

시간이 너무 빨리 지나간다! 조너스와 마거릿과 함께 엠티 벨에서 성찬식을 가진 후 나는 잔에 관해 쓸 내 소책자의 개요를 다듬었다. 정오에 조너스와 함께 헬스클럽에 갔다. 기계에 몸을 맡겨야 하는 '무미건조한' 걷기와 계단 오르기에 너무 지쳐 돌아오자마자 깊은 잠에 빠져 두 시간도 더 잤다.

그러고 나니 오늘 별로 한 일이 없어 자책감이 든다. 생각하고 싶고 읽고 싶고 쓰고 싶은 것이 너무 많아 이렇게 그냥 날이 저물면 깊은 좌절감이 든다. 하지만 여기 있는 것이 정말 감사하다. 이보다 더 좋은 곳, 더 좋은 시간, 더 좋은 친구들을 생각할 수 없다. 인내심을 가져야 하리라. 내 몸이 서서히 힘을 얻어 잠을 덜 자고도 일할 수 있게 되리라는 믿음으로 말이다.

오늘 읽은 복음서에서 예수님은 이렇게 말씀하신다. "숨겨 둔 것은 드러나고, 감추어 둔 것은 나타나기 마련이다"(막 4:22, 새번역). '숨겨지고 감추어진' 지금의 내 삶을 바로 살아야 한다는 말씀으로 와닿는다.

내 고독에 충실할수록 내 공동체에 더 풍성한 열매가 맺힌다는 것을 믿어야 한다. 이 시기를 정결한 마음으로 사는 것이 얼마나 중요한지 새삼 깨닫는다. 내 가장 내밀한 생각과 감정은 언제 어디서든 드러나게 될 것이다. 그 드러난 것이 보는 이들에게 기쁨이 되기를 기도한다.

지난 일요일 오전 7시, 국무장관 워런 크리스토퍼는 야세르 아라파트와 시몬 페레스에게서 전화를 받았다. 팔레스타인 자치에 대한 합의를 도출했다는 내용이었다. 국제정치의 이 중대한 성과는 미국의 중동협상 담당자 데니스 B. 로스가 없었다면 불가능했을 것이다. 그는 자기를 내세우지 않는 조용한 사람이다.

언론과 명성을 거부하면서도 평화에 혼신을 다하는 이 45세의 신사를 보며 나는 늘 깊이 감탄하던 터였다. 로스의 성공적 중재는 처음부터 끝까지 메릴랜드주 베서스다에 있는 그의 집에서 전화로 이루어졌다. 합의에 도달한 아라파트와 페레스도 그 소식을 들은 크리스토퍼도 모두가 '최초로 전화를 이용해 셔틀외교를 펼친' 로스에게 찬사를 보냈다. 데니스 로스는 아주 유능할 뿐 아니라 화려한 조명은 다른 사람들에게 내주고 자신은 드러나지 않는 것으로 만족하는 대단히 겸손한 사람이다. 이 진정한 평화의 사자를 한번 만나 보고 싶다. 강하면서도 겸손하고 유능하면서도 자신을 내세우지 않으며 대담하면서도 부드러운 사람.

"화평하게 하는 자는 복이 있나니 그들이 하나님의 아들이라 일컬음을 받을 것임이요"(마 5:9).

버림받은 듯한 기분은 언제나 구석에 도사리고 있다. 그것이 얼마나 순식간에 흉측한 고개를 쳐드는지 연신 놀랄 뿐이다. 어제도 내 존재 가장 깊은 곳에서 그 못난 기분을 느꼈다. 상황과 전혀 무관해 보이는 난데없는 불안. 계속 나 자신에게 물었다. '내가 왜 이렇게 안절부절못할까? 왜 이렇게 불안할까? 왜 이렇게 마음이 놓이지 않을까? 왜 이렇게 외롭고 버림받은 기분이 들까?'

네이선에게 전화해 메시지를 남겼다. 곧 전화가 걸려 왔다. 네이선은 충분히 이야기할 수 있는 저녁 시간에 다시 전화하겠다고 했다.

이야기하고 나니 불안이 가라앉고 다시 평안이 찾아들었다. 이 상처는 아무도 영영 고칠 수 없지만 그래도 좋은 친구와 이야기하면 한결 나아진다.

걸핏하면 도져서 다시 피 흘리기 시작하는 이 내면의 상처를 어찌할 것인가? 너무나 익히 아는 상처다. 오랜 세월 내게 자리한 것이다. 이 상처 즉 사랑받고 싶은 끝 모르는 욕구와 거부당하는 것에 대한 집요한 두려움은 영영 사라지지 않을 것 같다. 늘 버티고 있다.

하지만 선한 뜻이 있는지도 모른다. 어쩌면 그것은 내 구원에 이르는 길이요 영광에 들어서는 문이며 자유로 향하는 길일지 모른다!

나의 이 상처는 위장된 선물임을 나는 알고 있다. 짤막 짤막하면서도 강렬한 이 많은 유기(遺棄)의 경험을 통해 나는, 두려움을 버리고 하나님의 손에 내 영혼을 맡기는 법을 배우는 새로운 자리로 나아가게 된다. 그분은 끝없이 나를 받아 주신다. 나를 알며 기꺼이 내 상처를 싸매 주는 네이선과 다른 친구들에게 정말 고맙다. 그들이 있기에 나는 피 흘려 죽지 않고 온전한 삶을 향해 계속 걸어갈 수 있다.

9월 28일 목요일

어젯밤 나는 친구 바비를 찾아갔다. 우리의 우정은 예일신학대학원에 함께 몸담던 시절로 거슬러 올라간다. 그때 바비는 학생이었고 나는 교수였다. 20년간 친구로 지내는 사이 그에게도 내게도 많은 변화가 있었다. 그러나 바비의 삶이 내 삶보다 훨씬 풍파가 많았다.

성공회 목사로 안수받고 데이너와 결혼한 뒤 바비는 하버드경영대학원에서 공부해 경영정책으로 박사 학위를 받았다. 그는 남아프리카공화국의 권리박탈 운동에 깊은 관심이 있어 그 주제로 중요한 책을 쓰기로 더블데이 출판사와 계약했다. 성공회교회 여러 교구에서 중요한 목회 책임을 맡았으며 하버드신학대학원에서 강의도 했다. 그 시기에 두 아들 샘과 존이 태어났다.

더없는 성공담처럼 들리겠지만 실은 바비는 혈우병 환자다. 날마다 스스로 정맥주사를 놓아야 한다. 관절염도 있어 상태에 따라 휠체어에 의존해야 한다. 그가 HIV 양성이라는 것이 밝혀진 지 10년이 넘었다. 바비를 안 뒤로 나는 그의 의지력과 지성과 불굴의 낙천주의에 줄곧 깊은 인상을 받았다. 그는 혈우병이나 HIV 상태로 인한 결혼 생활이나 직업 문제로 전혀 낙심하지 않았다.

바비는 정치를 좋아했다. 2년 전, 남아공에서 6개월을 지내며 그 나라의 확고한 민주주의 정신에 큰 영감을 받고 돌아온 바비는 매사추세츠주 부지사 선거에 출마했다. 혼신의 힘을 쏟아 매진한 결과 그는 1994년 9월 민주당 예비선거에서 당 후보로 선출됐다. 대중의 상당한 호응을 불러일으켰음에도 불구하고 그와 민주당 주지사 후보는 11월 공화당 현직자들과의 선거전에서 패했다. 혈우병과 HIV 상태를 솔직히 밝힌 데도 원인이 있었다. 그는 하버드신학대학원으로 돌아갔으나 자신에게 약속돼 있던 일자리가 취소됐음을 곧 알게 됐다.

부지사 선거에 낙선하고 하버드에서도 일자리를 잃은 후 바비의 결혼 생활도 HIV에 대한 오랜 불안 끝에 파경을 맞았고 아이들마저 잃었다. 결국 선거, 직장, 가정, 집, 재정적 안정을 모두 잃은 셈이다. 그동안의 모든 성공이 실패로 변했다. 뛰어난 재능도 다 무용지물이 되는 듯했다.

어젯밤 만났을 때 바비는 이렇게 말했다. "이 모든 상황을 견뎌 낼 수 있을지 저 자신도 몰랐지만 결국 해냈습니다. 마침 살 집을 찾았고, 거기로 두 아들을 초대했습니다. 저를 걱정해 주는 좋은 친구가 한 명 있어요. 좋은 일자리 제의도 들어왔고요. 뜻밖의 길을 통해 다시 새 기쁨과 새 희망을 느끼고 있습니다."

내게 가장 와닿은 것은 바비가 그 모든 상실과 굴욕 가운데서 삶의 작은 선물들을 즐기게 됐다는 것이다. 그는 말했다. "두 아들과 함께 있는 것이 참 좋습니다. 아이들이 올 때마다 저는 아이들에게 온전히 관심을 쏟아요. 함께 좋은 시간을 보내고 있습니다." 그는 좋은 식사, 좋은 친구들, 샘과 존에게 축구를 가르쳐 주는 일, 공원 산책, 집에 작은 기도실을 만드는 것, 좋은 책을 읽는 것, 자신의 저서를 끝마치는 일 등 많은 은혜에 관해 나누었다.

방문을 마치고 집으로 돌아오면서 나는 바비의 회복력에 감탄했다. 바울의 경험이 생각났다.

"우리가 사방으로 욱여쌈을 당하여도 싸이지 아니하며 답답한 일을 당하여도 낙심하지 아니하며 박해를 받아도 버린 바 되지 아니하며 거꾸러뜨림을 당하여도 망하지 아니하고 우리가 항상 예수의 죽음을 몸에 짊어짐은 예수의 생명이 또한 우리 몸에 나타나게 하려 함이라"(고후 4:8-10).

바비의 아프고 슬픈 사연은 내 안에 깊은 희망과 신실한 친구가 되고 싶은 강한 열망을 불러일으켰다. 그의 삶에 닥쳐온 많은 일을 누가 감히 상상할 수 있으랴? 상상할 수 없는 것이 다행이다. 지금부터 20년 후 바비와 어떤 이야기를 나누게 될지 희망에 찬 마음으로 상상해 본다.

1995년 10월.

공동체란
물리적 제약을 뛰어넘는
마음의 연합

데이스프링채플에서 송별 모임을 가질 때 사람들은 내게 두 개의 커다란 파란색 양초를 주었다. 하나는 내가 여행길에 가지고 갈 것이고 또 하나는 데이브레이크의 집에서 집으로 차례로 넘겨질 것이었다. 이 것은 기도의 양초로, 나와 나를 보낸 사람들에게 서로를 향한 헌신을 일 깨우기 위한 것이다.

내 양초가 얼마나 자주 타오르는지 모른다! 글을 쓸 때면 양초 불 빛이 내 글쓰기를 하나의 기도가 되게 해 준다. 기도할 때면 타오르는 촛불이 나를 본부 공동체 친구들과 하나로 이어 준다.

공동체란 함께 살며 일하는 것 훨씬 이상이다. 그것은 물리적 제약을 뛰어넘는 마음의 연합이다. 각기 다른 세상 곳곳에서 타오르는 촛불이면서, 모두가 동일하게 올리는 우 정과 사랑의 소리 없는 기도다.

오늘 오후 3시에 교황 요한 바오로 2세가 뉴어크 공항에 도착해 5일 간의 미국 방문 일정에 들어갔다. 텔레비전으로 그의 도착을 보았다. 클 린턴 대통령과 요한 바오로 2세의 연설도 들었다.

모든 말 중 요한 바오로 2세의 한 문장이 내 마음에 파고들었다. "줄 것이 없을 만큼 가난한 사람도 없고 받을 것이 없을 만큼 부유한 사람도 없습니다." 모든 평화의 기초가 되는 강력한 생각이다. 사람이나 나라를 '주는 자'와 '받는 자'로 한사코 구분하는 한 세상에는 언제나 압제와 조작이 있을 것이다. 아무리 의도가 좋아도 어쩔 수 없다. 미국은 줄 것이 많은 강대국이다. 그러나 기꺼이 받으려는 자세가 있을 때에만 그 주는 것으로 진정 평화에 이바지할 수 있다.

많은 고위 성직자 중 버나딘 추기경이 눈에 띄었다. 나는 그가 요한 바오로 2세를 환영하러 시카고에서 거기까지 올 수 있었다는 것이 기뻤다. 췌장암이 기세가 꺾여 이 힘든 행사에 참석할 만큼 기력이 좋아진 것이다.

내일 아침 방송될 요한 바오로 2세의 유엔(UN) 창설 50주년 기념 연설이 기대된다. 교황 바오로 4세가 유엔을 방문해 연설하던 모습이 (우리 부모님과 함께 멕시코시티에 휴가 가서 보았다) 지금도 기억에 선하다. 그때 그는 잊지 못할 말을 남겼다. "다시는 절대로 전쟁이 없어야 합니다." 그때가 1965년이었다. 그로부터 30년, 그럼에도 많은 전쟁이 계속된 후 또 다른 교황이 같은 메시지를 들고 같은 장소를 찾는다. 전쟁 없는 세상, 그것은 과연 가능한 일일까?

10월 5일 목요일

요한 바오로 2세의 유엔 연설은 위대한 영적 비전으로 내게 감화를 주었다. 그는 세계 도처의 더욱 절실해진 자유의 갈망에 관해 이야기했다. 개인들뿐 아니라 나라들도 갈망하는 자유다. 그는 자유의 갈망이야말로 인간 내면 구조의 본질적 요소라고 말했다. 청중에게 동유럽에 폭력 없이 자유가 찾아왔던 1989년을 상기시키면서 그는 세상의 많은 곳에서 자유는 아직도 아득한 목표라는 사실을 강조했다. 연설 끝에 그는 하나님의 회복에 대한 비전을 펼쳐 보였다. 개인이든 나라든 자신이 갈망하는 온전한 자유를 얻으려면 하나님 없이는 불가능하다고 했다.

내게 큰 감동을 준 연설이었다. 그는 평생 많은 일을 겪었고 많은 것을 보았으나 여전히 영적 비전을 제시할 용기가 있는 사람이다. 세상 모든 사람이 형제자매로 더불어 살아야 한다는 비전 말이다. 냉소와 실리주의가 팽배한 사회에서 요한 바오로 2세처럼 줄 줄 아는 지도자는 많지 않다. 사회적·경제적 배경이 지극히 다양한 사람들이 이 거룩한 평화의 사자를 만나 축복을 받고 싶어 하는 것도 당연한 일이다.

10월 6일 금요일

오늘은 보스턴과 하버드와 아일랜드 더블린에 영광의 날이다. 봄학기에 하버드에서 가르치는 아일랜드 시인 셰이머스 히니가 노벨문학

상을 탄 것이다.

무엇보다 감동적인 것은 이 시인이 "일상의 기적과 살아 있는 과거를 예찬하는 시적 아름다움과 윤리적 깊이가 있는 작품"으로 수상 선정됐다는 것이다. 그의 성품과 작품에는 친절과 조국애, 가족의 깊은 유대, 인간의 화해의 희망이 배어 있다. 비록 바리케이드로 뛰어들지는 않을지라도 그는 조국의 폭력을 가슴으로 느끼고 있다. 그러나 그는 북아일랜드의 정책에 대해 자신의 의견을 피력하기보다는 관련된 사람들의 고난, 고질적 분쟁이 소시민의 삶에 미치는 영향을 글에 담고 있다. 스톡홀름의 수상자 발표문에도 분쟁 해결을 위한 그의 공로가 명백히 언급돼 있다. 히니가 "노벨평화상에도 똑같이 적임자였을 것"이라던 보스턴의 한 친구의 말도 무리는 아니다.

요한 바오로 2세가 다양성과 단일성이 동시에 존중되는 세계를 비전으로 제시하며 평화를 전하는 이 시점에 이 평화의 시인이 영예를 안는 모습을 보는 것은 은혜다. 지난 8개월간 O. J. 심슨 재판의 온갖 추한 모습이 텔레비전을 가득 메운 뒤에 나온 이 두 사건은 아름다움과 희망의 새로운 전조다.

10월 8일 일요일

오늘 아침 나는 차를 몰아 내 오랜 친구 유타의 집으로 갔다. 거의 텅 빈 고속도로로 한 시간을 달려 아침 9시에 유타의 집에 도착했다. 우리는 그녀의 거실에서 함께 성찬식을 갖고 말씀을 묵상하며 삶의 거룩한 선물들을 함께 나눴다.

성찬식 전후에 우리는 시인, 소설가, 잡지 기고가로서 몇 달 전 세상을 떠난 메이 사튼에 관해 이야기했다. 나는 그녀의 이름은 알았지만 그녀의 작품은 최근까지 전혀 읽어 보지 못했다. 얼마 전 《혼자 산다는 것》(Journal of a Solitude)이라는 사튼의 책을 구입한 뒤로 나는 그녀의 삶과 작품에 점점 관심이 깊어졌다.

유타는 사튼의 책 *A Plant Dreaming Deep*(깊이 꿈꾸는 식물)을 내게 보여 주었다. 거기서 저자는 유럽에서의 자신의 과거와 미국에서 진정한 고향을 찾던 고뇌의 과정을 들려준다. 그녀의 실향의 감정은 내 심금을 깊이 울렸다. 메이 사튼은 부모가 아직 살아 있을 때인 1940년대에 글을 썼다. 후에 그녀는 유럽과의 끈을 보다 철저히 끊고 미국 특히 뉴햄프셔주를 자신의 진정한 고향으로 내세울 수 있게 됐다.

유타도 나도 유럽에서 미국으로 왔다. 유타는 1960년에, 나는 1971년에 왔다. 미국과 캐나다에서 보낸 24년의 세월을 돌아보며 새삼 드는 생각이 있다. 다시 유럽에 돌아가 살고 싶은 마음이 별로 없었다는 것이다. 물론 조국과 가족과 그곳의 모든 친구들을 사랑하지만 미국을 새 고향으로 삼기로 다짐한 순간부터 나는 내면에 넘치는 자유를 느꼈고 그것은 지금까지 그대로 이어지고 있다.

메이 사튼의 시에 대한 반응이었는지 나는 유타의 집에서 네덜란드 아버지한테 전화를 걸었다. 아버지는 내 목소리를 듣고 좋아하며 자신의 신간 *My Last Confession*(내 마지막 고백)을 받았느냐고 물었다. 나는 아직 받지 못했다. 아버지는 말했다. "꼭 읽어 보고 네 생각을 좀 알려다오." 그 책을 소개하는 작은 팸플릿을 통해 나는 "선하신 하나님은 어디 있는가?"라는 장 제목이 있음을 알고 있었다. 그래서 이렇게 말했다. "꼭 읽고 소감을 말씀드릴게요. 특히 '선하신 하나님' 부분에 대해서요." 아버지는 말했다. "그래, 그러잖아도 그 부분이 약간 고민된다! 네 생각을 꼭 듣고 싶구나." 그리고 언제 오냐고 물었다. 나는 "크리스마스 때 가서 아버지 생신을 축하드린 뒤 아버지를 모시고 독일 프라이부르크로 휴가를 떠날까 합니다" 하고 답했다. 아버지는 대단한 열정을 보였다. "너와 같이 프라이부르크에 간다니 아주 잘됐다. 나도 어쩌다 한 번씩은 바람 좀 쐬어야지. 프라이부르크에 다녀오면 너무 좋겠다."

메이 사튼은 83세의 나이로 세상을 떠났다. 우리 아버지는 다가오는 1월 3일 93세가 된다. 아버지는 아직도 책을 쓴다! 림뷔르흐 아버지 집에서든 프라이부르크에서든 그날을 아버지와 함께 보낼 수 있기를 간절히 바란다. 오늘도 아버지를 위해 기도한다.

유타의 집에서 그녀와 함께 보낸 시간은 참 좋았다. 유타의 환대는 언제나 따뜻하고 특별하다. 그녀의 신실한 우정에 감사드린다.

10월 9일 월요일

요한 바오로 2세가 볼티모어-워싱턴 공항을 떠나는 모습을 텔레비전으로 보면서 나는 생각보다 훨씬 깊은 감동을 받았다. 사실 교황의 방문에 뒤따르는 온갖 팡파르며 준비된 예식이며 대중 집회며 전체적으로 과장된 분위기에는 공감을 느끼기 어려울 때가 있다. 교황의 주변을 에워싼 추기경들과 주교들과 일반 유명인사들, 교황과 악수를 나누거나 옷을 만지거나 그저 얼굴이라도 한번 보려는 수많은 무리를 볼 때면 나는 속으로 그 모든 것에 얼마간 거리를 둔다. 내 삶과 내 관심사와는 별 상관없는 구경거리라도 되는 듯 말이다.

그러나 이번에 몇몇 행사를 지켜보고 요한 바오로 2세의 말을 주의 깊게 듣는 사이 내 앞에는 그간 현대 세계에서 보았던 어떤 비전보다도 크고 지혜롭고 모든 것을 포괄하는 영적 비전이 서서히 모습을 드러냈다. 그의 비전에는 자유에 대한 인간의 갈망, 개인과 국가의 권리, 교회 통합과 종교 간 대화의 중요성, 가정의 중요성, 잉태부터 자연사까지 생명의 성스러움, 민주주의의 참된 의미 등이 담겨 있다. 교황이 종교 지도자와 일반 지도자, 문화적·경제적 배경이 각기 다른 남자와 여자, 노인과 젊은이와 어린이, 경찰과 경비원과 비행기 조종사와 승무원 등 다양한 사람에게 말할 때마다 나는 그런 비전이 펼쳐지는 것을 보았다.

5일간의 방문 일정 동안 요한 바오로 2세를 지켜보면서 나는 그의 비전에 점차 공감했다. 그것은 보편적이고 포괄적인 비전이며, 하나님의 사랑에 대한 깊은 지식에 근거하여 예수님의 복음에 영감을 입은 비전이고, 우리의 일상생활에 구체적으로 시사하는 바가 많다. 이 70대의 지도자는 가장 종교적인 사람뿐 아니라 가장 세속적인 사람에게도 가닿을 수 있는 언어로 말했다. 그의 비전이 예수님의 가르침에 온전히 기초하고 있으면서도 분파적 편협성이 전혀 없다는 사실에 나는 감동받았다.

그것은 모든 사람을 위한 비전이요 모든 피조 세계를 끌어안는 비전이다. 값비싼 헌신을 요구하면서도 긍휼이 풍성한 비전이다. 온유함이 넘치는 위로의 비전이다. 비판하면서도 이해심이 넘치는 비전이다. 〈뉴욕 타임스〉(*The New York Times*)의 표현대로 그것은 정치적 꼬리표를 거부하는 비전이다. 가난한 자들을 돌아보고 병든 자들과 죽어 가는 이들 특히 에이즈 환자들에게 애정을 보여야 할 시급성을 강조하면서도 낙태와 안락사를 반대하는 비전이다. 이런 비전에는 보수주의나 자유주의 따위의 단어가 어울리지 않는다.

이 비전을 묵상하면서 나는 요한 바오로 2세가 한 일이 여러 주제에 대한 사견을 제시한 것 그 이상임을 깨닫는다. 그는 자신의 말을 한 것이 아니라 예수님을 통해 계시된 대로 하나님의 이름으로 말한 것이다. 그의 말은 특정 철학과 신학의 영향을 받기는 했지만 그래도 2000년을 이어 온 기독교 신앙의 전통에 뿌리를 둔 것이다.

시간에 구속받는 의견과 시간을 초월하는 비전을 어디서 구분해야 할지 알기란 몹시 어려운 일이다. 개인적인 의견이 영원한 진리처럼 제시되는 부분과 진정 영원한 진리가 머무르는 부분을 누가 능히 온전히 가릴 수 있겠는가? 세월이 흐르면서, 한때 영원한 것처럼 보였던 많은 것이 아주 일시적인 것으로 드러났고, 아주 일시적인 것처럼 보였던 많은 것이 영원한 의미를 지닌 것으로 밝혀졌다. 우리는 많은 개념과 진술의 한복판에 그 모든 것을 떠받치는 하나의 비전이 있음을 믿어야 한다.

요한 바오로 2세의 일부 강경론에 동조하지 않는 사람도 많다. 여성의 역할, 성 윤리, 권위의 행사 등에 관해 교회 안에 일고 있는 많은 논란은 앞으로 토론과 숙고를 거쳐야 할 부분이 많이 있음을 분명히 보여 준다. 요한 바오로 2세의 사상 중에도 앞으로 재고되고 재정립될 부분이 많으리라고 나는 생각한다. 그럼에도 불구하고 모든 의견들을 뛰어넘어 그는 단순한 사건 이상의 비전, 하나님의 영감을 받아 인간의 사색과 논쟁을 초월하는 비전을 선포한다. 그의 방문 기간 중 내 앞에 모습을 드러낸 비전이 바로 이 비전이다. 그것은 진정 가톨릭의(말 그대로 '보편적인') 비전이요 새 천 년을 목전에 둔 이 세상에 절실히 필요한 비전이다.

10월 11일 수요일

나는 미국 화가 에드워드 호퍼의 작품에 언제나 크게 감탄했다. 그러나 감탄한 만큼 똑같이 싫어하기도 했다. 반 고흐의 진품이라면 얼마든지 내 방에 두고 싶지만 호퍼의 진품은 소장하기가 두렵다. 호퍼의 그림에 나타난 빛은 밝지만 거기에는 온기가 없다. 그의 작품 속의 모든 것은 소외와 분리와 간격을 말하고 있는 듯하다. 친밀함이 없고 처참한 고독뿐이다.

게일 레빈의 책 《에드워드 호퍼》(Edward Hopper: An Intimate Biography)는 호퍼의 삶이 그의 작품과 똑같았음을 극적으로 보여 주고 있다. 그는 아내 조세핀을 학대하며 난폭하게 대했다. 이 전기의 주요 자료 중 하나가 된 조세핀의 자세한 일기를 보면 그들의 40년 결혼 생활의 비극이 잘 나타나 있다.

예술 작품은 예술가의 성격과 따로 떼어 평가해야 한다는 모든 주장에도 불구하고 예술 작품과 예술가의 삶과 성품이 얼마나 밀접하게 연관돼 있는지를 보면 정말 놀랍다. 렘브란트, 반 고흐, 샤갈 등 그간 내가 눈여겨본 예술가들이 모두 그런 경우다. 자신의 차가운 그림 속에 무섭도록 투영된 에드워드 호퍼의 차가운 삶도 그 연관성을 입증해 준다.

대인 관계 면에서는 빈센트 반 고흐도 호퍼보다 조금도 더 나을 게 없었다. 결핍투성이었다. 그러나 두 사람은 커다란 차이가 있다. 빈센트의 모든 작품 속에는 누군가와 가까워지고 싶은 뜨거운 열망, 예술인 거리를 만들려 했던 꿈, 무엇보다도 동생 테오를 향한 거칠지만 깊은 사랑이 나타나 있다. 호퍼와는 대조적으로 빈센트의 그림에 나타난 빛은 밝을 뿐 아니라 따뜻함이 넘친다. 그가 그리는 사람들은 모두 성자처럼 빛나며, 난초와 사이프러스와 밀밭은 그의 격렬한 느낌으로 불타오르고 있다. 그가 많이 사용한 뜨거운 노란색은 에드워드 호퍼의 차가운 노란색과 철저히 구분된다.

예술가의 영혼은 숨길 수 없다. 호퍼의 냉혹하고 소외된 초라한 영혼과 반 고흐의 불안하면서도 사랑에 주린 영혼은 공히 작품 속에 나타나 있다. 빈센트 반 고흐는 비록 비참하게 실패했지만 언제나 사람들을 이어 주려 애쓰던 사역자로 남아 있다. 반면 에드워드 호퍼는 자기밖에 모르며 처절한 고독 속에 살다 죽은 사람으로 남아 있다.

10월 13일 금요일

어젯밤 조너스는 하루 동안 조용한 시간을 갖기 위해 인근 카르멜 회수도원으로 떠났다. 마거릿도 혼자 침묵과 고독의 시간을 갖기로 했다. 어린 샘은 학교에 갔다 친구 집에 가 거의 온종일 보지 못했다.

나는 친구들을 위해 녹음테이프를 만들고, 친구들에게 카드를 몇 장 쓰고, 미국과 독일의 출판사들과 전화로 이야기하고, 잔에 관한 책의 한 장을 새로 집필하며 하루를 보냈다.

밖에는 햇빛이 눈부셨고 나뭇잎 색이 장관인데다 대기는 부드럽고 따스했다. 큰 사건은 없었지만 사랑과 아름다움이 충만한 그런 날 중 하나였다.

내일부터 6일간 여행을 떠난다. 일요일과 월요일에는 뉴욕에서 친구 웬디와 제이, 프레드와 라빈과 함께 지낸다. 화요일에는 기차로 필라델피아에 가 다른 친구 스티브를 만날 예정이고, 수요일에는 다시 뉴욕에 돌아가 그곳 출판사 사람들과 시간을 보낼 것이다. 이 작은 여행이 기다려진다. 일기장과 매일의 묵상을 적는 작은 노트를 가지고 갈 것이다. 지난 몇 주간을 비교적 고요하게 보냈으니 친구들을 방문하는 이번 여행이 내게 새로운 영감과 새로운 활력을 주기를 기대해 본다.

10월 14일 토요일,
뉴욕주 뉴욕

저녁 6시, 나는 지금 맨해튼에 사는 친구 웬디와 제이네 집 손님용 방에 있는 작은 옛날 책상 앞에 앉아 있다.

뉴욕 땅에 처음 발을 디딘 날이 기억에 선하다. 나는 네덜란드와 미국을 왕복하는 여객선 마르담호를 타고 네덜란드를 떠나 미국에 왔다. 네덜란드 교포들을 위한 가톨릭 사제의 직분을 받아 왔기 때문에 여행은 '무료'였다. 그때가 1960년대 초반이었다. 아침 7시에 자유의 여신상을 지나 맨해튼섬의 웅장한 스카이라인에 다가가던 그때의 기분이 지금도 생생히 떠오른다. 내 곁에는 추방된 오스트리아 황후 치타가 함께 경관을 감상하고 있었다. 여행 중 내가 알게 된 많은 승객 가운데 하나였다. 나는 그녀에게 마천루를 배경으로 사진을 찍어 주었다. 뉴욕, 치타, 처음 접하는 신세계…… 나는 흥분을 가눌 수 없었다.

그로부터 34년이 지난 지금, 나는 뉴욕을 알게 됐다. 뉴욕의 아름다움과 추함, 뉴욕의 빈부, 널따란 공원과 좁은 뒷골목, 뉴욕의 영욕. 그러나 나는 이곳에서 더 이상 관광객이 아니다. 오랜 세월 뉴욕은 내게 신기한 볼거리가 많은 관광지였다. 엠파이어스테이트빌딩, 유엔빌딩, 록펠러센터, 세인트패트릭성당, 메트로폴리탄미술관, 타임스스퀘어, 브로드웨이, 5번가…… 그 모든 것을 보았고 사진으로 찍었다.

그러다 나는 뉴욕인들을 알게 됐다. 평생 뉴욕에 살면서 거기서 일하고 거기서 교회에 다니고 거기에 가까운 친구들이 있는 사람들. 점차 뉴욕은 내게 한결 작고 친절하고 친밀하며 훨씬 안전한 곳이 됐다.

오늘 밤 나는 좋은 친구 웬디와 제이 그리고 인심 좋고 사랑 많은 다른 이들 덕분에 내가 이 도시의 한 부분이 된 것이 그렇게 감사할 수 없다. 그들과 다른 많은 사람을 통해 미국은 내 나라가 됐다. 지금은 비록 캐나다에 살고 있긴 하지만 여전히 이 나라 특히 이 도시에 오면 유난히 내 집에 온 기분이다.

오후 3시에 웬디와 함께 카네기홀에서 열리는 구스타프 말러 음악
회에 갔다. 공연은 〈죽은 아이를 그리는 노래〉(Kindertotenlieder)와 〈교향
곡 제6번〉(Sixth Symphony)으로 구성돼 있었다. 오케스트라는 메트로폴
리탄 오페라극장 오케스트라였고 지휘자는 제임스 레바인, 독창자는 웨
일즈 북부 태생의 베이스-바리톤 브린 터펠이었다.

몇 주 전부터 웬디는 내게 이 특별한 음악회에 함께 가자고 했다.
잊지 못할 경험이었다. 처음으로 카네기홀에 가 봤다는 것만으로도 큰
기쁨이었다.

그때까지 나는 말러의 〈죽은 아이를 그리는 노래〉를 들어 본 적이
없었다. 독일 시인 프리드리히 뤼케르트(1788-1866) 시에 곡을 붙인 것인
데 뤼케르트는 1833년 두 자녀 루이즈와 에른스트를 성홍열로 잃은 뒤
애도의 표현으로 이 시를 썼다. 구스타프 말러는 열네 살 때 죽은 자신
의 형제 에른스트〔공교롭게도 뤼케르트의 죽은 아들과 이름이 같다〕의 죽음을 깊
이 슬퍼하며 뤼케르트의 〈죽은 아이를 그리는 노래〉라는 시에 전부 다
섯 곡의 음악을 붙였다.

나는 연주에 깊은 감명을 받았다. '마거릿과 조너스도 함께 왔더라
면 좋았을 텐데' 하는 생각이 들었다. 태어난 지 몇 시간 만에 죽은 딸 레
베카에 대한 그들의 상실의 비통이 말러의 음악에 유감없이 표현돼 있
었다. 조너스 부부가 왔더라면 많은 눈물을 흘렸을 것이다.

휴식 시간 후에 레바인은 〈교향곡 제6번〉을 지휘했다. 말러의 최대
명작 중 하나로 꼽히는 곡으로 넘치는 환희, 강렬한 고뇌, 전원의 평화,

깊은 고통, 슬픔, 두려움, 희망, 절망 등 아주 다양한 감정이 표현돼 있다. 모든 것이 강렬하고 정교하며 웅장하다. 오케스트라는 내가 여태 본 것 중 가장 규모가 컸다. 81분간의 공연 동안 나는 웬디의 쌍안경을 통해 주로 타악기 연주자를 주시했다. 일곱 명의 연주자가 자신이 만들어 내야 하는 다양한 소리를 놓치지 않고자 이 악기 저 악기 사이를 바삐 오가고 있었다. 한동안 나는 그들의 몸놀림과 협연에 너무 매료돼 음악 듣는 것을 까맣게 잊기도 했다. 회색 양복에 넥타이를 맨 이들은 자신이 만들어 내는 환희의 소리와는 완전 대조적으로 그렇게 심각해 보일 수 없었다. 특히 유난히 잘생기고 윤곽이 뚜렷한 얼굴에 검은색 장발 헤어 스타일을 한 사람은 조금의 표정 변화도 없이 자기가 맡은 커다란 심벌즈를 능숙히 소화해 냈다. 그 사람들을 보노라니 카네기홀이나 링컨센터 바깥에서의 그들의 삶은 어떨지 은근히 궁금했다.

공연이 끝나자 한참 동안 열렬한 박수가 터져 나왔다. 뉴욕 사람들은 하도 좋은 공연을 많이 봐서 여간해서 아주 긴 박수를 보내지 않는다. 그러나 이번은 예외였다.

웬디와 함께 걸어서 집으로 돌아오면서 나는 이 특별한 음악회를 말로 표현한다는 것이 얼마나 난감한 일인지 새삼 느꼈다. 모든 악기들에 비해 내 언어는 한없이 빈약해 보였다. '환상적이다, 굉장하다, 압도적이다, 풍부하다, 감동적이다, 드라마틱하다' 따위의 말들도 미흡해 보였다. 분명한 것 하나는 이 일을 일기에 써야 한다는 것이었다. 그래서 썼다!

오늘은 거의 온종일 아버지가 최근 쓴 책 *My Last Confession*(내 마지막 고백)을 읽으며 보냈다. 아버지는 이 책에 '저자이자 세무사로서 삶의 종말을 앞둔 한 노인의 비판적 묵상'이라는 부제를 달아 놓았다. 이번 금요일에, 1903년 아버지가 태어난 도시인 펜로에서 림뷔르흐 주지사에게 첫 사본이 증정될 예정이다.

이 책을 읽으며 나는 감개무량했다. 아주 잘 쓰셨다. 위트가 넘치고 아주 재미있고 아이러니가 번득이며 신선한 관점이 풍부하다. 아주 개인적인 책이긴 하지만 변호사, 세무사, 회계법 전문가로서 아버지 자신이 평생 관심 가졌던 많은 이슈를 돌아보고 있다. 네덜란드 사회의 현행 세금 문제, 자신의 성인 생활과 노화와 죽음 등에 대한 아버지의 사견이 표현돼 있으면서 동시에 키케로, 로마의 정치가 카토, 몽테스키외, 프랑스 소설가 조르주 심농, 카프카 등 과거와 현재의 많은 유명한 문학 및 정치 지도자들도 언급돼 있다. 글쓰기의 의미, 늙어 간다는 것, 하나님을 믿는 믿음 등 주제가 아주 다양하지만 이 책은 일차적으로 아버지 자신의 삶에 대한 비판적 평가서다. 비하의 표현도 없지 않지만 대체로 관대하고 너그럽다.

나는 아버지의 마지막 고백을 아주 즐겁게 읽었다. 아버지의 투지, 지성, 유머 감각, 무엇보다도 지혜를 확연히 엿볼 수 있었다. 이 책에 나타난 아버지는 활력 넘치며 빈틈이 없는 사람이다. 첫 장부터 아버지는 '카드 게임이나 하다가' 죽고 싶지는 않다고 밝혔다. 아버지는 과연 그 말대로 살고 있다. 이 책이 증거다.

'막이 내리고'라는 제목의 마지막 장에서 아버지는 하나님께 대한 믿음을 고백한다. 거기서 아버지는 네덜란드의 한 영성 작가의 말에 수긍한다. "하나님은 무한히 우리를 초월하시지만 또한 제한적이고 한시적일망정 우리의 마음과 깊은 조화를 이루신다. 이 말이 선하고 참되고 아름답게 들릴지 여부는 오직 내 올바른 행동에 달려 있다."

아버지는 진정 '올바른 행동'의 사람이다. 아버지에게 궁극적으로 중요한 것은 말이나 신념이 아니라 행동이다. 아버지는 내게 언제나 이렇게 말했다. "사람들은 결국 너를 네 말과 사상과 진술과 저서로 기억하지 않고 네가 다른 사람들을 위해 한 일과 그 일을 할 때의 마음가짐으로 기억할 것이다."

금요일 날 *My Last Confession*(내 마지막 고백)이 공식 발표되는 자리에 있을 수 없어서 서운하다. 그러나 책을 읽고 난 지금 나는 우리 아버지가 자랑스럽다고 진심으로 말할 수 있다.

오늘 프레드와 함께 센트럴 파크를 기분 좋게 걸은 뒤 점심을 먹었다. 저녁 6시에 프레드의 집에 가 그의 아내 라빈과 그들의 두 아이, 세 살 반 된 제이콥과 갓난아기 에마와 함께 시간을 보냈다. 정말 기쁜 시간이었다. 저녁을 먹으며 우리는 책, 서로의 사역, 친구들, 장래 계획 등에 관해 이야기했다. 아름답고 평화로운 저녁 시간이었다!

10월 17일 화요일,
펜실베이니아주 필라델피아

오늘은 친구 스티브와 함께 필라델피아에서 하루를 보냈다. 스티브는 17년 동안 이 도시에서 은행 부점장으로 일하다 어느 날 신학교에 가기로 결단했다. 그간 돈을 충분히 저축해 두었기 때문에 신학 공부에 전념할 수 있었다. 그는 차차 사역에의 부르심을 확인해야 한다.

스티브에게 결코 쉬운 시간이 아니다. 은행 생활을 청산하고 신학교 생활에 적응하는 데는 큰 수고가 뒤따른다. 공부가 무척 즐겁기는 하지만 개인적으로 책을 읽거나 예술을 즐기거나 무엇보다도 친구를 만날 시간이 거의 없어 아쉽다고 했다.

그뿐만 아니라 그는 사역자 후보로 적격 판정을 받기 위해 심리검사, 심리 치료, 끝없는 인터뷰 등 많은 힘든 과정을 거쳐야 한다. 그의 이야기를 들으면서, 지금 스티브가 치러야 하는 수많은 검사를 우리 때에도 치러야 했다면 나는 결코 안수받을 수 없었으리라는 생각이 들었다.

우리는 소명, 능력, 교회 사역, 장래 가능성 등에 관해 장시간 대화를 나눴다. 가장 중요한 것은 스티브가 은행 일을 그만둔 것을 아주 좋아하며 공부를 즐기고 있다는 사실이다. 결과가 어떻게 될지는 아직 말하기 어렵다. 나는 거듭 말했다. "일단은 지금의 이 삶과 공부와 기도와 친구들을 사랑하도록 힘쓰십시오. 장래의 방향은 때가 되면 하나님이 보여 주실 줄로 믿으면 됩니다. 수년 후에나 알아야 할 일을 지금 알려고 하지 마십시오."

내가 앞으로 스티브에게 도움이 될 수 있으면 좋겠다. 그렇기를 기도한다. 스티브는 갈 바를 알지 못하며 길을 떠나는 모험을 단행했다. 그러나 나는 이것이 하나님이 인도하신 아름답고 가치 있는 모험이라고 믿는다. 스티브가 안전하되 근본적 만족이 없는 일자리 대신 하나님을 의지한 것이 감사하다. 그의 결단에 많은 열매가 맺힐 날이 있으리라 확신한다.

10월 18일 수요일, 뉴욕

기차로 뉴욕시에 돌아와서 나는 위니펙 일기의 출판 건을 의논하고자 더블데이 출판사의 편집자 빌을 만나러 갔다. 내가 1988년 겨울과 봄에 우울증에 걸려 캐나다 위니펙에서 심리 치료를 받는 동안 쓴 일기다. 빌은 내가 1988년 여름 데이브레이크에 복귀한 직후부터 이 일기에 지대한 관심을 보였지만 나는 여전히 심약한 상태였고 그 경험을 독자들에게 나눌 준비가 돼 있지 않았다. 그러나 이제는 달라졌다. 지금은, 내가 7년 전 겪었던 것과 비슷한 고통을 경험하는 이들에게 이 일기가 도움이 될 수 있다고 생각한다.

버텔스만빌딩 14층에 위치한 빌의 사무실은 거대한 광고판들과 네온사인이 즐비한 타임스스퀘어를 굽어보고 있다. 전 세계 엔터테인먼트 산업의 중심지를 내다보며 우울증에 대한 일기 이야기를 하려니 왠지 속이 거북했다. 빌은 말했다. "좀 야하지요. 특히 밤에 그렇습니다. 황금색, 파란색, 초록색, 보라색, 노란색 불빛이 정신없이 이리저리 돌아가거든요. 그래도 어쨌든 여기가 뉴욕의 심장부랍니다." 생동감 넘치면서도 동시에 속을 메스껍게 한다는 생각이 들었다. 어쩌면 우울증에 관한 책은 빌딩 창 앞에서 써야 하는지도 모르리라!

웬디와 제이의 아파트에 돌아오자 웬디가 말했다. "오늘 밤 메트로폴리탄 오페라극장에서 공연하는 〈카르멘〉(Carman) 표를 두 장 사 놨어요. 제이와 존이 둘 다 밤에 집에 없거든요. 신부님과 함께 〈카르멘〉을 보면 좋겠다 생각했죠." 나는 〈카르멘〉을 본 적이 없었기 때문에 잘됐다고 생각했다. 거기다 이 유명한 음악과 노래와 드라마를 처음 접하는 곳으로 메트로폴리탄 오페라극장보다 더 좋은 곳이 있겠는가.

오페라란 으레 좋은 음악에다 시시한 이야기를 합쳐 놓은 것이라는 편견이 있음에도 나는 〈카르멘〉의 드라마에 온전히 빠져들었다. 드나이스 그레이브스가 카르멘 역을 맡아 노래하고 연기했다. 감각적이고 매혹적이며 자신감 넘치는 운명의 집시 여인의 모습을 통해 나는 신앙과 운명, 순종의 삶과 '야성'의 삶, 아가페와 에로스, 기독교와 이교 신앙 사이의 팽팽한 긴장을 느꼈다.

〈카르멘〉에 등장하는 스페인 세비야의 군인 호세는 '사랑'에 얽매이지 않고 군 상관들에게 복종해야 한다. 일상의 삶이 생명력을 죽인다고 생각하는 우리 많은 충직한 남녀들을 대변하는 인물이다. 카르멘의

숫구치는 활력은 호세의 삶에 새로운 지평을 열어 주지만 결국은 둘 다 파멸로 몰아가고 만다. 그 속에는 일상의 구속에서 벗어나고 싶지만 대가를 치르지 못해 망설이는 우리의 모습이 들어 있다.

이 긴장을 삶의 통합으로 해결할 수는 없을까? 우리 안의 '야성'은 생명력과 창의력을 잃지 않으면서도 길들여질 수 있을까? 나는 정돈된 삶을 살기 위해 굳이 에로스의 활력을 억눌러야 한다고는 보지 않는다. 존재의 야성적 활력을 살리기 위해 질서와 훈련을 포기해야 한다고 생각지도 않는다. 그러나 온전한 인간이 되는 자기만의 길을 발견하는 데는 당연히 집중적인 노력이 필요하다. 서방 문학과 예술은 그 온전함을 성취한 이가 별로 없음을 보여 준다. 물론 나도 성취하지 못했다.

10월 19일 목요일, 워터타운

오늘은 중간에 끼인 날! 뉴욕에서 보낸 역동적 시간과 보스턴에서 보낼 뜻깊은 주말 사이에 끼여 있다.

아늑한 내 방에 돌아오니 기분이 좋다. 우편물과 많은 전화 메시지가 있었다. 몇 시간에 걸쳐 응답 조치를 다 하고 나서 다시 책상 앞에 앉아 일기와 미술관 노트를 쓰고 있다.

내일은 네이선과 수가 주말을 보내러 이곳에 온다. 친구로서의 방문이자 동시에 안식년을 잘 보내도록 나를 돕는 조력자로서의 방문이

기도 하다. 그 시간이 기다려진다. 준비할 게 많다! 먹을 것도 사야 하고 청소도 해야 하고 조너스와 마거릿과 함께 방문 세부 일정도 짜야 한다.

뜻밖에 기분 좋은 일이 하나 더 생겼다. 네이선과 수와 내가 우크라이나에서 여러 주를 함께 보냈던 보리스가 마침 보스턴에 있어 내일 오전 내내 우리와 함께하게 된 것이다. 할 이야기가 많을 것이다.

10월 20일 금요일

오후 4시에 조너스, 마거릿, 샘, 조너스의 형제 스티브, 스티브의 여섯 살 난 아들 루크와 함께 서커스를 보러 갔다.

링글링 브라더스(바넘과 베일리)의 '지상 최대의 쇼'를 볼 기회가 생겨 무척 기뻤다. '플라잉 로드레이 가족'이라는 공중그네 곡예단과 4년 넘게 우정을 맺어 오면서 나는 열렬한 서커스 팬이 됐다.

세 개의 무대에서 진행된 링글링 브라더스의 서커스는 한꺼번에 너무나 많은 일이 벌어져, 관객과 곡예사 사이에 인간적 교류가 전혀 불가능해 보였다. 뛰어난 기량을 보유한 인간이 한낱 멋진 동작과 화려한 자태로 전락하고 말았다. 하나의 무대에서 진행되던 독일 로드레이 가족(시모나이트와 바룸)의 텐트 속 공연이 그리웠다. 그들 곡예를 보면서 나는 공중 곡예뿐 아니라 그들의 정신에 감명받았다. 그들을 개인적으로 알고 싶었고 그들의 삶에 좀 더 가깝게 다가가고 싶었다. 오늘 오후에도 감탄을 자아낼 만한 훌륭하고 멋진 장면은 많았으나 진정한 감동은 받지 못했다. 내 앞의 이 사람들이 나와 같은 인간이라는 사실을 자꾸만 망각할 수밖에 없었다. 그들은 서커스라는 거대한 요술 기계의 부품이 되고 말았다.

어린 샘과 루크는 어떻게 보았는지 궁금했다. 샘과 루크는 눈을 가늘게 뜨고 앉아서 모든 것을 지켜보면서도 한 번도 웃거나 열광하지 않았다. 심지어 샘은 엄마의 무릎에 기어오르며 피곤하다고 말했다. 샘을 조금도 탓하고 싶지 않다!

내 시선을 '사로잡는' 순간이 딱 한 번 있었다. 한 사람이 바닥에서 9미터 높이의 보드에 올라 흔들리는 두 물체의 중심을 잡고 있는데 상대가 그 사람 머리 위로 한 손만 짚고 물구나무서기를 하는 장면이었다. 우리 좌석이 바로 그 앞에 있어서 나는 그들을 똑똑히 볼 수 있었다. 물구나무서기를 한 사람의 웃는 얼굴과 잔뜩 힘이 들어가 근육이 불거져 나온 몸을 볼 수 있었다. 그의 몸에서는 생기와 활력이 뿜어 나왔다. 뭔가 통하는 기분이었다.

그러다 그들은 다시 쇼의 거대한 익명 속으로 사라졌다. 그러나 그것은 내게 짧지만 중요한 순간이었다. 로드레이 형제를 처음 볼 때 나를 사로잡았던 똑같은 감정이 느껴졌기 때문이다. 바로 그 감정 때문에 나는 용기를 내서 그들에게 나를 소개했고 그것이 오래도록 깊은 우정으로 이어진 것이다. 이번에도 그 동작과 그 동작을 보여 줄 때의 두 사람은 마치 어둠 속 번쩍이는 섬광 같았다.

10월 21일 토요일

수와 네이선이 왔다. 우리는 이곳에서의 내 작은 삶, 데이브레이크, 우리 앞에 놓인 일들에 관해 이야기하며 함께 아주 유익하고 평화로운 하루를 보내고 있다. 이들의 우정과 후원은 내게 정말 귀한 선물이다.

점심 시간에 보리스가 도착했다. 기쁜 재회였다. 보리스는 1년간의 로마 유학 생활, 르비우의 신설 신학교 부학장 업무, 브레스트 일치에 관한 자기 책의 편집 과정, 개인적 기쁨과 아픔 등 이야기가 무궁무진했다. 점심 자리에 조너스도 함께 있었다. 보리스와 조너스는 나를 통해 서로에 대해 많은 이야기를 전해 들었지만 직접 만난 적은 없었다. 마침내 둘이 함께 있는 것을 보니 기뻤다.

10월 22일 일요일

오후 2시에 조너스와 함께 수와 네이선을 로건 공항에 내려 주었다. 아주 좋은 시간이었다. 그들에게 보스턴 광장도 보여 주고, 내가 3년간 있었던 하버드신학대학원에도 데려가고, 보스턴 교향악단 콘서트에도 함께 가고, 특별한 식당에서 멋진 저녁 식사도 대접하려 했던 내 많은 계획은 모두 수포로 돌아갔다! 우리는 그저 집에 남아 집 구경으로 만족하며 이야기하고, 이야기하고, 또 이야기했다! 네이선은 직접 장을 봐서 우리 모두에게 근사한 저녁 식사를 만들어 주었다.

많은 일을 하지 않아 차라리 다행이다. 그저 함께 있으며 우정을 음미하는 것만으로 축복이었다. 오늘 아침 우리는 조너스와 아홉 명의 방문자와 함께 엠티 벨에서 주일 성찬식을 가졌다. 평화와 기도의 시간이었다. 아침 식사 후 우리는 말씀을 조금 읽고 조금 대화하고 조금 기도했다. 그러고 나서 공항으로 떠났다.

뜻밖의 사건도 없었고 거창한 일도 없었고 격한 감정도 없었다. 그저 든든하고 아름다운 오랜 우정을 실컷 누렸을 뿐이다.

10월 23일 월요일

별로 좋지 않은 하루였다. 뉴욕과 필라델피아를 다녀오고 네이선과 수가 다녀간 후 내 바람은 오직 하나뿐, 다시 글쓰기에 몰두하는 것이다. 잔에 관한 글에 손대지 못한 것이 벌써 일주일도 넘었고, 이곳에서의 조용한 삶의 리듬도 많이 깨졌다.

보리스는 자기가 있는 곳이 시끄럽고 산만해서 그렇다며 며칠 더이곳에 머물러도 되겠느냐고 물었다. 그는 자신의 삶과 일에 관해 좀 더대화를 나누며 내 조언을 듣고 싶어 했다. 나와의 우정이 좋아서 그 우정을 더 깊이 가꾸고 싶어 하는 마음도 있었다. 조너스는 내가 한동안헬스클럽에 가지 못한 것을 상기시키며 같이 가기를 권했다. 그 사이에레베카 이야기를 쓴 조너스의 책 교정본이 도착했다. 그의 편집자인 로버트 헬러가 내게 일주일 내로 그 책의 서문을 써 달라고 했다. 라르쉬 이리 지부 담임사제인 조지 스트로마이어가 라르쉬 북미 지역 목회자 수련회 계획을 의논하려고 전화했다. 각종 초청이며 내 책의 외국어 번역 요청 등으로 우편물이 폭주했다.

다 좋지만, 너무 많았다! 모든 것이 마음을 산만하게 했다. 가장 좋은 일들까지도. 책상에 앉아 잔에 관한 책을 쓸 짬이 없었다. 짜증이 나면서 마음이 우울해졌다. 애꿎은 보리스가 화를 뒤집어썼다! 하마터면 여기 머무는 것에 죄책감을 느끼게 만들 뻔했다. 사실 나부터도 보리스 이상으로 함께 있고 싶은 사람이 없으면서 말이다.

그나마 기뻤던 순간은 내 책《탕자의 귀향》(The Return of the Prodigal Son) 양장본 신판이 새로 도착한 것이다. 본래의 멋진 모습으로 이 책을 다시 보니 기분이 좋다. 컨티뉴엄 출판사 워너 린츠가 더블데이 출판사에서 양장본 판권을 사 재출간한 것이다. 무선판은 계속 더블데이에서 나오고 있다. 책을 펴 헌정사를 읽었다. "90회 생신을 맞으신 아버지 로렌트 장 마리 나우웬에게." 나는 아버지의 실제 생신인 1993년 1월 3일이 되기 반년도 더 전에 미리 헌정사를 썼다. 당시에는 그것이 무리가 아닌가 하는 생각도 들었다. 어제 통화했을 때 아버지는 크리스마스 때 내가 귀국하여 둘이서 프라이부르크로 여행을 떠난다는 계획으로 잔뜩 들떠 있었다. 아버지는 말했다. "크리스마스와 내 생일 사이에 떠나면 좋겠다. 어서 기차표와 호텔을 예약해 두거라!"

비록 속상한 날이었지만 감사할 이유도 많이 있다!

10월 25일 수요일

유엔 창설 50주년을 맞아 전 세계의 많은 정치 지도자들이 미국으로 모여들고 있다. 민감한 사안들이 얽혀 있다. 각종 의전이 버거울 정도로 많다. 경호는 악몽이요 명사들의 수송은 장시간의 교통 체증을 유발하고 있으며 숙박 시설은 모두 동났다. 전체 분위기가 사뭇 비관적으로 보인다. 50년 사이에 유엔은 별다른 비전 없이 끝없는 외교 문제로 수렁에 빠져 있는 거대한 관료주의 단체가 되고 말았다. 그래도 유엔은 인간의 탐욕과 복수로 지구가 멸망하는 것을 막고 평화를 이룰 수 있는 잠재력을 지닌 몇 안 되는 기구 중 하나다.

이번 한 주간의 모든 외교 전략에 비하면 몇 주 전 요한 바오로 2세의 방문은 유난히 선지자의 행차처럼 보인다.

오늘 밤 나는 세계 평화를 위해 기도한다.

10월 26일 목요일

온종일 글쓰기에 매달렸다. '상처 입은 치유자'에 관한 다섯 편의 단상을 썼다. 타인을 위해 내 삶을 들어 올린다는 내용으로 '잔'에 관한 책 집필도 한 장 끝냈다. 그리고 샌디에이고에 있는 친구 조운에게 보낼 '무조건적 사랑'에 대한 5페이지짜리 묵상 글을 썼다.

오후 6시에 보리스가 저녁을 먹으러 왔다. 유럽으로 돌아가기 전

책도 끝내고 여러 사람도 만나야 한다며 케임브리지에서의 자신의 바쁜 삶에 관해 이야기했다.

10월 27일 금요일

Rebecca: A Father's Journey from Grief to Gratitude(레베카: 비통에서 감사로 나아가는 아버지의 여정)라는 조너스의 책 서문을 쓰며 거의 하루를 보냈다. 어제는 조너스와 짧은 인터뷰를 했고 오늘 아침에는 원고를 작성했다. 조너스의 첫 책에 조금이나마 기여할 수 있어 참으로 기뻤다. 딸 레베카로 인해 조너스가 느끼는 비통에 깊이 공감하기에 더욱 그랬다. 레베카는 1992년 7월 29일 조산아로 태어나 세 시간 44분을 살고는 아빠의 품에서 영원히 잠들었다. 그때 나는 프랑스에 있었다. 조너스에게 전화로 레베카의 출생과 죽음을 듣던 순간이 지금도 선하다. 그는 깊은 슬픔에 휩싸였지만 고통을 통해 감사에 이르려는 의지가 처음부터 확고했다.

나중에 나는 조너스에게 레베카에 관해 글을 써 볼 것을 권했다. 그는 언제나 작가가 되고 싶어 했다. 레베카의 짧은 삶이 좋은 계기가 될 수 있다고 나는 말했다. 깊은 슬픔의 열매와 고된 작업의 결실을 보게 되니 참으로 기쁘다.

가장 크게 와닿은 점은 이 책을 두 가지 시각으로 읽을 수 있다는 사실이다. 무의미한 사건에 어떻게든 의미를 부여하려는 한 아버지의 부질없는 시도로 읽을 수도 있다. 반면 이 책은 우리가 천국 백성이라는 신비에 관한 영광의 증언으로 읽을 수도 있다. 거기로부터 우리는 우리를 구원하는 자 곧 주 예수 그리스도가 우리의 낮은 몸을 자기 영광의 몸의 형체와 같이 변하게 하실 것을 기다린다(빌 3:20-21). 독자들이 조너스와 함께 인간의 극심한 비통 속에서 하나님의 영광을 보기를 선택한다면 이 책은 진정 위대한 소망을 줄 수 있다.

레베카는 세 시간 44분밖에 살지 못했다. 너무 약하고 너무 작아 눈조차 뜰 수 없었다. 그러나 놀라운 영적 비전을 통해 조너스는, 생명의 가치란 이 땅에선 산 시간, 날수, 햇수에 달린 것도 아니고 관계 맺은 사람들 수로 좌우되는 것도 아니며 인류 역사에 끼친 영향에 기인하는 것도 아님을 볼 수 있었다. 조너스는 생명의 가치란 생명 자체에 있으며 레베카가 산 단 몇 시간의 짧은 삶은 위대하다 칭송받는 사람들의 긴 세월의 삶만큼이나 가치 있다는 것을 '보았다.'

희망을 전하는 이 놀라운 책에 한몫을 담당한 것을 나는 특권으로 생각한다. 이 책 안에서 슬픔은 기쁨이 되고 비통은 감사에 이른다.

10월 28일 토요일

퀘벡주는 캐나다에서 분리될 것인가? 이 질문에 대한 답이 다음 주 월요일 밝혀질 것이다. 그날은 퀘벡주가 주민 투표를 통해 캐나다 연방에 남을지 따로 독립할지를 결정하는 날이다.

며칠 전까지만 해도 미국 신문들은 주민 투표에 별 관심을 보이지 않았다. 분리의 가능성을 아무도 심각하게 생각하지 않았기 때문일 것이다. 그러나 최근 여론조사 결과는 다르게 나타나고 있다. 퀘벡주의 분리는 현실적으로 가능하다.

오늘 오후 네이선과 통화했다. 분리에 찬성표를 던지는 것이 많은 사람의 생각처럼 그렇게 큰일은 아닐 수도 있다는 그의 말에 나는 놀랐다. 오히려 그것을 통해 여러 정당과 주 정부가 타성에서 벗어나 결과적으로 캐나다가 더 좋아질 수도 있다고 그는 말했다. 그는 연합을 지지하지만 분리도 두려워하지 않았다.

내 경우 어느 한쪽을 내세우는 강한 의견은 없다. 연합을 지키는 것이 양분된 캐나다보다는 낫다는 것이 무의식적 생각이지만 말이다. 하지만 설령 분리된다 해도 벨기에의 상황과 다르지 않을지 모른다. 벨기에는 프랑스어를 말하는 사람들과 네덜란드어를 말하는 사람들이 별도의 정부를 갖고 있으면서도 한 나라로 남아 있다.

막판에 대다수 사람들이 단순히 불확실한 미래가 두려워 현상 유지 쪽으로 표를 던지지 않을까 하는 생각도 든다. 곧 밝혀질 것이다.

10월 29일 일요일

1년 전 오늘 내 친구 테드는 아내 낸시를 잃었다. 어제 오후 또 다른 친구 프레드는 어린 시절 가장 가까웠던 친구 짐을 잃었다. 예일신학대학원에 있을 때 나는 낸시를 알게 됐다. 낸시는 상냥하고 따뜻하고 활달하고 아주 사랑이 많은 여자였다. 지난 몇 주 동안에는 짐의 신앙적 용기와 신실함에 관해 많은 이야기를 들었다.

오늘 아침 우리는 이 두 특별한 사람을 기념하여 엠티 벨에서 성찬식을 가졌다. 테드가 참석했다. 내 친구이자 하버드신학대학원 시절 조교이기도 했던 마이클도 아내 마르타, 여섯 살 난 쌍둥이 안드레스, 니콜라스와 함께 왔다.

아주 평안한 시간이었다. 성경 말씀은 겸손과 확신으로 기도하라는 내용이었다. 성찬식 후 테드, 마이클, 마르타, 안드레스, 니콜라스는 집으로 들어와 다과를 나눴다. 성찬식 중에 두 아이는 친절하게 나를 도와 모든 참석자에게 잔을 돌렸다. 나중에 니콜라스는 십자가 위에 계신 예수님, 촛불, 천사, 별 등 내게 여러 가지 그림을 그려 주었다. 추억이 새록새록 되살아나는 시간이었다. 낸시와 짐은 죽었지만 이 두 소년이 우리에게 삶의 풍요와 회복력을 일깨워 주었다. 이렇게 예쁘고 사랑스러운 아이들이 있을까!

저녁 6시에 나는 피츠버그에 있는 프레드에게 전화를 걸어 우리가 짐을 위해 기도했다고 말해 주었다. 그는 짐과 함께 부르곤 했던 노래들을 지금 막 피아노로 쳤다고 말했다. 그 나름의 애도의 방식이었다. 그는 내 전화에 진심으로 고마워했다.

오늘 같은 날이면 나는 우정의 위대한 선물에 새삼 놀란다.

반대 50.6퍼센트, 찬성 49.4퍼센트로 퀘벡주는 캐나다 연방에 잔류하게 됐다. 캐나다의 연합을 지키기 원한 사람들의 승리지만 박빙의 승리다. 많은 갈등이 불거질 것이다. 퀘벡주 내에는 캐나다로부터 독립을 원하는 사람들과 그렇지 않은 사람들 사이에 큰 분란이 있다. 앞으로 그 분란을 창의적 치유의 방식으로 풀어 나가야 할 것이다. 장 크레티앵 연방정부 총리는 긴장 완화에 총력을 기울여야 할 것이다. 퀘벡주와 연방정부의 관계가 전혀 달라지지 않는다면 머잖아 다시 주민 투표를 하게 될 것이고 찬반 비율은 언제라도 뒤집어질 수 있다.

1995년 11월.

모든 기쁨과 모든 아픔이
예수님의 나라를 선포할
기회가 되어

11월 1일 수요일,
멕시코 칸쿤

나는 지금 멕시코 칸쿤으로 가는 길이다. 달라스로 가기 위해 아침 6시 반에 보스턴 로건 공항을 떠났다. 달라스에서 조우와 네이선을 만나기로 돼 있다. 둘은 지금 토론토 데이브레이크에서 비행기를 타고 달라스로 가고 있다. 텍사스 포트워스의 친구 맬콤도 만날 것이다. 칸쿤에 와 달라는 초청을 수락하도록 내게 권한 사람이 바로 맬콤이다.

칸쿤에서 무슨 일이 있을까? 자선가들의 복음주의 후원 단체인 '게더링'(The Gathering)이 사흘간 수련회를 갖는다. 이 단체는 해마다 한 차례씩 모여 자신들의 자선 사업을 서로 후원, 격려하며 복음의 정신으로 물질을 나누는 법을 토의한다. 자선 기관에 상당한 양의 기부금을 낸 사람만 게더링 회원 '자격'을 얻을 수 있다.

처음 이 모임에 강사로 초청받았을 때 나는 망설였다. 안식년 기간 중이기도 했고 또 내가 자선가들에게 특별히 해 줄 말이 있을지 확신도 서지 않았다. 나는 네이선과 조우에게 같이 가서 공동체의 경험을 함께 이야기해 달라고 부탁했다. 막상 달라스를 향해 떠나고 보니 이번 모험에 사뭇 가슴이 두근거린다.

우리가 칸쿤에서 만나게 될 사람들의 기본 지침은 "하나님과 재물을 겸하여 섬길 수 없느니라" 하신 예수님의 말씀이다(눅 16:13). 우리가 이 지혜에 어떻게 기여할 수 있을지 궁금하다. 가장 중요한 것은 내가 가난한 이들이 중심을 이루는 공동체의 일원으로서 말하러 간다는 사실이다. 네이선과 조우가 함께 가게 돼 정말 기쁘다.

여기는 화려하기 이를 데 없는 리츠칼튼호텔이다. 세 개의 식당, 두 개의 커다란 야외 수영장, 널따란 리셉션 장소, 거대한 대연회장, 넓은 나선형 계단, 크고 으리으리한 샹들리에, 값비싼 물건을 갖춘 많은 소규모 가게들. 이 모두가 햇빛에 씻긴 푸른 카리브해를 내다보고 있다.

멕시코인 직원들은 매우 친절하다. 모두 영어를 잘하는 젊은 남녀들로 어느 모로 보나 자기가 하는 일에 아주 잘 훈련돼 있다. 그들이 가장 많이 사용하는 표현은 "천만의 말씀입니다"이다. 정감 어린 멕시코 억양으로 이 말을 하도 자주 듣다 보니 아예 거룩한 주문처럼 들릴 정도다.

저녁 식사 후 '유쾌한 나눔의 소명'이라는 제목의 개막 연설로 게더링 모임이 시작됐다. 삶의 기쁨과 나눔의 기쁨에 관한 아주 재미있고 즐거운 연설로 많은 일화와 은혜로운 성경 말씀 묵상이 곁들여졌다.

내일 아침 나는 첫 번째 성경 공부를 인도하게 된다. 오병이어의 배가에 대한 말씀을 나눌 생각이다. 생각과 달리 굉장히 떨린다. 사람들의 생각이나 말에 너무 신경 쓰지 말고 오직 예수님께만 집중할 수 있게 해 달라고 기도한다.

이렇게 아름다운 곳에 와 있는데도 왠지 모르게 몸이 너무너무 피곤하다. 조너스와 마거릿의 집에 있는 내 조용한 책상이 벌써부터 그립다.

오병이어의 배가에 대한 오늘 아침 내 성경 공부 인도는 반응이 괜찮았던 것 같다. 나는 이야기의 전개에 따라 각기 다른 대목에서 궁휼, 결핍, 선물, 풍요, 고독에 관해 이야기했다. 우리 자신을 다른 이들에게 내준다는 것의 의미도 밝히려 했다. 중심 개념은, 우리의 선물이 아무리 작아 보일지라도 하나님의 사람들을 위한 하나님의 선물로 인식할 때 커진다는 것이었다. 마음이 인색하여 나누지 않는다면 그나마 조금 있던 것까지도 줄어들 것이다. 그러나 풍성한 마음으로 후하게 나누면 우리가 내주는 것이 배가할 것이다. 그런데 그런 일이 생길 때 사람들은 우리를 왕 삼으려 한다! 그때 우리는 다시 고독 속으로 물러나 거기서 우리를 사랑하는 자라 불러 주시는 하나님의 음성을 들어야 한다.

남은 하루는 조용했다. 내일 나눌 말씀을 묵상했다. 네이선과 조우와 맬콤과 함께 내 방에서 성찬식을 가진 뒤 말씀의 개요를 함께 토의했다.

꽉 찬 하루였다. 대부분 성경 공부 인도를 하며 지나갔다. 아침에는 요한복음 21장 15-19절을 본문으로 성경 공부를 인도했다. "네가 이 사람들보다 나를 더 사랑하느냐 …… 내 어린양을 먹이라 …… 남이 …… 원하지 아니하는 곳으로 데려가리라." 맬콤이 본문을 읽었고 네이선은 공부 사이사이에 찬양을 몇 곡 불렀다. 조우는 지니아와 로즈의 사연을 들려주었다. 사람들은 깊은 감동을 받는 것 같았고 진심 어린 반응을 보였다. 오전 주 강사가 부득이 강연을 취소하는 바람에 우리 시간이 더 길어졌다. 덕분에 함께 나누며 메시지를 깊이 먹을 기회를 충분히 가질 수 있었다.

나머지 하루는 "잔을 너희가 마실 수 있느냐?"라는 제목의 저녁 강연을 준비하며 보냈다. 지난 몇 달 동안 이 질문에 관한 책을 쓰던 중이라 문제는 개념이나 자료가 아니라 내용을 짧게 간추리는 것이었다. 재미있지만 관련이 적은 세부 사항에 얽매이지 않고 내용을 간략하고 담백하게 다듬어 마음에 가닿게 하느라 상당히 애를 먹었다.

강연은 잘 끝났다. 그래도 이전의 두 성경 공부보다는 만족스럽지 못했다. 너무 길었고 내용이 너무 많았다. 충분히 줄이지 못했던 것이다. 다행히 조우와 네이선의 찬송은 아주 은혜로웠고 청중의 짧은 반응 시간도 아주 고무적이었다.

우리는 수련회 참석자들을 만나 서로 알아 가며 즐거운 시간을 보냈다. 대화는 생기가 넘쳤고 양쪽 다 질문이 많았다. 우리는 저마다 영적 통찰과 의미를 찾고 있음이 분명하다. 조우와 네이선과 나는 게더링과 재단 사역에 대해 많은 것을 알게 됐지만 무엇보다 우리가 한 일은 아주 멋지고 아름다운 사람들을 만나 친구가 된 것이다.

오후에 조너스한테서 전화가 왔다. 이스라엘 총리 이츠하크 라빈이 텔아비브에서 평화 집회를 마친 뒤 한 우익 법률학도에게 암살당했다는 소식이었다. 이 비보를 듣고 나는 속으로 깊은 고통을 느꼈다. 평화의 사절이 살해됐다. 용기 있는 사람, 평상시뿐 아니라 전시에도 용감했던 그가 동족 유대인의 잔혹한 총탄에 스러졌다. 인기를 잃을 위험도 아랑곳 않고 용감하게 야세르 아라파트와 평화협정을 체결했던 지도자가 한순간에 운명을 달리했다. 암살범은 자신이 하나님께로부터 이스라엘과 팔레스타인 간의 평화 진행을 저지시키는 사명을 받았다고 믿고 있었다. 오늘 밤 나는 라빈과 그의 가족들, 애도하는 이스라엘 백성, 그리고 평화를 위해 기도한다.

11월 5일 일요일

오늘 아침 우리를 수련회에 초대한 밥이 우리 세 사람한테 수요일 보스턴과 토론토로 돌아가기 전까지 계속 호텔에 머물러 달라고 부탁했다. 우리는 수련회 후 플라야 델 카르멘이라는 작은 마을에 가 잠시 쉬면서 리츠칼튼호텔 바깥의 멕시코 생활을 조금 돌아볼 생각이었다. 그러나 밥은 우리에게 호텔 체류를 선물로 주고 싶어 했다. 거처를 옮기지 않으면 시간과 에너지를 많이 절약할 수 있을 거라고 그는 말했다. 나는 밥과 그의 아내 린다가 우리를 좀 더 알고 싶어 하며 지난 며칠간 우리 사이에 싹튼 우정을 더 깊이 나누고 싶어 한다는 느낌을 받았다. 우리는 결국 친구의 권고대로 선물을 받아들이기로 했다.

나중에 네이선과 조우와 나는 버스를 타고 칸쿤 시내에 나갔다. 시내는 주로 관광객을 위한 하나의 긴 쇼핑센터라는 사실을 곧 알게 됐다. 그래도 작고 멋진 식당을 찾아내 처음으로 진짜 멕시코 음식을 먹었다. 아주 즐거운 저녁 시간이었다.

11월 6일 월요일

아침 7시에 CNN에서 라빈 총리의 장례식을 보았다. 가슴 뭉클한 장면이었다. 전 세계의 정치 지도자들이 참석했다. 이즈하크 라빈의 암살을 통해 이스라엘이 새롭게 하나로 연합하며 중동 평화에 새로운 전기가 마련되기를 위해 기도한다. "한 알의 밀이 땅에 떨어져 죽지 아니하면 한 알 그대로 있고 죽으면 많은 열매를 맺느니라"(요 12:24) 하신 예수님의 말씀이 생각난다. 라빈의 아내 레아와 그 자녀들과 손녀의 비탄에 잠긴 모습을 보면서, 그들의 눈물이 메마른 사막을 단비같이 적셔 새 생명을 꽃피우기를 바라는 마음 간절했다.

아침 9시에 밥과 린다 부부가 네이선과 조우와 나를 데리고 일일 관광에 나섰다. 툴룸에 있는 마야 유적지를 본 뒤 천연 아쿠아리움에 가 수중에서 물고기들을 구경했다.

멋진 하루였다. 나는 마야 유적에 깊은 감명을 받았다. 마야 문명은 세련미가 넘쳤다. 이렇게 풍부한 문화 유산이 잦은 부족 전쟁과 나중에는 스페인 정복자들 손에 완전히 폐허가 될 수도 있었다는 아찔한 생각으로 그곳을 떠났다. 나머지 시간은 즐겁고 유쾌했다. 네이선과 조우와 나는 천연 아쿠아리움에서 잠수복을 입고 수중에 들어가 우리 곁을 지나 해수면 밑 암석 주위를 맴도는 아름다운 물고기 떼를 감상했다.

린다와 밥이 보인 관심과 호의에, 함께 멋진 하루를 보내게 하신 하나님께 감사드린다.

11월 7일 화요일

칸쿤에서의 마지막 날! 낮 12시 반에 우리는 밥과 린다 부부의 호의와 우정에 감사를 표하며 그들과 헤어졌다.

그들이 떠난 후 우리는 함께 성찬식을 가진 뒤 호텔 테라스에서 점심을 먹었다. 네이선이 소형 모터보트가 끄는 낙하산을 타 볼 것을 권했다. 호텔 건물 위로 높이 올라가 칸쿤 지역을 훤히 내려다볼 수 있다고 했다. 나는 다 같이 타면 타겠다고 했다. 해변에서 영업하던 멕시코 소년 셋은 우리를 좌석에 벨트로 고정시키고 구명조끼를 입힌 뒤 무릎을 굽힌 채 벨트를 꼭 붙잡게 하고는 모터보트에 신호를 보내 낙하산을 끌고 달리게 했다.

몇 초 후, 우리는 하늘을 날고 있었다! 감미로운 미풍, 탁 트인 경관. 정말 기분 만점이었다. 보트는 15분 동안 우리를 해변과 바다 위로 끌고 달렸다. 돌아올 때 우리는 급기야 착륙점을 놓쳤다. 소년들은 손을 흔들며 우리에게 빨간 깃발을 잡아당겨 낙하산의 방향을 해변 쪽으로 틀라고 했다. 그러나 뜻대로 잘 안 돼 우리는 결국 파도에 떨어져 휩쓸리고 말았다. 소년들이 달려와 밧줄과 벨트를 풀고 조끼를 벗겨 우리를 무사히 해변으로 인도했다.

물에 젖은 모습을 보며 우리는 한바탕 크게 웃었다. 소년들은 안전한 착륙을 도와준 데에 따로 웃돈을 바랐지만 네이선과 조우는 우리가 이미 낼 만큼 충분히 냈다고 생각했다.

저녁 6시에 우리는 칸쿤 시내로 나가 기념품 몇 가지를 산 뒤 다시 멕시코 음식으로 저녁을 먹었다. 멕시코 체류의 마지막 일정이었다.

11월 8일 수요일,
미국 워터타운

달라스행 기내에서 우리는 향후 데이브레이크에서의 내 역할에 대해 잠깐 이야기했다. 나는 내가 데이브레이크에 담임사제로서가 아니라 특별한 직책 없이 돌아가는 것이 더 좋을 수도 있지 않느냐는 질문을 제기했다. 그렇게 되면 글 쓰는 일과 각지의 라르쉬 공동체를 위한 영성 사역에 마음껏 매달릴 수 있을 것이다. 아직은 대화가 시작 단계였다. 앞으로 차차 이야기가 계속될 것이다.

달라스-포트워스 공항에서 우리는 헤어졌다. 조우와 네이선은 토론토로 가고 나는 보스턴으로 향했다.

이번 여행을 돌아보며 깊은 감사가 넘친다. 흥미진진한 체험이었다. 결실도 있었기를 바란다. 우리는 많은 것을 받았고 또 주기도 했다! 그러나 무엇보다도 이번 여행은 여럿이 함께 공유한 체험이었다. 여럿이 함께 감으로써 앞으로 두고두고 즐겁게 떠올리며 그리워할 추억이 생긴 것이다.

11시 반쯤 내 아늑한 아파트로 돌아왔다. 다시 '집'에 오니 참 좋다.

11월 10일 금요일

오늘 다시 글을 쓰기 시작하면서 나는 게더링 수련회가 내 마음속에 선교, 복음 전파, 회심, 전도 등에 대해 새로운 질문들을 불러일으켰다는 사실을 깨달았다. 칸쿤에서 만난 많은 사람은 예수님을 구주와 주님으로 믿는 개인적이고 명확한 신앙고백 없이는 아무도 천국에 갈 수 없다고 믿고 있다. 하나님이 우리를, 모든 인간으로 하여금 예수님을 믿게 하는 일로 부르셨다는 것이 그들의 확신이다.

이런 비전이 후한 나눔과 헌신과 방대한 세계적 사역으로 이어지고 있다. 우리가 만난 사람 중에는 목숨과 건강의 위험을 무릅쓰고 전 세계를 돌아다니며 숱한 재정적 모험도 마다하지 않고 자신의 수입의 일부를 크게 떼어 나눈 이들이 적지 않다. 예수님을 향한 그들의 사랑은 깊고 뜨거우며 좀처럼 타협을 모른다. 그들은 겁 없이 예수님을 말하며 거부와 조롱당할 각오가 돼 있다. 제자도의 대가를 치르기를 머뭇거리지 않는, 깊이 헌신한 제자들이다.

나는 매일의 작은 묵상을 통해 복음 전파, 선교, 구원, 구속에 관한 나 자신의 신학을 다듬어 나가고 있다. 게더링 수련회에서 보낸 시간에 감사드린다. 내 신앙적 확신을 다시 깊이 생각해 보는 계기가 됐다.

11월 19일 일요일

오늘 아침 엠티 벨에서 조너스와 그의 기도 모임과 함께 가진 성찬식은 아주 생생하고 활력 넘치는 시간이었다.

복음서에서 예수님은 말씀하신다. "미혹을 받지 않도록 주의하라 많은 사람이 내 이름으로 와서 이르되 내가 그라 하며 때가 가까이 왔다 하겠으나 그들을 따르지 말라 …… 민족이 민족을, 나라가 나라를 대적하여 일어나겠고 …… 무서운 일과 하늘로부터 큰 징조들이 있으리라 …… 너희에게 손을 대어 박해하며 …… 끌어 가려니와 이 일이 도리어 너희에게 증거가 되리라 그러므로 너희는 변명할 것을 미리 궁리하지 않도록 명심하라 내가 너희의 모든 대적이 능히 대항하거나 변박할 수 없는 구변과 지혜를 너희에게 주리라 …… 너희가 내 이름으로 말미암아 모든 사람에게 미움을 받을 것이나 너희 머리털 하나도 상하지 아니하리라 너희의 인내로 너희 영혼을 얻으리라"(눅 21:8-19).

얼마나 강력하고 소망에 찬 말씀인가! 온갖 소란이 끊이지 않는 삶이 곧 하나님의 사랑을 증거할 기회라니! 하나님이 우리를 철저히 안전하게 지켜 주신다는 사실을 깨달을 때 우리의 증언은 아무도 대항할 수 없는 것이 되리라.

인생의 많은 사건은 우리를 너무나 쉽게 사방으로 잡아당기며 낙심하게 만든다. 그러나 하나님의 사랑에 뿌리박고 그분의 마음에 든든히 닻을 두는 한 우리는 두려울 것이 없다. 죽음도 두렵지 않다. 모든 기쁨과 모든 아픔이 예수님의 나라를 선포할 기회가 되는 것이다.

모임에 참석한 여러 사람들이 각자 자신의 신앙과 희망을 나누었다. 이어 우리는 함께 기도한 뒤 예수님의 몸과 피를 받았다. 우리는 무서운 일이 많은 세상에서 두려움을 모르는 사람이 되도록 부름받은 자들이다.

11월 20일 월요일

아주 조용하고 평화로운 하루였다. 글을 쓰고 읽고 조너스와 함께 헬스클럽에 다녀온 뒤 한숨 자고 몇 사람에게 전화를 걸었다.

그중 한 명은 필리스와 결혼하여 세 어린 자녀를 두고 있는 오랜 친구 티모시였다. 한 가톨릭 고등학교의 종교 교사인 그는 기타 연주와 노래도 수준급이다. 친구 폴과 함께 작곡한 성가도 많다. 티모시는 예수님을 사랑하며 성령으로 충만한 사람이다.

1년 전쯤 티모시는 간암 선고를 받고 약물 치료를 시작했다. 지금은 몸이 많이 쇠약해졌고 얼마나 더 살지 모르는 상태다. 최근 그는 아내와 함께 루르드 순례를 다녀왔다. 거기서 그는 질병조차 자신의 신앙 여정의 일부로 삼고 살아야 한다는 깊은 용기와 희망을 얻고 돌아왔다.

다시 티모시와 이야기하니 정말 좋았다. 정말 믿음의 사람이다. 그 모든 고난 중에도 그는 자신의 병을 '특권'이자 하나님의 은혜이며 자신을 예수님의 마음으로 더 가까이 부르시는 복으로 보고 있다. 감상이 아니다. 종교적 가식도 아니다. 깊고 굳센 믿음이다. 예수님에 관해 말할 때는 그 목소리에 사랑과 감사가 넘쳤다.

얼마나 거룩한 사람인가! 그가 내 친구라니 얼마나 큰 기쁨인가!

11월 21일 화요일

피곤하다. 정말 피곤하다. 도무지 까닭을 모르겠다. 아침 6시에 일어나 기도하고 성찬식을 가진 뒤 정오까지 글을 썼다. 그러나 시종 나른하고 산만하고 약간 우울하기까지 했다.

티모시의 병 때문일까? 칸쿤에서 보낸 일주일이 고되었기 때문일까? 단순히 비타민이 부족해서일까? 하긴 2주일이나 비타민 먹는 것을 깜빡했다. 모르겠다.

조너스와 함께 벨몬트에서 점심을 먹은 뒤 2시에 자리에 누워 세 시간이나 잤다.

카드를 여섯 장 쓰고, 〈뉴욕 타임스〉 서평을 읽고, 고통 중에 있는 내 모든 친구들 특히 티모시를 위해 기도하고는 그것으로 하루를 마쳤다.

11월 22일 수요일

오늘 아침 근처 꽃 가게에서 아름다운 꽃바구니가 배달돼 왔다. 내 친구 조운이 추수감사절 인사로 보내온 것이었다. 바구니 안에는 커다란 해바라기 한 묶음 옆에 반짝반짝 빛나는 사과 몇 개가 담겨 있었다. 날 기억해 주는 이가 있다니 행복하고 그 우정이 고맙다.

꽃 가게에서 꽂아 둔 작은 카드에는 "사과를 먹지 마세요!"라고 적혀 있었다. 낙원을 일깨우려는 것인가? 에덴동산의 아담과 하와가 생각났다.

나중에 나는 근처 식품점에 가서 장을 보았다. 돈을 낸 후 나는 그 점포의 '우대' 카드를 발급받기 위해 용지를 작성하고 싶었다. 다 마치고 출구쯤 가서 내 쇼핑 카트를 보니, 내가 산 기억이 없는 물건들이 눈에 띄었다. 그제야 나는 순간 실수로 다른 사람의 카트를 밀고 온 것을 알았다. 바로 그때 가게 점원과 한 아주머니가 내가 있는 쪽으로 뛰어왔다. 한순간 나는 큰 도둑이 된 기분이었다. 다행히도 진짜 주인이 상황을 파악하고는 자기가 산 칠면조 고기를 되찾은 것으로 마냥 좋아했다!

집에 오니 꽃이 더 와 있다. 토론토 사무실에서 캐시와 마거릿이 보낸 것이다. 이번에는 사과는 없었다! 나는 커다란 꽃병을 찾아내 보기 좋게 꽂아 두었다. 하루에 꽃을 두 번이나 받다니.

오늘 밤 유타가 온다. 나는 유타와 조너스와 내 친구 빈센트와 함께 보스턴 교향악단의 연주를 들으러 가기로 했다. 지휘는 베르나르트 하이팅크가 맡고 연주곡은 모차르트와 라벨의 곡들이다. 그 시간이 무척 기다려진다. 내일은 추수감사절이다.

11월 23일 목요일, 추수감사절

오늘 나는 집에 남아 글을 쓰고 기도하며 쉬고 있다. 친구 집에라도 가서 추수감사절 저녁을 함께 먹어야 하지 않을까 생각해 보았지만 결국 조용히 집에 있는 것이 제일 좋겠다는 생각이 들었다. 조너스, 마거릿, 샘은 며칠간 버몬트주로 떠났기 때문에 큰 집에 나 혼자 있다. 고요한 적막이 참 좋다. 잔디 깎는 소리도, 아이들 떠드는 소리도, 청소차 소리도 없다. 그야말로 완전한 침묵.

침묵 속에서 내 귀에는 어젯밤 연주된 모차르트와 라벨의 웅장한 음악이 계속 들려온다. 음악회에서 그렇게 깊은 만족을 느껴 보기는 드문 일이다. 유타와 빈센트와 조너스와 나는 한순간도 놓치지 않고 연주를 즐겼다. 베르나르트 하이팅크는 모차르트의 〈교향곡 제33번〉(Symphony No. 33)과 〈피아노 협주곡 22번〉(Piano Concerto No. 22), 라벨의 피아노 곡 〈어미 거위 모음곡〉(Mother Goose Suite)과 〈스페인 광시곡〉(Rapsodie Espagnole)을 지휘했다.

모든 음악이 나를 사로잡았지만 로버트 레빈이 피아노를 맡은 피아노 콘체르토야말로 가장 오래도록 내 마음에 남을 것이다. 안단테와 피날레 부분에서는 눈물이 나왔다.

집에 와서 거의 한 시간 동안 메이너드 솔로몬의 신간 *Mozart: A Life*(모차르트의 생애)를 읽었다. 음악은 그토록 멋진 화음에 황홀하며 사람의 기운을 돋우는 데 반하여 그의 생애는 참으로 괴롭고 우울한 비극 중의 비극이었다!

오늘 추수감사절을 맞아 나는 볼프강 아마데우스 모차르트로 인해 하나님께 감사드린다.

이틀 전 오하이오주 데이턴에서 체결된 보스니아 평화협정도 하나님께 감사드린다.

과연 평화가 유지될까? 이전 어느 때보다 가능성은 크다고 볼 수 있다. 모든 진영이 전쟁에 지칠 대로 지쳤기 때문이다. 추운 겨울은 다가오는데 사람들은 굶주리고 있으며, 폐허와 잿더미 상태의 국가 재건에 대외 원조가 절대적으로 필요하다. 협정 수락보다 더 좋은 길이 어느 쪽에도 보이지 않는다. 그러나 모든 평화 회담의 배후에는 심한 증오와 원한이 있고 좀처럼 잊기 힘든 많은 만행이 도사리고 있다. 평화협정에 서명한 지도자들은 과연 자국 사령관들과 군부와 국민을 평화 정책의 수행 쪽으로 제대로 이끌어 갈 것인가?

평화유지군으로 보스니아에 갈 것을 자원 신청한 내 친구 프랭크를 인해서도 감사드린다. 그에게 파병 명령이 떨어졌으면 좋겠다. 그는 그곳의 평화에 일조하기 원하며, 자신이 이 나라보다 보스니아에 더 필요하다고 느끼고 있다. 오늘 밤 그를 위해 기도한다.

11월 24일 금요일

나는 지금껏 교회에 관해 한 번도 글을 쓴 적이 없다. 적어도 직접적으로는 쓴 일이 없다. 교회를 주제로 글 쓰는 일에 나는 늘 내적으로 깊은 저항을 느꼈다. 교회란 사방에 가시덤불이 뒤엉킨 밭처럼 보였기 때문이다. 나 자신이 가시덤불에 걸릴까 봐 두려운 것인지도 모른다. 그런 이유로 나는 지금까지 그 일을 피했다.

세례와 성만찬에 대해 몇몇 묵상을 기록하고 난 후 나는 자발적으로 교회(그 두 성례를 통해 빚어진 사람들의 공동체)에 관해 글을 쓰기 시작했다. 그런 식으로 일단 주제에 발을 들여놓자, 생각하고 묵상할 것이 참 많다는 것을 알게 됐다.

나는 교회를 사랑한다. 교회를 주제 삼아 글을 쓸 때, 문젯거리, 싸움의 출처, 논쟁의 장소로 쓰고 싶지 않다. 지금 여기에 우리를 위해 존재하는 그리스도의 몸으로 쓰고 싶다.

아주 조용한 하루였다. 방해 거리가 전혀 없었다. 오후에는 세 시간 동안 잤다. 여섯 시간 동안 기도하고 읽고 쓰고 나면 왜 그렇게 탈진하는지 아직도 이유를 모르겠다. 하지만 비틀즈의 노랫말대로 해야 하리라. "그대로 두자."

오늘 밤은 내 호기심에 순순히 이끌려 바바라 월터스의 인터뷰를 볼 참이다. 찰스 황태자와의 결혼 파경을 두고 다이애나 황태자비와 인터뷰하는 내용이다.

11월 25일 토요일

텔레비전에서 〈비틀즈 앤솔러지〉(The Beatles Anthology)와 바바라 월터스의 다이애나 황태자비 인터뷰를 보았다. 둘 다 아주 좋은 프로그램이었다. 인간의 마음이 최고의 부와 인기 속에서도 얼마나 사랑과 수용을 갈망하는지를 아주 호소력 있게 보여 주었다.

〈비틀즈 앤솔러지〉에서 나는 드럼 연주자 링고 스타의 자기 회의를 보며 깜짝 놀랐다. 병 때문에 잠시 다른 사람에게 드럼을 내주었을 때 그는 앞으로 팀 멤버들이 다시 자기를 반겨 줄 지 회의가 들었다. 나중에 그는 자기가 밴드의 일원이 될 만큼 실력이 충분치 못하다는 생각에 존, 폴, 조지에게 이적 의사를 밝혔다. 세 사람은 자기들이 링고를 깊이 사랑하며 존중하고 있다는 것과 그가 최고의 드럼 연주자라는 것을 확신시키기 위해 그의 온 집을 꽃으로 가득 채워야 했다!

다이애나 황태자비의 이야기도 사랑과 수용을 찾는 한 인간의 이야기였다. 세상에서 가장 카메라 세례를 많이 받는 이 여인의 핵심 고민은 바로 자존감의 문제였다. 그녀는 우울증, 거식증, 자해로 인한 상처로 고생하다가 급기야 불륜의 관계에 빠져들었다. 이 모두가 자신의 모습 그대로 사랑받고 싶은 마음 때문이었다.

인터뷰를 통해 드러난 다이애나는 이 모든 고통을 이겨 내고 강인하게 성장한 여인, 자신이 겪은 많은 고통의 경험을 다른 사람을 섬기는 일에 쏟아붓고 싶어 하는 성숙하고 자신감 있는 인간의 모습이었다. 다이애나의 내적 힘, 강한 확신, 분명한 목표, 그리고 찰스 황태자와 헤어진 뒤에도 원망이 별로 없는 모습에 나는 깊은 인상을 받았다.

비틀즈와 다이애나의 사연 둘 다 너무나 명백하게 밝혀 준 사실이 있다.

인간의 행복이란 돈, 성공, 인기와 별 상관이 없으며 우정, 사랑, 삶의 목표와 전적으로 관계된 것이라는 점이다.

11월 26일 일요일

그리스도 왕 축일(가톨릭에서 그리스도 예수만이 참된 왕이심을 고백하는 날).

그리스도께서 우주의 왕으로서는 물론 십자가 상의 조롱받는 왕으로서 우리에게 자신을 내보이신 날이다. 이날의 예식은 우리에게 최고의 굴욕과 최고의 승리를 동시에 보여 준다.

강림절(대림절) 축제로 새 교회력이 시작되기 전에 이 굴욕과 승리의 그리스도를 바라보는 것은 중요하다. 1년 내내 우리는 그리스도의 승리뿐 아니라 그 굴욕에도 늘 가까이 머물러야 한다. 우리의 일상생활에서 두 가지 모두를 겪으며 살도록 부름받았기 때문이다.

우리는 작으면서도 큰 자이고, 만물의 찌꺼기면서도(고전 4:13) 하나님의 영광이며, 두려움에 찬 작은 인간이면서도 만유의 주이신 하나님의 아들딸이다.

케빈이 찾아왔다. 정말 뜻밖의 일이었다. 케빈은 내가 캘리포니아 주에 있을 때 알게 된 친구로, 추수감사절과 자신의 생일을 부모님과 함께 보내려고 보스턴에 와 있던 참이었다. 그를 만나 함께 시간을 보내다니 정말 기뻤다. 우리는 개인적이고 친밀한 대화를 나누었다. 내가 믿기로는 서로에게 생명을 주는 대화였다.

케빈이 떠난 뒤 나는 힘을 얻어, 성도의 교제에 관한 단상을 열 편이나 썼다. 케빈의 방문이 큰 역할을 했다는 것을 안다.

어젯밤 글을 쓰다 한계를 느꼈다. 예수님의 부활과 우리의 부활에 대해 묵상하려던 중 묵상이 막다른 골목으로 치닫는 기분이었다. 우리의 몸은 한편으로 '흙'으로 돌아가지만 다른 한편으로 우리가 몸 안에서 살았던 삶은 추호도 무가치한 것이 아니다. 이 사실을 표현할 말이 막막했던 것이다.

오늘 아침 다시 쓰려고 자리에 앉아서도 그 생각을 어떻게 정리해야 좋을지 난감했다. 그러다 바울의 수사적 질문이 바로 내 의문이라는 것을 알게 됐다. "죽은 자들이 어떻게 다시 살며 어떠한 몸으로 오느냐?" 바울은 요지부동의 확신으로 이렇게 답한다. "어리석은 자여 네가 뿌리는 씨가 죽지 않으면 살아나지 못하겠고 또 네가 뿌리는 것은 장래의 형체를 뿌리는 것이 아니요 다만 밀이나 다른 것의 알갱이뿐이로되 하나님이 그 뜻대로 그에게 형체를 주시되 각 종자에게 그 형체를 주시느니라"(고전 15:35-38).

이 대답에 정신이 번쩍 들었다! 꼭 처음 듣는 말 같았다. 우리의 생명은 하나의 씨다. 불멸의 몸을 입으려면 그 씨가 죽어야 한다. 갑자기 모든 것이 연결되면서 의미를, 영적 의미를 띠기 시작했다. 그때부터 내 펜은 거의 멈출 줄 몰랐다.

오늘 아침 캐시에게 전화했더니, 데이브레이크 식구이자 사랑하는 친구인 캐리와 제프가 데이비드 프렌드라는 아기를 낳았다고 했다. 아기는 어젯밤 7시에 태어났다. 건강한 남자아이로 재닛과 마니카의 남동생이자 공동체 내 모든 이들의 새로운 기쁨이었다.

오후 3시 반에 캐시한테서 전화가 왔다. 조운의 남편이자 에밀리, 로라, 일레인의 아버지로 전에 데이브레이크 대표를 지냈던 라빈이 심장에 중대한 문제가 생겨 입원했다는 것이다. 나는 즉시 조운에게 연락을 취하려 했으나 연락이 안 됐다. 잠시 후 나는 좀 더 자세히 알고 싶어 조우에게 전화했다. 조우는 라빈의 상태가 심각하다고 말한 뒤, 자세한 내용을 더 아는 대로 전화해 주겠다고 했다.

생명이란 얼마나 연약한 것인가. 데이비드 프렌드와 라빈을 위해 기도한다. 하나님이 둘 다 따뜻한 사랑으로 품어 주시기를.

11월 29일 수요일

1년 기한으로 매일의 묵상을 기록하기 시작했을 때 내게는 아무런 밑그림도 계획도 없었다. 글 쓰는 당일에 마음속에 떠오르는 것을 적었을 뿐이다. 처음에는 전에 여러 차례 썼던 주제를 다시 쓰곤 했다. 그러나 시간이 흐르면서, 이전에 한 번도 글 쓸 생각을 해 보지 못했던 주제들을 선택하게 됐다. 이를테면 세례, 성찬식, 교회, 부활, 천국, 지옥 등이다. 아주 기초적인 주제들이다.

오늘은 지옥에 관해 썼다! 하나님의 사랑, 하나님의 긍휼, 모든 것을 품어 주시는 하나님의 자비에 관해 수없이 글을 쓰면서 나는 지옥에 관한 강경한 표현에 부딪치게 됐다. 요한계시록에 나오는 새 하늘과 새 땅에 대한 아름다운 묘사를 읽을 때면 동시에 이런 말씀도 만나게 된다. "두려워하는 자들과 믿지 아니하는 자들과 흉악한 자들과 살인자들과 음행하는 자들과 점술가들과 우상숭배자들과 거짓말하는 모든 자들은 불과 유황으로 타는 못에 던져지리니 이것이 둘째 사망이라"(계 21:8).

영원한 삶이 있는 것처럼 영원한 죽음도 있다. 둘째 사망이다. 지옥은 영원한 죽음이다. 이것이 내게, 우리에게 정말 가능한 상태일까? 이 질문에 그렇다고 답하는데 솔직히 속으로 저항이 느껴지지만 예수님과 사도들은 거기서 빠져나갈 여지를 전혀 남겨 두지 않는다. 영원한 죽음은 영원한 삶만큼이나 가능한 상태다! 하나님은 우리에게 선택권을 주신다. 그분의 사랑을 받아들일 수도 있고 거절할 수도 있다. 내게 선택권을 준다는 것은 나를 한 자유인으로 존중한다는 것이다. 나는 선택권이 없는 로봇이나 기계가 아니다. 자유의지로 나를 사랑하시는 하나님은 나 또한 자유의지로 그분을 사랑하기를 원하신다. 그것은 거절도 하나의 가능한 반응이라는 뜻이다. 영원한 삶은 아무한테나 주어진 기정사실이 아니다. 우리 인간의 반응의 열매다.

오늘 조너스와 함께 헬스클럽에 갔다. 드디어 그곳에서의 작은 일과를 진정으로 즐기기 시작했다. 러닝머신에서 20분간 뛰고 수영장을 몇 차례 왕복한 다음 사우나를 한다. 집에 올 때면 기분이 상쾌하다.

조너스와의 대화도 언제나 좋다. 수영장 한쪽에서 책도 조금씩 읽는다. 오늘은 크리스토퍼 드 빙크의 최신간 *Simple Wonders: A Book of Meditations*(작은 경이: 묵상집)에 나오는 아름다운 사연들을 읽었다. 그의 글은 내 마음에 힘이 된다.

11월 30일 목요일

오늘 아침 수전과 아주 좋은 만남을 가졌다. 수전은 조너스의 친구로 프리랜서 편집자다. 나는 일요일 아침 성찬식 때 수전을 여러 차례 만난 적이 있다. 조너스는 내게, 수전이 내 책의 편집 작업에 흥미가 있는지 물어볼 것을 권하곤 했다.

대화를 나누면서 나는 앞으로 수전과 함께 일할 생각에 가슴이 벅차올랐다. 수전은 편집 경력이 많고 영성에 지대한 관심이 있으며 시간도 있다! 수전은 1월에는 아직 큰 작업이 잡혀 있지 않다고 말했다. 그때라면 내가 수전에게 두 편의 원고를 넘길 수 있는 때다. 모든 일이 이렇게 순적하게 풀려서 정말 기쁘다.

오후 1시 반에 캐시한테 전화했더니, 전에 내 책의 편집자였던 토론토의 콘래드가 오늘 아침 세상을 떠났다고 했다. 콘래드는 작년에 몇 차례 쓰러지면서 몸이 갈수록 약해지던 터였다. 최근 그는 의사소통 능력을 상실했다.

콘래드가 죽음을 목전에 두고 있다는 것을 알고 있었음에도 그의 죽음은 내게 충격이었다. 우리는 수많은 원고로 함께 일했고, 내가 1987년 이래로 쓴 모든 책의 감사의 말에 그의 이름이 등장한다. 한때 신부였던 그는 알코올 중독자 회복 시설에 들어가 아주 청빈한 삶을 살았다. 그는 가난한 사람들을 깊이 사랑하고 친구들에게 참으로 충실했던 거룩한 사람이다. 유머 감각도 뛰어났고 언어에 출중한 은사가 있었으며 영적인 삶에 올곧게 헌신했다. 그가 넘치는 사랑과 헌신으로 내게 베풀어 준 모든 일에 깊은 감사함을 느낀다.

월요일에 있을 그의 장례식에 참석할 수 없어 유감이지만 캐시가 간다니 아주 다행이다. 캐시와 내 이전 비서였던 코니는 둘 다 콘래드와 아주 친한 사이였다.

오늘 밤 콘래드를 위해 기도한다. 그의 삶과 우리가 나누었던 우정을 인해 하나님께 감사드린다. 하나님이 콘래드를 본향으로 부르시는 바로 그날 내가 새 편집자를 만나게 하신 일도 그분께 감사해야 할 것이다.

1995년 12월.

나는 오늘
평안을 베풀었는가?
사랑했는가?

12월 1일 금요일

오늘 있었던 가장 중요한 사건은 1년 매일 묵상집 집필을 끝낸 것이다. 오늘로써 387번째 묵상으로 나의 마지막 미술관 노트가 다 찼다. 윤년도 한 해는 366일밖에 안 되지만 반복적인 글이나 시원찮은 글을 대체할 수 있도록 추가로 스무 편 정도를 더 썼다.

배송 회사에서 토론토의 캐시에게 보내기 위해 이 마지막 노트를 가지러 오자 그제야 큰 짐을 던 기분이었다. 내가 쓴 글이 마음에 든다. 지난 몇 달간 쓴 글이 특히 그렇다. 분명 이 묵상집을 쓰면서 예수님에 대한 사랑은 더욱 깊어졌고 하나님의 구원 사역의 측량치 못할 신비를 전하고 싶은 헌신도 한결 새로워졌다.

남은 하루는 편지를 쓰고 책을 조금 읽으며 보냈다. 내일은 잔에 관한 책의 편집과 교정을 시작할 참이다.

12월 2일 토요일

오늘 〈뉴욕 타임스〉에는 상원의원 마크 햇필드의 은퇴 선언 기사가 실렸다. 어제 오리건주 실버턴에서 열린 병원 개관식에서 73세의 햇필드는, 이듬해 자신의 다섯 번째 상원의원 임기가 끝나면 재출마하지 않겠다고 발표했다.

1983년, 나는 산디니스타 정권의 니카라과를 지원하기 위해 미 상원에서 로비 활동을 벌인 적이 있었다. 그때 상원의원 햇필드를 알게 돼 따뜻한 우정을 맺게 됐다. 그는 내 로비 활동에는 깊은 감화를 받지 못했지만 자신과 몇몇 동료 상원의원들과 관계를 지속할 것을 내게 권했다. 그의 말이 지금도 기억난다. "우리에게 필요한 것은 또 하나의 로비스트가 아니라 사제입니다. 그러니 우리 주변에 계시면서 영적인 삶에 관해 말씀해 주십시오." 몇 차례 그는 점심시간에 자기 참모들과 함께 나를 상원예산위원회 식당으로 초청해 기도와 묵상의 삶에 관해 말해 줄 것을 부탁하곤 했다.

그가 지갑에서 명단을 꺼냈을 때 나는 깊은 인상을 받았다. 그가 기도하는 몇몇 사람들의 명단이었다. 그는 말했다. "신부님도 여기 있습니다. 제가 날마다 신부님을 위해 기도하고 있습니다." 수년간 만나지는 못했어도 나는 이 정직하고 용기 있고 신앙심이 깊은 정치인을 자주 생각하곤 한다. 그는 내게 어느 누구보다도 참된 정치(백성을 돌보는 것)의 의미를 느끼게 해 준 사람이다.

그가 워싱턴을 떠나기 전 그를 방문할 수 있으면 좋겠다.

12월 3일 일요일

오늘 아침 우리는 엠티 벨에서 강림절 첫 일요일을 기념하여 지켰다. 모인 사람은 모두 22명이었다. 평안과 기쁨의 시간이었다. 우정과 서로 간의 관심과 영적 연합을 느낄 수 있었다. 조너스는 찾아오는 이들에게 진정 안전하고 거룩한 자리를 만들어 낸다. 내가 떠난 뒤에도 그들이 계속 이곳을 찾아오면 좋겠다. 오늘은 내가 엠티 벨에서 마지막으로 성찬식을 가진 날이었다. 조너스의 사역에 그토록 친밀한 한 부분이 될 수 있었던 것이 감사하다.

12월 4일 월요일

오늘 오후 캐시가 전화해 콘래드의 장례식 이야기를 들려주었다. 그녀는 말했다. "교회당 안에 앉은 사람들만큼이나 강단에 신부들이 많았어요. 친밀감 있고 아름다운 예배였답니다."

나도 갈 수 있었다면 좋았을 텐데. 주말에도 나는 콘래드 생각을 자주 했다. 인생이란 정말 잠깐이다! 캐리와 제프는 막 아기를 낳았다. 데이브레이크의 또 다른 친구 캐시도 아기가 있고 앨런과 주디도 그렇다. 콘래드는 죽었다. 티모시도 죽음을 앞두고 있다.

나는 앞으로 얼마나 더 살까? 동창생 중 이미 세상을 떠난 이들이 꽤 된다. 하지만 우리 아버지는 93세가 다 됐는데도 여전히 총기가 좋다. 나도 30년은 더 살 수 있지 않을까! 하지만 나는 진정 그렇게 오래 살기를 원하는가, 아니면 어서 속히 그리스도와 연합하기를 바라는가?

분명한 것은 이 한 가지 사실이 아닐까. 하루하루를 잘 살아야 한다. 얼마나 단순한 진리인가! 그래도 줄곧 되새길

만한 가치가 있다. 나는 오늘 평안을 베풀었는가? 누군가의 얼굴에 미소가 찾아들게 했는가? 치유의 말을 했는가? 분노와 원망을 버렸는가? 용서했는가? 사랑했는가? 이것이 정말 중요한 질문들이다! 내가 지금 뿌리는 한 줌의 사랑이 여기 이 세상에서와 다가오는 내생에 많은 열매를 맺으리라는 것을 나는 믿어야 한다.

콘래드는 내게 많은 선을 베풀었다. 하나님이 그의 필멸의 행위에 불멸의 옷을 입혀 주시기를 기도한다. 이제는 하나님 나라의 기쁨과 평안을 맛보며 살기를. 이 눈물 골짜기에 머무는 동안 기쁨과 평안은 얼마나 손에 잡힐 듯 잡히지 않았던가.

12월 5일 화요일

한 권의 독서를 막 끝냈다. 꽤 오랫동안 감명 깊게 읽은 책 중 하나다. 앨런 헬름즈의 *Young Man from the Provinces*(시골 젊은이)라는 책으로 '막다른 골목에 부딪친 즐거운 삶'이란 부제가 달려 있다. 이 저자처럼 많은 것을 보고 많은 사람을 만나고 실컷 신나게 '놀아 본' 사람도 별로 없을 것이다. 학대, 섹스, 마약, 명성, 돈, 여행, 책, 영화, 연극, 그리고 유명한 남녀들의 기나긴 명단 등 그야말로 빠진 것이 하나도 없다.

그런데 결론은 무엇인가?

후기에서 헬름즈는 이렇게 쓰고 있다. "몇 가지 배운 것이 있다. …… 다른 사람의 선망의 대상이 된다는 것은 이 땅에서 가장 외로운 낙이요 자신에 취해 사는 삶은 불행을 보장받는 길이며 근거 없는 두려움이야말로 모든 행동의 최악의 동기라는 것을 배웠다. 요즘은 길을 건너다 단순히 유명하거나 부유한 사람을 만나고 싶은 마음이 전혀 없다. 그런 사람들이라면 곁에서 너무 많이 보았다. 이제 나는 인생을 잘 살려는 노력에 있어 그런 것들이 얼마나 부질없는 것인지 잘 안다."

속박에서 자유로 가는 여정을 이 책에서보다 더 실감나게 피부로 느껴 본 적은 없다.

앨런 헬름즈에게 내 책《탕자의 귀향》을 한 권 보내야겠다. 읽지 않을지도 모르지만 그의 '고백'에 대한 답례로 기쁜 마음으로 보내 주고 싶다.

12월 7일 화요일,
뉴저지주 피팩

멋진 하루였다. 페기가 뉴어크 공항에서 나를 맞아 피팩에 있는 자신의 아름다운 집으로 데려왔다.

페기는 저녁 식사에 네 명의 손님을 초대했다. 페기의 막내아들인 앤드루도 뉴욕에서 와 자리를 함께했다. 우리는 교회, 그리스도인이 된다는 것, 가정의 가치관 등에 관해 활발한 토론을 벌였다. 페기는 대화가 소소한 잡담으로 흘러가지 않도록 각별히 주의했다. 자신의 손님들이 중요한 주제들에 대해 유익한 대화를 나누기 원했던 것이다. 유머와 생기와 사랑이 넘치는 페기는 얼마나 소중한 친구인가. 나는 페기에게, 네덜란드에서 돌아온 후 2월부터 이 집에 머물러도 좋은지 물었다. 페기는 내 생각에 흥분을 감추지 못하며 〔게스트 하우스인〕 자기네 '헛간 집'(barn)을 내주겠다고 했다. 그녀의 저택 옆에 있는 별채로 혼자 글쓰기에 더없이 좋은 곳이다. 피팩을 거처 삼아 겨울과 봄과 여름을 지낼 일이 못내 기다려진다.

12월 8일 금요일, 뉴욕

10시 반에 집을 나서 뉴욕에 가 짐과 마거릿과 함께 점심을 먹으며 내일 있을 그들의 결혼식에 관해 이야기했다. 짐은 유타의 아들이다. 나는 마거릿을 한 번도 본 일이 없었고 짐도 몇 년 전 그 누이의 결혼식 때 잠깐 보았을 뿐이므로, 결혼식에서 말씀을 전하기에 앞서 그들을 좀 더 알고 싶었다. 우리는 흉금을 터놓고 솔직한 대화를 나누었다.

아주 바쁘고 약간 정신없는 하루였다. 이렇게 나들이를 할 때마다 고독과 글 쓰는 시간이 내게 얼마나 필요한지 새삼 절감한다. 그러나 만나는 사람마다 아주 친절하고 대접이 융숭하고 마음씨가 후하다.

짐과 마거릿의 결혼식에 관해 뭐라고 쓸 수 있을까? 아름답고 숭고하고 다채로우며 고풍스런 분위기를 살린 시간이었다. 세계 최대의 교회당 중 하나인 세인트존더디바인성당은 장엄하고 높고 깊으며 모든 면에서 압도적이었다. 예식은 하객들이 성가대석에 앉은 가운데 본당 제단 앞에서 거행됐다. 안내인과 신부 들러리들이 있었고, 젊고 잘생긴데다 멋지게 차려입고 자신감마저 넘치는 뉴욕의 남녀 사업가들도 있었다. 세인트존더디바인성당의 성가대도 있었는데, 빨간 가운에 흰 가슴 장식을 두른 소년 소녀들이었다. 양초와 꽃이 많이 보였다. 멋진 오르간은 바하의 음악으로 공간을 가득 채웠다. 사회를 맡은 성공회교회 목사 존은 예식을 은혜롭게 진행했다.

오늘 아침 나는 메트로폴리탄미술관에 가 아놀드 뵈클린의 〈사자의 섬〉(Island of the Dead)이라는 그림을 보았다. 마거릿과 짐이 처음 데이트하던 날 바로 그 그림을 보며 탄복했기 때문이다. 설교 시간에 나는 미술관에 갔던 이야기를 들려주었다. 그 그림은 어둠과 빛, 죽음과 삶, '매력 없는 매력'을 이야기하고 있다. 나는 두 사람에게 물었다. "매력 없는 매력의 세상에서 그대들은 서로를 향한 사랑을 어떻게 지키며 살아가겠습니까?"

그리고 내가 건넨 대답은 이랬다. "서로를 향한 그대들의 사랑은 먼저 우리를 사랑하신 하나님의 사랑에서 온 것입니다. 그 사랑을 계속 붙드십시오. 서로를 향한 그대들의 사랑은 용서의 사랑입니다. 서로 대화가 끊기지 않게 하십시오. 서로의 단점을 용서하고 서로의 장점을 높여 주십시오. 서로를 향한 그대들의 사랑은 다른 사람, 자녀, 손님, 가난한 이들을 위한 것입니다. 그대들의 사랑의 유익을 누려야 할 사람들에게 늘 관심의 초점을 두십시오."

나는 그들에게 렘브란트의 판화 〈세 그루의 나무〉(Three Trees) 사본을 액자에 담아 주면서, 부부는 둘이지만 언제나 주님께서 그들과 함께 계셔서 그들이 보고 알 때나 모를 때나 사망의 골짜기를 무사히 지나도록 이끌어 주신다고 말했다.

피로연과 저녁 식사는 아주 멋진 시간이었다. 발랄한 밴드의 연주로 춤이 이어졌고 사람들은 저마다 결혼식에 찬사를 연발했다.

다 끝나자 유타가 나를 안내해 밖으로 데리고 나갔다. 유타의 인생의 이 특별한 순간에 그녀와 함께 있을 수 있어 정말 기뻤다. 내가 와 있다는 것이 유타한테는 최고의 의미였을 것이다. 말할 것도 없이 오늘 같은 행사는 그녀의 심장을 더욱 고동치게 했으리라. 내게도 그랬듯이!

12월 10일 일요일,
워터타운

웬디, 제이, 유타와 함께 간단히 성찬식을 나눈 뒤 나는 비행기를 타고 보스턴으로 돌아왔다.

마이클이 쌍둥이 아들 니콜라스와 안드레스와 함께 로건 공항으로 마중 나와 나를 태워 자기 집으로 데리고 왔다. 마이클의 아내 마르타가 나를 따뜻이 맞아 주었다. 잠시 후 피터와 케이트가 아들 폴과 함께 도착했다. 우리는 저녁 식탁과 크리스마스트리에 둘러앉아 함께 먹고 기도하고 노래하며 좋은 시간을 보냈다. 가까운 친구들과 한자리에서 계절의 아름다움과 유익한 대화의 자극과 아이들의 기쁨 그리고 그 모든 것 가운데 계시는 하나님의 임재를 느낀다는 것은 더없이 좋은 일이었다. 피터와 케이트가 나를 조너스의 집까지 태워 주었다.

피곤하지만 감사가 넘친다.

27년 전 오늘 토마스 머튼과 칼 바르트가 세상을 떠났다. 그들을 위해 기도하면서 그들이 기독교 영성과 신학에 미친 지대한 영향에 하나님께 감사드린다.

12월 12일 화요일

조너스 가족과 함께 보내는 시간이 드디어 끝나는 시점이다. 일주일 후면 나는 네덜란드로 떠난다. 내일은 이 집에서 보내는 마지막 날이다. 금요일 날 새러가 돌아오기 때문이다. 여기는 정말 아주 살기 좋은 곳이다. 많이 그리울 것이다.

작은 일들로 가득 찬 하루였다. 친구들에게 크리스마스 선물을 보내고 조너스와 함께 헬스클럽에 다녀오고 묵상집 최종 교정을 보고 집을 청소하고 출판사들에 전화를 걸었다.

내일은 친구 조운의 집에 묵으며 주말을 보내기 위해 샌디에이고에 갈 것이다. 데이브레이크의 수가 보스턴에 와 나와 합류해 함께 갈 것이다. 조운은 다른 도시에서도 다른 손님을 맞이하기로 돼 있다.

이번 주말에는 많은 일이 계획돼 있다. 내일 밤의 저녁 식사를 필두로 샌디에이고 호스피스에서 강연이 있고 금요일에는 크리스마스 파티가 있고 성찬식과 보트 여행도 있다. 일요일에 다시 보스턴으로 돌아올 것이다. 조운과 함께 보낼 시간이 기다려진다. 하지만 바쁜 시간이 될 것이다. 한 부분도 놓치지 않고 음미하려면 매시간 집중해서 살아야 한다.

12월 14일 목요일, 캘리포니아주 샌디에이고

오늘 아침 조너스가 나를 공항에 데려다주었다. 눈이 내리고 있었다. 수의 비행기가 30분 연착돼 걱정됐다. 수는 10시 직전에 도착했다. 조너스는 만나자마자 수에게 작별을 고했다. 우리가 탈 비행기가 정해졌다. 공항에 눈보라가 몰아치기 직전 우리는 떠났다.

샌디에이고 공항에 사람이 나와 있었다. 40분 후 우리는 조운의 집에 도착했다. 조운은 우리를 따뜻이 반기면서 집처럼 편안히 지내라고 했다. 멋진 시작이었다. 우리를 방으로 안내하면서 조운은 우아하고 화려한 집을 구경시켜 주었다. 어디를 가든 가장 값비싼 예술품, 싱싱한 꽃이 담긴 꽃병, 격조 높은 벽걸이 융단을 볼 수 있었다.

커다란 천막을 친 안뜰 수영장 주변에는 사람들이 일손을 바삐 움직이고 있었다. 내일 밤 크리스마스 파티에 만반의 준비를 갖추려 작업이 진행 중이었다. 어두워지자 온 정원에 불이 밝혀졌다. 작은 불꽃들이 셀 수 없이 많아 보였다. 나무에는 큼직큼직 빛나는 별들이 걸려 있었고, 들어오는 길과 저택을 둘러싼 울타리는 온통 수없이 많은 희고 붉은 크리스마스 전구로 꾸며져 있었다.

다른 손님들이 도착하자 저녁 6시에 조운은 우리 일행을 프랑스 식당으로 데리고 가 저녁 식사를 대접했다. 대화는 활기 있었고 우리는 많은 것을 이야기했다. 사람들은 내게 집필에 관해 물었고, 우리는 내가 쓰고 있는 잔에 관한 원고에 관해 좋은 대화를 나누었다. 그 과정에서 자연스레 서로의 신앙과 질문을 나누게 됐다.

집에 돌아오니 막 9시가 되기 전이었다. 나는 바로 내 방으로 들어갔다. 지난 열네 시간 동안 보고 듣고 느꼈던 모든 일을 정리하고 있으니 마음에 감사가 넘친다.

근사한 아침 식사를 마친 후 우리는 모두 샌디에이고 호스피스로 갔다. 수와 나는 '돌봄의 영성'에 대해 강연을 부탁받았다. 사람들이 100여 명쯤 모였다.

오랜 세월 조운은 샌디에이고에 독립된 호스피스를 세우는 것을 꿈꿔 왔다. 필요한 허가를 얻는 복잡한 수고를 거친 끝에 도시가 내려다 보이는 절벽 위에 24개의 방을 갖춘 멋진 건물이 지어졌다. 직원들은 상냥하고 친절했다. 아주 친근하고 가족적인 분위기였다.

수와 나는 우리 자신은 물론 다른 사람들을 '잘 죽도록' 준비시키는 일에 관해 이야기했다. 떼제 찬송가를 몇 곡 부른 뒤 청중과 열띤 대화를 나누었다. 호스피스의 목회 사역자들과도 만났다. 아주 좋은 아침이었다. 모두 마음이 한결 고양된 기분이었다.

저녁 6시에 조운의 크리스마스 파티가 시작됐다. 사람들이 90명쯤 도착했다. 작은 성가대가 크리스마스 캐롤을 몇 곡 불렀다. 수많은 사람들이 봉사자로 나서 갖가지 음료며 먹을 것을 날랐다. 주변 분위기는 최상이었다. 음식은 맛있고 대화는 다정했고 음악은 경쾌했고 모든 것이 그렇게 우아할 수 없었다. 흠잡을 데 없는 주인인 조운은 많은 손님들 사이를 쉽게도 오갔다. 그녀는 손님들에게 저마다 특별한 존재라는 느낌이 들게 하는 은사가 있었다. 아늑하고 푸근한 분위기를 모두가 즐겼다. 밤 10시가 되자 손님들은 대부분 돌아갔다. 나는 오늘 한 일원이 돼 겪었던 삶에 약간 어리둥절하고 놀랍고 신기한 기분으로 잠자리에 들었다.

아침 8시 반에 필이 우리를 싣고 샌디에이고 시내로 갔다. 조우 신부가 창설하여 운영하는 노숙자 쉼터를 방문하기 위해서였다. 나는 어젯밤 크리스마스 파티에서 조우 신부를 만나, 그곳에 가 보고 싶다는 뜻을 표명했다.

조우 신부는 땅딸막한 키에 눈이 크고 화통하게 웃으며 행동에 자신감이 넘치는 사람이었다. 그는 우리를 반기며 이렇게 말했다. "차에 돈을 두고 내리지 마십시오. 제가 갖다 쓸 수도 있으니까요." 푸른색 반바지와 빛바랜 셔츠 차림의 그는 길거리를 돌아다니는 노숙자들과 전혀 달라 보이지 않았다.

대부분 조우 신부가 이야기했다. 그는 우리에게 영구 거주자들을 위한 건물, 낮에는 거리를 배회하다 밤에만 와서 머물 수 있는 사람들을 위한 건물, 치과와 안과를 갖춘 신축 병원, 매일 식사를 나눠 주는 장소 등을 보여 주었다. 안뜰을 지나노라니 식사를 타려고 길게 줄지어 선 사람들이 보였다. 많은 자원봉사자들이 식사를 준비하여 차리고 식탁을 치우고 설거지를 하느라 바쁜 모습이었다.

조우 신부는 노숙자들이 자발적 의지로 점차 음식만 타러 오는 단계를 벗어나 쉼터에서 자는 단계로 나아가고, 거기서 다시 영구 거주자로 바뀌어 직업 훈련을 받고 일자리를 찾아 결국 인간의 품위를 온전히 되찾는 비전을 품고 있다. 14년 동안 그는 강력한 권위를 행사하며 이 수백만 달러 규모의 시설을 세워 운영해 오고 있다.

조우 신부가 하는 일을 과연 누가 또 감당할 수 있을까 하는 생각이 든다. 그가 하는 일은 정말 믿기 어려울 정도다. 그러나 동시에 나는 남을 돕는다는 것에 가끔 의문을 갖곤 한다. 라르쉬 공동체는 내게 '주는 자'와 '받는 자'의 상호 교류의 중요성을 가르쳐 주었다. 조우 신부와 봉사자들의 이야기를 더 많이 들어야 했다. 그들이 노숙자들에게서 어떤 선물을 받고 있는지 분명 간증이 있을 것이다.

조운의 집에 돌아온 우리는 정원에 멕시코 풍으로 재현해 놓은 구유에 누인 아기 예수 앞에서 함께 성찬식을 가졌다. 아주 평화로운 예식이었다. 우리는 작은 식탁에 둘러앉아 성경을 읽고 묵상을 나누고 기도한 뒤 성스러운 선물인 그리스도의 몸과 피를 받았다.

이어진 작은 파티에는 조운의 손녀와 그 애인이 참석했다. 우리는 항구로 나갔다. 멀리 크리스마스 불빛으로 장식된 조운의 멋진 요트가 보였다. 승무원 일곱 명이 부두에 서 있다 우리에게 인사했다. 배에 오르자마자 항구 유람이 시작됐다. 필이 우리에게 배를 한 바퀴 구경시켜 주었다. 식당이 따로 있는 거대한 라운지, 아름다운 침실, 최신 설비의 주방, 운동실, 커다란 일광욕용 갑판에 그야말로 입이 벌어졌다. 교각에서는 선장과 승무원들이 최첨단 항해 장비를 설명해 주었다.

배 구경이 끝난 뒤 우리는 멋있게 차려진 저녁 식탁으로 초대됐다. 식사하는 사이 우리는 인상적인 샌디에이고 스카이라인을 천천히 항해해 지나갔다. 높이 치솟은 코로나도브리지 밑을 지나자 해군 항공모함들이 한눈에 보였다. 크리스마스 불빛이 없는 곳이 없었다. 고층 건물이며 대형 호텔들이며 항구의 배들이 모두 불빛으로 장식돼 있었다.

조운은 아주 따뜻하고 상냥한 파티 주최자였다. 조운은 우리 일행을 일일이 챙겨 주었다. 우리 모두가 환영의 분위기에서 멋진 시간을 보내는 것이 그녀의 간절한 바람이었다. 저녁을 들면서 우리는 오후의 성찬식, 교회, 삶의 의미, 세계정세, 죽음의 준비 등에 관해 서로의 생각을 주고받았다.

받아들일 것이 너무 많아(삶의 의미, 새로운 우정, 수려한 경관, 입맛 돋우는 음식) 내 입에서는 '환상적이다, 절경이다, 꿈만 같다, 장관이다, 대단하다, 맛있다, 굉장하다' 등 최상급 표현들이 끝없이 쏟아져 나왔다.

밤 9시에 부두로 돌아왔다. 우리는 승무원과 요리사들에게 감사를 표한 뒤 조운의 집으로 돌아왔다. 나는 일찍 자리에 누웠다. 꿈꿀 것이 너무 많았다!

12월 17일 일요일,
워터타운

오늘은 이동의 날이었다. 조운에게 작별을 고하는 날이기도 했다. 조운은 옛 친구 및 새 친구들로 더불어 우리에게 멋진 주말을 선사했다. 일행 중에는 체류 기간을 연장하여 좀 더 머물다 함께 떠난 이들도 있었다. 저녁 7시에 나는 보스턴에 도착했다.

조너스가 공항에 마중 나와 나를 집으로 태우고 왔다. "어땠습니까?" 조너스의 물음에 나는 이렇게 답했다. "조운은 정말 놀라운 사람입니다. 그 집에 온 손님들도 놀라운 분들이었지요. 인간이 서로를 얼마나 절실히 필요로 하는지 더욱 실감했어요. 이번에 보낸 값진 시간에 감사하는 마음이 가득합니다."

이어 나는 조너스에게 그곳에서 있었던 일들을 자세히 들려주었다. 해 줄 말이 너무 많아 머릿속에 떠오르는 장면들을 말로 다 담아낼 수 없을 것만 같았다. 나는 거기서 만났던 사람들, 나눴던 대화, 샌디에이고 호스피스와 노숙자 쉼터의 방문 소감을 자세히 설명했다. 조운의 따뜻한 환대, 아름다운 저택, 크리스마스 장식 등에 관해서도 말해 주고 싶었다. 내게 깊은 감동을 주었던 그림이며 조각들도 빼놓을 수 없었다. 잊지 못할 보트 유람도 들려주었다. 꽤 오랫동안 이야기했다. 그제야 나는 물었다. "조너스의 주말은 어땠습니까?" 그리고 즐겁게 조너스의 이야기를 들었다.

"이 모두가 무슨 의미죠?" 수가 던진 이 유명한 질문이 이 감동적 여행을 마친 뒤 내 질문이 됐다. 나는 풍요의 세계에서 온 멋진 사람들과 극도의 가난과 절박한 어려움으로 죽음을 눈앞에 둔 아름다운 사람들을 동시에 만나 사귀며 대화했다. 이 경험을 곱씹어 보면서 나는, 이 세상에서 우리의 바람직한 존재 양식은 영적인 삶에(우리 자신의 영적인 삶뿐 아니라 우리가 만나는 각 사람의 영적인 삶에) 초점을 두는 것임을 다시금 깨닫는다.

이번 여행 중에 서로의 우정을 돈독히 다지고 호스피스에서 강연하고 함께 성찬식을 갖고 영적인 삶에 관해 대화하며 나눈 것이 모두 참 중요했다고 나는 확신한다. 이 '영적 사건들' 앞에서 나머지 모든 것은 빛을 잃는다. 영적인 사건이야말로 하나님의 사랑과 생명의 진리를 향한 우리의 지속적 추구의 일부가 될 것이다.

오늘 나는 기도 가운데 데이브레이크 공동체로 돌아가, 나를 그곳으로 '부르신' 하나님께 감사드린다. 내게 소명을 다하며 살고 싶은 열망을 준 곳이 바로 그곳임을 안다.

내 소명이란 곧 모든 이들에게 하나님의 사랑을 알리는 것이다. 내 최종 목적지가 '하나님의 영원한 품'임을 갈수록 더 확신하게 돼 정말 감사하다. 이 분명한 확신 때문에 나는 시간이 흐를수록 내 주변에 있는 한 사람 한 사람과 진정으로 함께 있으면서 그 사람의 선과 아름다움과 사랑을 받아들일 수 있게 된다. 언제나 그렇듯 내 도전은 나를 세상에 보내 예수님의 이름으로 말하고 행하게 하시는 이 놀랍고 신비로운 하나님과 늘 가까이 동행하는 것이다.

12월 19일 화요일

　눈보라가 심해 암스테르담으로 떠날 수 없었다. 짐을 다 꾸려 떠날 준비를 마치자 하필 그때 내가 탈 예정이던 노스웨스트 비행기가 취소됐다. 다행히 전화로 확인돼 공항까지 헛걸음은 하지 않아도 됐다.

　탑승 일정을 바꾸느라 전화를 수없이 걸었다. 모든 것이 잘되면 내일 일단 토론토로 가 거기서 암스테르담행으로 갈아탈 수 있을 것이다. 하지만 폭설이 예보됐다. 보스턴발 토론토행 비행기는 이륙할 수 없을지도 모른다. 잘 참고 기다릴 수 있으면 좋겠다. 제일 걱정되는 것은 토요일 전까지 아버지한테 가야 한다는 것이다. 그날 독일로 함께 휴가를 떠나기로 돼 있기 때문이다. 지금으로서는 사태를 지켜보며 시간을 잘 쓰는 수밖에 없다!

12월 20일 수요일,
캐나다 온타리오주 토론토

　눈이 많이 왔지만 아직 폭설은 아니다! 오전 11시에 조너스가 나를 공항에 데려다주었다. 비행기는 오후 2시에나 떠날 예정이지만 나는 차질 없이 제시간에 도착하여 표를 바꾸고 싶었다. 날씨가 더 사나워지기 전에 조너스를 돌려보내고 싶은 마음도 있었다.

　눈은 더 심해졌지만 비행기는 다행히 왔고 공항이 다시 폐쇄되기 직전에 이륙할 수 있었다. 5시 반에 토론토에 도착한 나는 암스테르담 행 KLM 비행기를 갈아타는 것 때문에 꽤 신경이 쓰였다. 이륙하는 터미널이 달랐던 것이다. 다행히 세관을 신속히 통과해 짐을 찾은 뒤 택시를 타고 KLM 항공사 앞에 시간에 딱 맞춰 도착했다. 몸은 녹초가 됐지만 네덜란드행 길에 올라 기쁘다.

12월 21일 목요일,
네덜란드 게이스테렌

내 조카 레이니어가 공항에 나와 나를 림뷔르흐의 아버지 집으로 데려다주었다. 차로 두 시간 거리였다. 93세의 아버지가 나를 보자마자 처음 한 말은 이것이다. "이발 좀 해야겠구나!" 그래, 이발소에 예약해 아버지와 함께 이발을 하러 가야겠다. 그러면 좀 깔끔한 모습으로 여행을 떠날 수 있으리라! 이어 아버지는 이렇게 말했다. "우선 한숨 푹 자. 그동안 못 잤던 잠부터 보충해야지." 아버지는 언제나 아버지다!

여전히 총기가 좋고 나와 함께 크리스마스 휴가로 독일에 가기를 간절히 바라는 아버지를 보니 좋다. 정말 좋다.

여행을 준비한다! 이발소에 간다! 잔다! 짐을 꾸린다! 전화를 건다! 오늘 밤 내 누이 라우린이 애인 헨리와 함께 인사하러 왔다. 우리는 모두 호르스트라는 근처 작은 마을에 가 저녁을 먹었다.

아버지가 밤새 속이 안 좋았다. 맛은 좋아도 기름기가 너무 많은 음식을 들면 종종 있는 일이다. 아버지가 화장실에 왔다 갔다 하는 소리를 들으며 아버지가 과연 복통을 이겨 낼 수 있을지 걱정됐다. 아버지는 너무나 야위었고 심장도 약하다. 그야말로 몸에 기력이 전혀 없다! 당장이라도 돌아가시지 않을까 염려스러웠다.

그러나 아침 9시, 아버지는 여행 떠날 차비를 다 마친 상태였다. 배 아프다는 말도 거의 없었다. 아버지의 친구이자 먼 친척 되는 조우가 우리를 펜로까지 태워 주었다. 거기서 우리는 기차를 타고 쾰른으로 갔다. 정오에 쾰른을 떠나 오후 4시에 프라이부르크에 도착했다. 프란츠가 역에서 기다리고 있다가 우리를 뮌스터(프라이부르크의 대성당) 근처의 작고 아늑한 호텔로 데려다주었다.

아버지가 쉬는 동안 나는 프란츠와 함께 얼른 그의 집에 가 그의 아내 레니와 인사한 뒤, 2년 전 그곳에 맡겨 두었던 내 옷 가방과 책가방 두 개를 찾아왔다. 호텔에서 저녁을 잘 먹은 뒤 아버지와 나는 각자 방으로 들어갔다. 몹시 고단하다!

12월 24일 일요일

저녁 9시 반에 프란츠와 레니가 호텔에 와 나를 자기네 교구 교회의 크리스마스 예배에 데리고 갔다. 아버지는 다시 중세가 도져 그냥 호텔에 있다가 일찍 잠자리에 들기로 했다.

교회에 너무 사람이 적어 깜짝 놀랐다. 리치먼드 힐에서 사람이 북적거리는 예배에 너무 익숙해 있다 보니 여기서도 똑같을 줄 알았던 것이다. 하지만 정말 적은 '무리'였다.

사제는 우리를 따뜻이 맞아 주었고 내게 예배의 공동 인도를 부탁했다. 협동 사제는 은혜로운 말씀을 나누었다. 권력의 자리에서 무력의 자리로, 힘에서 약함으로, 창조주의 신분에서 창의적인 인간으로, 큰 자에서 작은 자로, 독립에서 의존으로 내려가시려는 하나님의 열망에 관한 말씀이었다.

말씀을 듣노라니 이번 주초의 내 묵상이 떠올랐다. 우리는 성육신의 신비에 담긴 엄청난 의미를 깊이 헤아려 본 적이 별로 없는 것 같다. 하나님은 어디 계신가? 하나님은 우리가 약하고 힘없고 작고 의존적인 곳에 계신다. 하나님은 가난한 사람, 배고픈 사람, 장애인, 정신이 병든 사람, 노인, 무력한 사람이 있는 곳에 계신다. 성공, 영향력, 권력 등 엉뚱한 곳에 초점을 두면서 어떻게 하나님을 알 수 있단 말인가? 우리의 신실함은 상처와 외로움과 가난이 있는 곳으로 기꺼이 가려는 태도에 달려 있다.

갈수록 그런 생각이 든다. 교회에 미래가 있다면 그것은 어떤 형태로든 가난한 자들과 함께하는 미래다. 우리는 이런 믿음을 잘 키워 삶으로 실천하고자 각자 개인적으로 아주 진지하게 노력하고 있거니와 우정을 통해 피차간에 힘이 돼 줄 수 있다. 복잡한 세상 한가운데 살면서 중심을 지킬 수 있는 유일한 길은 우리의 마음속과 모든 인간 속에 살아 계시는 작고 약한 아이를 늘 가까이하는 것임을 깨닫는다. 우리는 아기 예수가 우리 안에 계심을 모를 때가 많다. 그분을 발견할 때 참으로 기뻐할 수 있다.

12월 25일 월요일

아침 10시, 조금 전에 아버지와 나는 택시를 타고 프라이부르크의 대성당으로 갔다. 사람이 꽉 차 있었지만 노인용으로 지정된 맨 앞줄에 아버지의 자리를 잡을 수 있었다. 예배는 즐겁고도 장엄했으며, 행렬이며 촛불이며 아주 '기품'이 넘쳤다.

프라이부르크 대주교가 예배를 인도하며 말씀을 전했다. "이 성당은 우리가 크리스마스의 신비를 이해하는 데 도움이 됩니까, 방해가 됩니까?" 그는 물었다. 그 질문이 마음에 깊이 와닿았다. 나 역시 아기 예수의 출생 같은 초라하고 숨겨진 사건이 이렇게 웅장한 건물과 풍부한 예식을 존재하게 했다는 사실을 두고 한참 생각 중이었기 때문이다. 이모든 찬란한 고딕 양식과 그림과 조각과 예복과 홀(笏)과 관(冠)과 긴 예식은 2000년 전 베들레헴에서 태어난 작은 아기와 무슨 상관이 있을까?

주교는 자신의 성당을 '옹호'했지만 나중에 아버지는 이렇게 말했다. "저 주교는 인간의 본성에 대해 아주 낙관적 견해를 갖고 있구나. 이세상에 수많은 고통을 야기하는 인간의 모든 악에 관해서는 이야기하지 않았다." 나는 어쩌면 이 성당은 하나님께 대한 깊은 신앙과 경건과 경배와 헌신과 사랑의 산물 못지않게 인간의 자만과 교만, 권력과 영향력과 성공에 대한 욕심의 산물일지도 모른다는 생각이 들었다. 프라이부르크 뮌스터는 돌 속에서 권력과 경건이 만나는 모습을 가장 생생히 보여 주는 곳 가운데 하나다.

나는 웅장한 교회당의 장관을 돌아보았다. 과연 의심의 여지없이 역사상 건립된 가장 아름다운 고딕 양식 교회당 중 하나다. 짓는 데 5세기가 걸렸다. 1944년 11월 연합군의 폭격으로 프라이부르크시와 성당 대부분이 파괴됐다. 다행히 성당의 독특한 종루와 아름답게 세공 장식된 첨탑은 부서지지 않았다. 성당은 20년이 더 걸려 현재의 멋진 모습으로 복원됐다.

아침 11시에 교구의 한 고위 사제가 호텔 방으로 나를 찾아왔다. 그와의 대화는 내게 감동을 주었다. 그는 평신도들의 신앙 성숙을 돕는 것이 자신의 최대 관심사인데도 교회 위계상 고위직에 있어야 한다는 현실에 대해 자신의 감정을 아주 솔직히 털어놓았다. 주중이면 그는 교구 행정 사역으로 아주 바쁘지만 주말에는 도시에서 한 시간 거리의 기도원에서 기도와 고독의 시간을 보내곤 한다. 이 사제는 예수님과 교회를 깊이 사랑하는, 친절하고 따뜻하며 마음이 열린 사람이다. 그러나 엄중한 예식, 자줏빛 성직자 복장과 관, 성직자의 형식 등이 의미를 추구하는 젊은이들에게 더 이상 어필하지 않는다는 것이 그의 생각이다.

많은 복잡한 구조에 얽매이지 않으면서도 교회 안에 있고자 하는 나의 고민을 그대로 대변해 주는 생각이다. 나의 질문이자 그의 질문은 이것이다. 오늘 우리는 어떻게 교회를 사랑할 수 있을까? 그는 내게 말했다. "나는 자줏빛 성직자 복장을 벗고 다시 보통 사람 모습으로 돌아가는 것이 언제나 좋습니다." 그러고는 이렇게 말을 이었다. "상황이 내 생각처럼 빨리 변하지 않는다 해도 나는 날마다 오늘 하루를 살아야 하고 내 소명에 충실해야 하며 내 삶이 열매를 맺을 것을 믿어야 합니다." 이 단순하면서도 정직한 교회의 사람이 나는 참 좋다.

오후에는 엽서를 많이 썼다. 엽서를 쓰면서 내 엽서를 받을 모든 친구들에게 깊은 사랑을 느꼈다. 내 마음은 감사와 애정으로 충만했다. 내 친구들을 일일이 끌어안고 그들이 내게 얼마나 큰 의미가 있으며 내가 그들을 얼마나 그리워하는지 말해 줄 수 있다면 좋으련만. 때로는 멀리 있음으로 오히려 가까워지고 부재를 통해 임재를 느끼며 고독이 공동체를 만들어 내는 것 아닐까! 몸과 마음과 영혼, 내 전 존재가 아무런 조건도 두려움도 제약도 없이 사랑하고 사랑받고 싶은 심정이었다.

어쩌자고 나는 사랑이 아닌 것을 생각하거나 말한단 말인가? 어쩌자고 원한을 품거나 미워하거나 시기하거나 의심을 품고 행동한단 말인가? 항상 주고 용서하고 격려하고 힘이 돼 주고 감사하고 칭찬하면 안 된단 말인가? 그게 왜 잘 안 되는 걸까?

마음속에 조금이나마 영원을 보게 해 주시는 하나님께 감사드린다. 영의 눈을 통해 보여 주신 진리를 굳게 붙잡고 그 비전대로 살 수 있는 힘을 달라고 기도한다.

12월 27일 수요일

아주 조용한 하루였다. 프라이부르크에는 할 일도 많고 볼 것도 많지만 아버지도 나도 그냥 여기 와 있는 것 자체를 즐기고 있다. 충분히 자고 느긋하게 아침을 먹고 성찬식을 갖고 그저 쉬는 것만으로 좋다. 한때는 나도 외국 도시에 가면 그곳의 교회며 박물관이며 유적지를 다 돌아보고 싶을 때가 있었지만 요즘은 방에 앉아 조금 읽고 조금 쓰고 조금 기도하는 것만으로도 대만족이다.

특별한 용무 없이 그저 함께 있으니 아버지도 나도 참 좋다. 전에는 이렇게 스케줄 없이 시간을 함께 보낸 적이 없었던 것 같다. 거창한 토론 주제는 없지만 우리의 대화는 생생하고 즐겁다. 나는 종교, 문학, 예술, 정치에 관한 아버지의 관심에 연신 놀라고 있다. 몸은 기력이 없어 잘 걷지도 못하지만 마음만은 여전히 날카롭고 명쾌하다. 아버지의 생각과 판단과 견해는 핵심을 간파하고 있으며 대체로 빈틈이 없다. 나로서는 아버지와 이런 시간을 보내는 것이 비할 데 없는 특권이다. 아버지도 나와 함께 있는 것이 좋은 눈치다.

저녁 5시에 프란츠와 레니가 우리를 친구들 집으로 데리고 갔다. 이전에 프라이부르크에 몇 번 왔을 때 알게 된 친구들이다. 거기서 우리는 성찬식을 가진 뒤 가벼운 식사를 나누었다. 좀처럼 소리 내어 기도하는 법이 없는 아버지가 오늘은 아주 뜨겁게 기도했다. 손자 손녀들이 물질적 삶에 완전히 빠져들지 말고 하나님을 삶의 한복판에 모시게 해 달라는 내용이었다. 아버지의 '즉흥' 기도를 듣노라니 내면에 깊은 평안과 기쁨이 느껴졌다. 손에 늘 예배 전례서를 들고 다니며 예식의 모든 어구를 꼼꼼히 따르는 나 같은 사람에게 있어 마음에서 우러나는 즉흥 기도란 일대 도약이다.

5년 전에도 아버지와 함께 며칠간 프라이부르크에 온 적이 있었는데 그때 우리는 서커스를 보러 갔다. 공연 도중 나는 남아프리카공화국의 공중그네 곡예사 그룹인 '플라잉 로드레이 가족'(Flying Rodleighs)에 큰 감명을 받아 그들을 찾아가 나를 소개했다. 그 작은 사건이 내 삶에 많은 여파를 몰고 왔다. 나는 로드레이 가족의 친구가 돼 그들과 함께 독일을 순회했고 그들을 장시간 인터뷰하여 기사도 썼으며 그들과 함께 다큐멘터리 영화도 만들었다. 그 영화가 설날인 다음 주 월요일 밤 네덜란드 텔레비전에 방영될 것이다.

아버지는 로드레이 가족이 생각나셨던 모양인지 이렇게 말했다. "이번에도 시내에 서커스가 있다는데 가 볼래?" 중국인 서커스단과 모스크바, 파리, 프라이부르크의 곡예사들이 합동으로 마련한 크리스마스 서커스 축제였다.

오후 4시에 프란츠와 아버지와 나는 프라이부르크 장터의 커다란 서커스 천막으로 가서 쇼를 보았다. 동물은 없고 곡예사들만 있었다! 현란한 마술사들, 아슬아슬한 줄타기 광대, 커다란 요람 모양의 공중그네 곡예사, 시소에서 천장으로 높이뛰기를 하는 사람들이 있었다. 하지만 내가 가장 매료된 공연은, 세 사람이 나와서 영화 〈불의 전차〉(Chariots of Fire)의 음악에 맞추어 어릿광대의 익살과 춤과 운동을 결합해 보여 주는 장면이었다. 그들의 공연에는 자기들끼리 장난으로 놀리며 웃는 부분이 많았다. 가장 놀라운 움직임을 선보이면서도 그들은 마치 스스로 자신들을 놀리는 듯 관객들과 서로를 쳐다보았다. 배꼽을 쥐게 하는 장면이었다.

그러나 볼거리는 됐지만 5년 전에 비해 내 안에는 아무런 변화도 일어나지 않았다. 그때는 로드레이 가족에 '푹 빠져' 그들의 모습을 보고 또 보며 그들의 세계로 깊이 빠져들지 않고는 견딜 수 없는 심정이었다. 오늘은 멋진 쇼를 보았으나 별다른 생각이나 감정 없이 집으로 돌아왔다. 그때는 뭔가가 내 안에 새로운 내면세계를 열어 주는 것을 보았다. 오늘은 몇 시간 특이한 광경과 재미있는 오락을 즐긴 정도였다. 그때는 인격적 변화를 경험했는데 말이다.

오늘 서커스를 보며 새삼 깨달은 것이 있다. 지난번 정말 내 마음에 와닿았던 것은 로드레이 가족의 공중그네 곡예에 담긴 인격적 특성이라는 사실이다. 나는 곡예사들에게 공감할 수 있었고 그들을 생각하면 친구로 지내고 싶은 마음이 들었다. 과연 그들은 내 친구가 됐으며 나는 내 세계와 그들의 세계가 만날 수 있는 길을 많이 찾을 수 있었다. 오늘 본 사람들은 왠지 추상적 존재를 벗어나지 못했다. 로드레이 가족의 경우와는 달리 나는 그들이 살아갈 일상생활이 전혀 궁금하지 않았다. 내 생각은 그들의 연기 이상으로 깊어지지 않았고 그나마 서커스가 끝나면서 잊어버렸다.

어쨌든 프란츠와 아버지와 나는 아주 즐거운 오후를 보냈다. 호텔에 돌아온 우리는 함께 근사한 저녁을 먹었다.

"너 모자 하나 새로 사야지." 네덜란드를 떠나온 뒤로 아버지는 계속 모자를 사라고 체크했다. 레이니어가 공항으로 마중 나왔을 때 그 차에 모자를 놓고 내린 뒤로 나는 아버지의 낡고 해지고 턱없이 작은 모자를 쓰고 있었다. "새 모자 언제 사려고 그러니?" 아버지는 오늘도 몇 차례나 물었다. 내일과 설날에는 가게들이 다 문을 닫을 것이기에 오늘이 마지막 기회였다. 도시는 사람이 너무 많아 정상 속도로 거리를 걸을 수 없을 지경이었다. 모두가 설날 전에 뭔가를 사려고 급히 서두르는 것 같았다.

마침내 나는 어느 백화점에 들어가 모자를 쌓아 놓은 커다란 진열대 앞에 섰다. 직원 한 사람한테 물었다. "나한테 맞는 모자 좀 찾아 주겠어요?" 그녀는 말했다. "그건 안 돼요. 손님이 직접 골라야 해요. 여기 쌓여 있는 것 중에 맞는 모자가 있을 거예요. 저희가 사이즈별로 계속 분류해 놓을 수는 없어요. 그래 봐야 사람들이 다시 다 섞어 놓거든요. 직접 찾아보세요."

모자를 집어 머리에 쓰고는 거울을 보면서 재미난 얼굴을 해 보다 다시 모자 더미에 던지는 남녀들에 둘러싸여 나라도 조금이나마 예의를 지키려 애썼다. 그러다 결국 그런 소동 전체에 마음이 너무 무거워져 밖으로 나와 다른 가게로 들어갔다. 사람은 적지만 값은 비싼 곳이었다. 헤브리디스제도에서 손으로 짰다는 해리스 트위드 모직 모자를 하나 샀다. 값이 백화점보다 두 배나 비쌌다. 그래도 이렇게 적어 둘 사연은 생긴 셈이다!

오후 4시에 아버지와 함께 호텔 방에서 성찬식을 가졌다. 이렇게 매일 함께 기도하는 시간은 우리의 하루에 중요한 한 부분이 됐다. 아버지는 포스트모던 시대의 종교와 삶의 비전에 관한 네덜란드의 에세이집을 읽다가 내게 이렇게 말했다. "이 책에 성례에 관한 좋은 글이 있구나. 너도 꼭 읽어 봐라." 아버지가 보기에 우리의 성찬식과 그 기사는 서로 잘 맞아들었다.

기사는 정말 영적으로 유익한 글이었다. 마르틴 하이데거의 철학에 영향을 받은 저자는 성례를 일상의 숨은 성스러움을 맛보는 새로운 체험의 통로로 보고 있다. 그녀에게 성례란 교회의 진정한 보화다.

호텔 방에서 아버지와 함께 성찬을 나누면서 그 말이 진리임을 느낀다. 우리 둘 사이의 깊고 단순하고 아름다운 친밀감은 우리와 함께 계시는 그리스도의 깊고 단순하고 친밀한 임재로 말미암아 가능한 것이다. 아버지가 세상을 떠나신 후라도 이 성스러운 순간은 오래오래 내 마음에 양식이 될 것이다.

12월 31일 일요일

오늘 밤 헤르만과 메흐틸드가 새해 전야인 '실베스터의 날'을 자기 가족과 함께 지내자고 우리를 초대했다. 우선 거실에서 성찬식을 가졌다. 사람들이 꽤 있었다. 성찬식은 가족적이면서도 꽤 엄숙했다. 가장 친밀했던 순간은 중보기도 시간이었다. 몇몇 사람들이 아주 개인적인 문제를 털어놓았다.

성찬식 후 저녁 메뉴는 아주 특이했다. 사람마다 기름이 끓고 있는 작은 냄비에 각자 자기가 먹을 고기 몇 점을 익혀 다양한 소스에 적셔 먹는 음식이었다. 쉬지 않고 움직이게 하면서 대화가 끊이지 않게 하는 메뉴다.

밤 10시에 아버지와 나는 택시를 타고 호텔로 돌아왔다. 잠시 후 불꽃놀이가 시작됐다. 그 바람에 방이 광장 쪽으로 향해 있던 아버지는 거의 밤새도록 뜬눈으로 지샜다. 내 방은 호텔 정원 쪽에 있어서 소음이 덜했다. 나는 그런 대로 잘 잤다.

1996년 1월.

내 생각과 말과 행동이
주위에 변화를 낳는다

호텔에서 아주 조용하고 평온하게 하루를 보낸 후 우리는 프란츠, 레니, 헤르만, 메흐틸드와 함께 사랑의 송별 저녁 식사를 나누었다. 호텔 매니저는 우리를 기쁘게 해 주려 갖은 노력을 다했다. 식탁은 아름답게 장식돼 있었다. 매니저는 특별히 아버지를 위해 가벼운 식사를 주문해 주었다.

저녁 식사는 1월 17일로 70번째 생일을 맞는 헤르만과 1월 3일로 93번째 생일을 맞는 우리 아버지를 기념한 것이었다. 나는 헤르만을 위해 편지 뜯는 은색 칼을 사 두었고 아버지 몫으로는 호텔과 호텔 광장이 새겨진 판화를 사 두었다. 에흐틸드에게도 부엉이 모양의 작은 책갈피를 '위로의 선물'로 준비했다.

아버지는 아주 즐거워하며 우리의 '문화적' 토론에 적극 참여했다. 프라이부르크의 마지막 시간을 장식하는 참으로 훈훈하고 즐거우면서도 지적인 시간이었다.

집으로 돌아오는 길은 쾰른에서 기차를 갈아탈 때만 빼고는 아주 좋았다. 프라이부르크를 떠난 기차가 10분 늦게 도착하는 바람에 짐 가방을 모두 들고 2번 승강장에서 9번 승강장으로 건너갈 시간이 7분밖에 없었다.

아버지도 나도 몹시 불안했다. 아버지는 결국 기차에서 내리자마자 짐 가방에 걸려 승강장으로 넘어졌고, 지팡이는 날아가 기차 밑 레일에 떨어졌다. 다행히 뼈가 부러지거나 다친 데 없이 아버지는 금방 일어났다. 우리의 하차를 도와주었던 차장이 아버지의 지팡이를 집어 주며 우리를 거들었다. 다섯 개의 짐 가방을 들고 무리를 헤치며 에스컬레이터를 내려갔다 다시 올라가는 동안 아버지는 내 뒤를 바짝 따랐다. 결국 네덜란드행 기차가 출발하기 1분 전에 우리는 겨우 기차에 오를 수 있었다.

조우와 아버지의 가정부 틸리가 펜로에서 우리를 맞이해 집으로 데려왔다. 밤 10시에 프라이부르크를 떠나 아침 7시 반에 집에 도착했다. 편안하고 좋은 여행이었다. 다만 위험한 사고는 없어야 한다. 80대에도 건강했던 우리 할아버지가 집 앞에서 가벼운 사고가 있은 직후 돌아가신 일이 떠오른다. 아버지는 너무나 야위고 약해서 살짝만 넘어져도 뼈가 부러질 수 있을 뿐 아니라 총기마저 잃을 수 있다. 둘 다 안전하게 무사히 집에 돌아와 기쁘다. 아버지가 이번 여행을 감사히 여기는 것도 다행이다.

오늘은 아버지의 아흔세 번째 생신이다. 전화가 많이 왔고 손님도 꽤 있었다. 토요일 날 가족들이 다 모여 파티를 열 거라 오늘은 조용하고 즐겁게 하루를 함께 보냈다.

오후 4시에 프란츠의 아들 로베르트가 약혼녀 수잔느과 함께 찾아왔다. 로베르트와 수잔느는 둘 다 내과 전문의다. 그들을 만나서 정말 기뻤다. 두 사람은 똑똑하고 자신감이 넘치며 영적으로 마음이 열려 있다. 둘 다 근무 시간이 길어 둘만의 관계를 가꾸는 데 시간을 내려 고심하고 있다. 가톨릭 신자인 두 사람은 다행히 교회에 대한 반감이 거의 없는 편이다. 둘 다 30대 초반이고 둘 다 이번이 초혼이다. 그리고 둘 다 가족들과 아주 따뜻한 관계를 유지하고 있다. 포스트모던 시대의 다른 전문인들과 비교할 때 이들의 삶은 예외일 만큼 복잡하지 않다. 물론 나름의 걱정이 있고, 전문인들의 통상적 긴장이 없는 것도 아니며, 그다지 친밀한 분위기라 할 수 없는 의학 분야에 종사하는 이들이 친밀함을 기초로 하는 가정생활을 해 나가야 한다는 데에 진지한 고민도 있다. 그래도 이들의 삶에는 목표가 분명하고 헌신이 분명하고 가치관이 분명하며 서로와 하나님께 대한 사랑이 분명하다.

그들이 찾아와 아버지도 나도 즐거웠다. 그들은 내게 6월 15일 있을 결혼식 주례를 부탁하러 왔다. 나로서는 적잖이 영광이었다. 나는 전심으로 수락했다. 우리는 결혼식 세부 사항 및 준비 과정에 관해 한 시간 정도 이야기했다. 이어 우리는 모두 근처 식당에 가 저녁을 먹었다. 저녁 8시에 그들은 독일로 돌아갔다. 로베르트와 수잔느의 방문은 어떤 면에서 우리의 '독일 경험'의 멋진 마무리였다.

1월 5일 금요일

저녁 식사 중에 캐시한테서 전화가 왔다. 내 친구 티모시(팀)가 오래 버티지 못할 것 같다는 소식이었다. 나는 즉시 토론토의 티모시에게 전화했다. 감사하게도 직접 통화할 수 있었다.

"약물 치료가 잘 안 됐습니다. 병세가 더 악화됐지요." 그는 말했다. 나는 '영적' 상태는 어떠냐고 물었다. 그는 말했다. "깊은 평안이 있습니다. 필리스와 함께 기도를 많이 합니다. 우리 자신을 예수님께 온전히 맡겼습니다." 분명히 표시가 날 정도로 쇠약해졌음에도 불구하고 그의 목소리에는 기쁨이 배어 있었다.

아내 필리스와 마침 그 자리에 와 있던 그의 가장 친한 친구 폴과도 잠시 통화했다. 나는 필리스에게 말했다. "팀이 내 인생의 한 부분이 돼 정말 감사하답니다. 팀의 깊은 믿음과 일편단심의 신앙은 내게 커다란 도전을 줍니다. 팀의 삶을 통해 장차 풍성한 열매가 맺히리라 확신합니다." 필리스는 말했다. "그렇게 말씀해 주시니 정말 감사합니다. 신부님의 관심과 격려가 남편에게 얼마나 큰 힘이 되는지 모릅니다. 오늘도 신부님의 전화를 받고 새 힘을 얻었지요." 폴은 말했다. "계속 변동 사항을 알려드리겠습니다만 제 생각에는 2주를 넘기지 못할 것 같습니다."

그 통화 이후 팀 생각을 많이 한다. 모든 고통과 염려와 두려움이 아득히 흐려질 정도로 그는 하나님과의 교제가 아주 깊다. 다가오는 죽음을 그렇게 넘치는 사랑과 확신으로 맞이하는 사람은 아직 별로 보지 못했다. 그런 사람을 알고 있다니 얼마나 큰 은혜인가!

1월 6일 토요일

아주 특별한 날이다. 다 같이 모여 아버지의 아흔세 번째 생신을 축하하는 날! 직계가족을 모두 초대했다. 모두 합해 스물두 명이었다.

아버지는 열한 명의 형제, 어머니는 여덟 명의 형제를 두었기 때문에 이번 가족 모임은 우리에게 지난 수년 사이 돌아가신 많은 식구들의 빈자리를 한층 실감나게 했다. 아버지는 내게 18년 전에 돌아가신 어머니와 또한 집안의 다른 모든 돌아가신 분들을 기념하여 성찬식을 인도해 줄 것을 부탁했다.

우리는 모두 거실 탁자에 두 줄로 둘러앉았다. 내가 다른 곳에서 진행하던 예식과는 완전 대조적으로 이번 성찬식은 사뭇 형식적이었다. 그 자리에는 교회에 다니지 않는 사람이 많았기 때문이다. 새러, 라파엘, 레이니어가 말씀을 읽어 주었다. 사람들이 불편해하는 것 같았다.

성찬식을 형식적 내지 의식적 방식으로 진행하는 것은 나로서는 어려운 일이다. '모두가 교감과 은혜를 느낄 수 있으면' 하는 마음이 간절하지만 그들의 영성과 내 영성은 다른 세계인 것 같다. 나는 하나님이 오래전 예수님의 탄생을 통해서만 아니라 오늘도 병들고 늙고 제 몸을 가눌 수 없어 누군가에게 의지해야 하는 사람들이 있는 모든 곳에서 우리에게 자신을 계시해 주신다고 말했다. 또한 우리가 태어나기 전부터 사랑받았고 죽은 후에도 사랑받으리라는 것을 진심으로 믿을 때에만 자신의 약함을 하나님의 현현(顯現)의 처소로 삼아 살아갈 수 있다고 말했다. 그것을 믿지 않는다면 우리의 약함은 원망과 강퍅한 마음으로 발전하기 십상이다. 깊은 확신으로 전하는 말이었지만 그 말이 듣는 이들에게 깊이 받아들여지는 것 같지는 않았다. 그리고 보니 오늘은 주님 공현 축일[가톨릭에서 세 명의 동방 박사가 아기 예수를 찾아가 예배하여, 처음으로 그리스도의 영광이 드러난 것을 기념하는 날]이었다!

성찬식 후 우리는 어머니의 묘지에 갔다. 1978년 10월, 교회에서 묘지까지 걸어가 어머니를 묻던 그 안개 낀 아침이 생각났다. 어머니가 돌아가신 후에 태어난 새러와 로라와 라파엘만 빼고는 우리들 대부분 그때 그 자리에 있었다. 어머니께서 이 세 아이를 보셨다면 얼마나 사랑하셨을까!

근처 식당에서 먹은 저녁 식사 시간은 아주 즐거웠다. 내 남동생 폴이 사회를 맡았다. 새러는 손자 손녀들을 대표해 축하의 말을 전했고, 내 누이 라우린과 내 남동생 로렌트는 아버지의 삶과 덕에 대해 재미있고도 정감 어린 회고를 들려주었다.

식사 도중 현지 악단이 주님 공현 축일을 기념하여 왕의 복장을 입고 들어와 생일 축하 노래 및 다른 노래 몇 곡을 연주한 뒤 모자를 돌렸다. 갑작스런 음악으로 식사가 중단됐지만 오히려 그 자리를 더 빛내 주었다.

6시 반에 식사가 끝났다. 길이 아주 미끄러웠지만 다들 무사히 차 있는 곳으로 걸어가 집에 잘 돌아왔다!

아버지와 독일에서 함께 보낸 시간과 아버지의 아흔세 번째 생신은 언제나 내 마음속에 소중한 기억으로 남아 있을 것이다. 나한테는 아버지와 함께 보낸 시간 중 최고의 시간이다. 이런 일이 가능해지기 위해 아버지는 아흔세 살, 나는 예순네 살이 돼야만 했는지도 모른다! 지금 우리 사이에 존재하는 이 친밀함은 30년 전만 해도 생각조차 불가능한 것이었다. 그때만 해도 친근감과 애정과 자상한 관심을 보여 주신 분은 어머니였다. 아버지는 좀 더 거리가 있었다. 아버지는 가족의 부양자로서 아내를 사랑했고 자식들에게 큰 기대를 품고 열심히 일했으며 중요한 문제들에 관해 이야기했다. 어질고 의로운 분이었지만 나는 왠지 친근감을 느끼기가 힘들었다.

새삼 깨닫는 바이지만, 나는 오랫동안 아버지에게 어느 정도 두려움도 있었지만 또한 깊은 존경심을 품고 살아왔다. 어머니가 돌아가시자 내가 아버지를 잘 모르고 있다는 생각이 퍼뜩 들었다. 그러나 둘 다 나이가 들고 점점 방어적인 태도가 줄어들면서 나는 아버지와 내가 얼마나 비슷한지 알게 됐다. 오늘도 거울을 보면 예순네 살 적의 아버지가 보인다. 참을성 없는 것, 통제 성향, 말투 등 내 성격을 곰곰 생각해 보노라면 우리 둘의 가장 큰 차이는 성격이 아닌 나이임을 즉시 깨닫는다!

성인이 돼 아버지와 함께 시간을 보내며 아버지를 깊이 알게 될 기회를 누리는 아들은 많지 않다. 이번 안식년 동안 내게 그런 기회가 주어진 것은 특별한 은혜다. 우리는 함께 있는 것이 좋다. 아버지는 집안 어른으로서의 자신의 위치를 좋아하며, 좋은 호텔과 좋은 식당과 탁월한 예술을 좋아한다. 재미있는 대화와 반듯한 매너와 어르신 우대와 탁월한 서비스를 좋아한다. 내가 돈을 내는 것도 좋아한다! 본인이 돈이 없거나 인색해서가 아니라 자신에게도 아버지를 위해 돈을 내줄 아들이 있다는 것이 좋은 것이다.

아버지는 내게 관심이 많은데, 내 일보다는 건강에, 내 책보다는 옷차림에, 내 미국 친구들보다는 독일 친구들에 더 관심이 많다. 아버지는 보수적인 골수 유럽인이다. 오래전 나와 다툴 때 아버지는 이렇게 말했다. "너는 심리학자니까 권위적인 아버지에 대해 훤히 알겠지. 너 역시 그런 아버지를 둔 것, 행복한 줄 알아라. 하지만 날 바꾸려 들진 마!"

오늘 나는 아버지와 함께 있는 것이 즐겁다. 내가 아버지를 바꾸려는 마음을 버릴수록 아버지도 나와 함께 있는 것을 좋아하며 자신의 약한 부분을 내보인다. 이제 둘 다 '노년'이 되다 보니 우리의 필요는 거의 비슷해졌다. 우리는 둘 다 고독과 조용한 시간과 쉴 수 있는 공간과 좋은 친구들과 좋은 음식과 평온한 분위기를 좋아한다. 우리는 예술, 문학, 신앙생활 등 공통 관심사가 있어 그만큼 서로 할 이야기가 많다.

내가 서른두 살이고 아버지가 예순한 살 때 우리는 서로 세대가 달랐고 완전히 딴 세상에 살았다. 지금 우리는 죽음을 목전에 두고 같은 세대의 일부가 돼 서로 한결 가까워진 기분이다. 아버지를 주신 하나님께 감사드린다. 올 한 해 동안 아버지에게 어떤 일이 일어난다 해도 이번에 함께 보낸 이 소중한 시간에 나는 언제나 감사할 것이다.

1월 7일 일요일,
네덜란드 위트레흐트

며칠 전 로드레이한테서 전화가 와 정말 깜짝 놀랐다. "지금 어디 계십니까?" 내 물음에 그는 이렇게 답했다. "즈볼레에 있습니다. 네덜란드에 온 뒤부터 계속 신부님을 찾으려 애썼습니다. 여기로 오실 수 있겠습니까?"

공중그네 곡예사 친구들에게서 연락을 받으니 그렇게 기쁠 수 없었다. 마지막으로 본 것이 1년 전이었다. 문제는 어떻게 일요일 밤 전에 즈볼레까지 가느냐는 것이다. 로드레이 곡예단이 일요일 밤에 남아프리카공화국과 미국으로 모두 휴가를 떠나기로 돼 있었기 때문이다. 가능한 시간은 오늘 아침밖에 없었다. 나는 얀에게 전화해 함께 가고 싶은지 물어보았다.

얀과 나는 즈볼레 기차역까지 각자 따로 가 오늘 아침 10시 45분에 거기서 만났다. 10분 후 우리는 로드레이와 그의 아내 제니와 함께 그들의 대형 운반차 안에 앉아 있었다. 잠시 후 조나단, 칼린, 케일린, 슬라바, 존도 만났다. 모두들 다시 만나니 정말 좋았다. 내가 그들과의 만남을 얼마나 그리워했는지 새삼 깨달았다.

로드레이는 최근에 겪었던 어려운 일들을 들려주었다. 운반차 때문에 복잡한 문제가 있었고 건강 문제도 심각했다. 무엇보다 로드레이와 칼린의 누이인 래돈이 이탈리아에서 세상을 떠났다. 래돈이 죽었다는 말을 들은 로드레이는 차를 한 대 구입해 장례식이 열리는 곳인 레기오까지 혼자서 달려갔다. 래돈의 친구들은 누이를 직접 보아야 한다며 그를 시신 안치소로 데리고 들어갔다. 로드레이는 가고 싶지 않았다. 시신을 한 번도 본 적이 없었고 또 누이를 이전의 마지막 보았던 모습으로 기억하고 싶었기 때문이다. 그러나 그들은 자기들의 전통을 한사코 굽히지 않았다. 로드레이는 누이의 수척한 시신을 보고 너무나 충격을 받아 이틀 동안 울었다. 이 이야기를 모두 들으면서 나는 '플라잉 로드레이 가족'이 공연을 단 하나도 취소하지 않았다는 사실에 놀랐다. 최근 제니가 팀에서 공연을 그만뒀지만 남아공 출신의 16세 소녀 케리가 훈련을 거쳐 그 자리를 대신했다.

언제나 그렇듯 로드레이는 매사를 교사처럼 아주 명료하게 조직적으로 설명했다. 그는 내가 모든 것을 속속들이 알기 원했고 그래서 몇 시간 후면 자기 일행이 모두 하노버로 떠날 것임에도 불구하고 시간을 아까워하지 않고 말했다. 그들은 3월까지 하노버에 운반차를 주차해 둘 계획이었다.

12시 반에 로드레이는 얀과 나를 자기네 공연에 데리고 갔다. 아주 좋은 쇼였으나 보러 온 사람은 얼마 없었다. 로드레이 가족의 공연은 평소와 달리 썩 훌륭하지 못했다. 건물 천장이 낮아 곡예가 전체적으로 약해진데다 가장 멋진 기술 두 가지에서 실수를 범했다. 슬라바와 로드레이가 반대쪽에서 기다리던 존의 손을 놓쳐 그네에서 그물로 떨어진 것이다. 거의가 텅 빈 거대한 건물은 이 예술성 높은 곡예사들에게 그다지 걸맞은 환경이 못 됐다.

로드레이 가족의 공연과 피날레 중간에 얀과 나는 칼린과 조나단과 함께 운반차 안에서 차를 마셨다. 내가 마지막 만난 이후로 칼린과 조나단은 사랑에 빠져 부부가 됐다. 칼린의 딸 케일린은 아빠가 생겨 좋아했다. 우리는 유익하고 활기찬 시간을 보냈다.

두 번째 쇼가 시작되기 전 로드레이는 얀과 나를 역으로 데려다주었다. 짧은 방문을 되돌아보면서 내게 참 좋은 시간이었다는 생각이 들었다. 6월이나 7월에 로드레이 가족을 다시 만날 시간이 벌써부터 기다려진다. 그들 이야기를 책으로 쓰고 싶은 내 오랜 꿈이 실현될 날도 기다려진다. 책에 대한 열망은 설날에 방영된 텔레비전 프로그램에 대한 로드레이와 제니의 부정적 반응을 듣고 나서 오히려 더 간절해졌다. 그들은 자신들의 곡예가 볼품없이 비치고 전체 프로그램에 졸렬하게 끼워진 듯한 인상을 받았다. 나는 아직 그 프로그램을 못 봤기 때문에 뭐라고 반응할 수는 없었지만 이 곡예단을 자신들의 마음에 흡족하게 글로 표현하고 싶은 충동을 새삼 느꼈다.

오후 5시 반에 우리는 위트레흐트에 도착했다. 얀은 나를 위해 예약해 두었던 호텔로 곧바로 나를 데려갔다. 나는 방이 정말 마음에 들어 일주일 그곳에 머물기로 했다.

1월 8일 월요일

조용한 하루였다. 조금 일했는데도 너무 피곤해 영영 잠들어 깨어나고 싶지 않았다. 오후 1시에 일에서 손을 떼 4시까지 잤다.

아리엔스콘빅트의 저녁 식사와 성찬식에 초대됐다. 위트레흐트 교구와 그로닝겐 교구의 장래 사제들을 양성하는 곳이다. 그곳에 가서 내가 속한 교구와 유대를 맺을 수 있어 아주 기뻤다.

내가 신학교에 다닐 때와는 얼마나 대조적인 모습인가! 당시만 해도 사제가 되려는 열망을 품은 사람들이 수백 명씩 됐다. 나는 6년간 똑같은 커다란 건물 안에서 살았다. 훈련은 엄격했으며 생활 방식은 단순하고 청빈했다. 교육은 아주 전통적이고 보수적이었다. 건물 밖으로 나가려면 다른 동행이 있어야만 했다. 내가 신학교의 '해방'에 크게 기여한 것은 자전거였다! 나는 자전거가 신학생들의 건강에 좋다며 교수들을 설득했다. 어쨌든 그때는 1950년대였고 제2차 바티칸공의회가 아직 한참 멀었을 때였다.

위트레흐트 시내의 멋진 옛날식 숙소인 아리엔스콘빅트는 신학생들이 대학에서 신학을 공부하는 동안 학장과 함께 거주하는 곳이다. 학생은 모두 36명이다. 지원하는 신입생이 적어, 앞으로 안수받는 사제가 점점 줄어들 것이라는 우려가 있다.

저녁을 먹으면서 학생들에게 나를 소개할 기회가 있었다. 퍽 친근감 있고 편안한 분위기였다. 대형 신학교의 제도적 특성이 사라져 한결 가족적인 분위기였지만 축소판 신학교이기는 마찬가지였다. 토의와 관심사와 생각의 주제는 내가 신학교를 다닐 때와 비슷했다. 여성은 요리를 맡은 수녀 딱 한 명뿐이었다.

성찬식은 좋았지만 옛날 풍의 엄격한 교회 의식의 축소판이었다. 대규모 집단을 위한 예식을 소그룹에 끼워 맞춘 것 같았다. 집례자는 화려한 제의를 입고 토굴 같은 예배당의 돌 제단 뒤에 서 있었다. 학생들은 단을 마주보며 둥그렇게 둘러앉았다. 칠판에는 노래가 적혀 있었고 집례자는 강대상 뒤에서 성경을 읽고 훌륭한 강론을 전했다. 신학생들은 깊은 신앙심으로 성찬을 받았다. 그러나 나는 이 광경을 외부인이 본다면, 이들을 함께 살고 함께 먹으며 함께 공부하는 사람들로 알아볼 수 있을지 자못 궁금했다. 의식이 너무 형식적이라 사람들의 말과 몸짓과 움직임에 거리감을 조성하는 것 같았다. 의식 직전이나 직후에는 그들 사이에 그런 거리감이 존재하지 않는데도 말이다. 성찬식을 통해 학생들은 정상 생활과 격리된 인위적 행동의 세계로 들어가는 것 같았다. 저녁 식사를 마친 후 학생들이 평화의 상징으로 서로 악수하는 모습을 보노라니 왠지 현실성이 없어 보였다. 성찬식이 끝난 후 아무도 건물 밖으로 나가는 것이 아니라서 더욱 그랬다! 강론은 (모두 같은 숙소에 거주하는) 참석자들이 아니라 오히려 외부인들을 위한 내용에 가까웠다. 말씀을 읽은 후 자연스럽게 말하거나 반응을 보이거나 자신의 묵상을 나누는 모습은 이 상황과는 거리가 멀어 보였다.

성찬식 후 우리는 크리스마스트리 아래서 커피와 차를 마시며 책과 신학자들에 관해 차분한 대화를 나누었다.

나는 아리엔스콘빅트에서 따뜻한 대우를 받았다. 그곳 사람들과 나눈 대화도 즐거웠다. 이번 주 동안 그곳에 자주 가면 좋겠다.

1월 9일 화요일

친구 유리엔과 하루를 보내기 위해 아침에 기차를 타고 하를렘으로 갔다. 유리엔은 하를렘 도심에서 노숙자, 에이즈 환자, 가난한 사람들을 섬기고 있는 유능하고 아주 똑똑하며 깊이 헌신된 목사다. 현재 그는 종교 문제를 주제로 한 집필 및 출판에도 많은 시간을 할애하고 있다. 그가 가장 중점을 두는 것은 교회의 목회 사역에서 영성과 사회 참여를 통합하는 문제다. 몇 년 전 우리는 다음과 같은 주제들을 계기로 마음이 통해 지금도 계속 대화를 통해 영감을 나누고 있다. "가난한 자들과 억눌린 자들의 당면 문제를 돕는 사역에서 기도와 생각과 묵상과 내면생활의 자리는 무엇인가? 성직자면서 동시에 사회 활동가가 될 수 있는가?" 네덜란드 개혁교회에서 오랫동안 목사로 섬겨 온 그는 교회가 그 고립에서 벗어나 '진짜 문제'에 대처하도록 촉구하는 비중 있는 사회 비평가로 잘 알려져 있다. 사회문제라는 정황에서 볼 때 고독과 침묵과 기도의 삶은 '도피주의자'의 삶으로 보이기 쉽다.

유리엔은 내가 자기에게 깊은 영향을 주었다며 몇 년 전부터 나에 관해 짧은 책을 쓸 계획이었다. 이 일에 그보다 더 적임자는 분명 없을 것이다. 그는 내가 쓴 글을 하나도 빼놓지 않고 다 읽었고 개인적으로 나를 잘 알며 네덜란드의 종교적 상황에도 아주 소상할 뿐 아니라 깊이 존경받는 목사다. 내 삶의 이 시점에 '전기'라니 망설임도 없지 않지만 유리엔이 그 일을 한다니 다행이다.

우리는 함께 좋은 하루를 보냈다. 나는 그에게 내 인생에 대해 몇몇 사실적 정보를 제공할 수 있었고 공통의 '주제'에 대해서도 약간 도움을 줄 수 있었다. 하지만 너무 깊이 관여하려 하지는 않았다. 조금도 거리낌없이 마음껏 비판적 평가를 쓰도록 격려하고 싶었다.

오후에 친구 얀과 함께 팍스크리스티[가톨릭 국제 평화운동 단체]센터에서 몇 시간을 보냈다. 얀은 내게 그곳 시설을 쭉 안내해 주었다.

위치 자체가 흥미로웠다. 기차역 둘레에 지어진 거대한 쇼핑센터로, 여행객이며 쇼핑객이 언제나 북적거리는 바쁘고 시끄럽고 아주 상업적인 곳이었다. 팍스크리스티센터는 폭풍 한가운데 있는 침묵의 핵과 같다. 안에 들어가자마자 전혀 딴 세계가 펼쳐진다. 사람들이 잠시 들러 기도하고 촛불을 점화할 수 있는 아름다운 채플이 있다. 사람들이 전국 각지에서 기차 편으로 와 조용히 함께 일할 수 있는 회의실이 몇 개 있다. 노숙자들을 맞아 주는 리셉션 홀이 있다. 끝으로, 팍스크리스티 간사들이 일하는 사무실이 있다. 구 유고슬라비아 특히 보스니아를 위한 사역을 한다. 라틴아메리카 특히 콜롬비아, 쿠바, 에콰도르, 브라질을 위한 사역도 한다. 또한 중동 사역과 아프리카 사역과 체첸 사역이 진행되고 있다. 팍스크리스티는 지뢰 반대 운동, 아우슈비츠 순례, 광범위한 청소년 프로그램, 대규모 통신 및 교육 부서도 관장하고 있다. 몇 개의 잡지가 출간되고 있으며 신앙 강좌와 종교 간 대화도 마련돼 있다. 헌신된 간사들은 자신의 일에 사명감이 있으며 열린 마음으로 그곳의 비전을 나누고 있다.

조용한 채플이 있고 많은 활동이 벌어지는 이 센터가 '시장 통' 한가운데 있다는 사실이 아주 상징적이었다. 내적 친밀감과 외적 유대감을 당당히 선포하고 있는 셈이다. 세상에는 그 두 가지가 모두 결핍돼 있지 않던가. 희망이 넘치는 곳이다. 작고 수수한 숨은 곳이지만 겨자씨처럼 잠재력을 지닌 곳이다.

1월 12일 금요일

아침에 네덜란드 기독교 신문인 〈트라우〉(*Trouw*)의 편집장을 만나기 위해 기차를 타고 암스테르담으로 갔다. 이 신문은 네덜란드의 교회 생활에 한 면을 할애하고 있다. 개신교에서 시작한 신문이지만 발전 과정에서 교회 통합적 성격을 띠어 지금은 신교, 구교 등 기독교 내 모든 교회의 소식과 사상을 싣고 있다.

오랫동안 나는 네덜란드 내에서 내 글의 일부를 펴내기에 가장 좋은 곳이 어디일지 고심했다. 이전에 내 묵상이 게재됐던 잡지나 저널들은 독자층이 아주 얇으며 대부분 아주 전통적인 가톨릭 신자들이다. 친구들은 내게, 극보수 가톨릭 신자로 비치지 않도록 더 좋은 '장'을 찾아보라고 강하게 권하곤 했다. 그들은 말했다. "주도권을 갖고 찾아보셔야 합니다. 그렇지 않으면 정작 조국의 동포들에게 별 볼 일 없이 되고 맙니다."

그래서 며칠 전 나는 그 신문사 편집장에게 전화해, 만나고 싶다고 말했다. 아주 즐거운 만남이었다. 1년 분량의 일일 묵상집을 그에게 보이면서 매일 연재에 관심이 있는지 물었더니 큰 흥미를 보였다. 그러잖아도 편집진에서 교회 생활에 대한 페이지의 포맷을 새롭게 바꾸어 좀 더 묵상과 영성 쪽의 자료를 게재하는 문제로 의논 중이었다면서 그는 내가 때마침 잘 왔다고 말했다.

　나로서는 아주 값진 방문이었다. 내 묵상집이 채택되거나 어떤 식으로든 대화에 결실이 있을지는 잘 모르지만 나와 정서가 같은 네덜란드 출판계에 인맥이 생겨 기분이 좋다.

1월 13일 토요일

　드디어 위니펙 일기 원고에 손을 대고 있다. 더블데이 출판사 편집자 빌이 관심을 갖고 기다리는 원고인지라 나는 내 인생에 가장 힘들었던 시기 중 한때의 일기장을 다시 읽고 있다. 1987년 크리스마스와 1988년 봄 사이에 우울증을 앓던 시기다. 작업이 좀 더 필요한 부분이 눈에 띈다. 네덜란드에 머무는 동안 마칠 수 있는 시간과 에너지가 있으면 좋겠다. 그러나 이런 종류의 작업에 필요한 안정과 평온을 찾기가 힘들다.

1월 14일 일요일,
네덜란드 로레르담

　아침에 기차를 타고 암스테르담에 가 일요일 아침 예배에 참석했다. 암스테르담서교회(westerkerk)로 들어가면서 나는 암스테르담에서 가장 유명하고 이름난 이 교회에 발을 들여놓는 것이 처음이라는 생각이 들었다. 담백하면서도 위엄 있는 그 멋, 소박한 장엄미가 어디서나 배어 나왔다. 전반적인 분위기는 형식적이고 의례적이며 약간 딱딱했다. 사람들은 몇 백 명쯤 됐고 대부분 마흔이 넘은 나이였다.

내가 따뜻함, 친밀감, 교제, 나눔, 미소, 웃음, 축하의 분위기를 얼마나 갈망하는지를 새삼 깨닫는다. 모든 것이 치밀하게 짜인 계획대로 움직였고 사람들은 저마다 잘 차려입고 근엄하게 행동했다. 정작 나는 하나님께 나아가는 순례자 무리의 일원이라는 느낌이 들지 않았다.

끝난 뒤 유리엔 목사와 그의 아내 윌리와 함께 카페에 갔다. 나는 유리엔에게 기록된 원고를 읽지 않고 좀 더 자연스럽게 말한다면 설교가 더 좋고 힘 있어질 것이라고 애써 이야기해 보았지만, 그는 자기가 그런 설교에 준비돼 있지 않다고 생각했다. 이해가 간다. 그가 높은 강단에서 마주하는 사람들은 모두 교육 수준이 높고 멋지게 차려입은 중년의 네덜란드 사람들이다. 자연스러움이나 스스럼없는 친근감의 여지가 거의 없음을 느낄 수 있었다. 그는 말했다. "여기는 우리나라에서 가장 유명한 개신교 강단 중 하나입니다. 설교자는 자기가 할 말을 미리 정확히 알고 있어야 합니다." 그러나 나는 아직도, 유리엔이 자신의 지적·영적 은사를 좀 더 믿어야 하며 오히려 덜 '완벽한' 설교가 더 마음 깊이 가닿을 수 있다고 확신한다.

오후 2시 반에 기차를 타고 로테르담으로 갔다. 내 동생 로렌트와 그의 아내 헤일티엔, 세 자녀 새러, 로라, 라파엘을 방문한 것이다. 모두 만나니 반가웠다. 저녁 때 나는 드디어 '플라잉 로드레이 가족'에 관한 텔레비전 프로그램을 비디오로 볼 수 있었다. 생각보다는 한결 좋았다. 영어 버전에 비해 사고의 여지가 별로 없고 너무 조각조각 끊어진 것 같기는 했지만 생기가 넘치는 것만은 분명했다. 장애인들의 삶과 유명 운동선수들의 삶을 여러 가지로 재미있게 연결시켜 놓았다.

　　가장 마음에 안 들었던 것은 다른 곡예단의 장면을 로드레이 가족의 곡예인 것처럼 삽입시킨 점이었다. 자신의 연기에 다른 정체불명 곡예단의 연기를 섞어 놓았으니 로드레이가 기분이 상했을 것이 충분히 이해가 갔다. 그물에 떨어지는 장면을 두 번이나 보여 주어 마치 실수가 다반사인 듯한 인상을 풍긴 것에 대한 로드레이의 불쾌감도 이해가 갔다. 하지만 외부인들 눈에 이 모든 것은 다분히 부수적이다. 프로그램을 본 사람들은 매혹됐다. 다운증후군을 앓고 있는 내 조카 로라는 자신의 역할을 멋지게 해냈다. 연기에 완전히 몰입된 상태며 웃음이며 자연스러운 모습이 아주 보기 좋았다.

　　비디오를 본 다음 우리는 식탁에 둘러앉아 차와 포도주와 주스를 마시며 많은 것에 관해 이야기를 나눴다. 함께 있다는 것은 좋은 일이다.

1월 16일 화요일,
벨기에 틸트

아침에 기차를 타고 로테르담에서 헨트로 가, 나의 벨기에 출판사를 찾아갔다. 그곳에서 10년간 내 편집자로 일한 리벤세르추역에 마중 나와 나를 회사 본부가 있는 틸트로 데려갔다.

언제나 그렇듯 나는 아주 친절하고 융숭한 대접을 받았다. 오후 시간은 대부분 '업무'로 보냈다. 현재 내 책 14권이 여기 라누 출판사를 통해 네덜란드어로 번역 출간됐다. 지난 한 해 동안 매출이 놀랍게 늘었다. 대부분 네덜란드에서 팔렸다. 라누와 함께 일한 첫 8년 동안 내 책들은 대부분 벨기에에서 팔렸다. 플라망어[벨기에 북부에서 사용되는 네덜란드어. 프랑스어와 함께 벨기에의 공용어다]와 네덜란드어가 사실상 똑같음에도 불구하고 네덜란드와 벨기에 사이에는 지리적 국경뿐 아니라 심리적 국경이 존재한다. 벨기에에서 출간된 책들이 네덜란드로 '넘어가는' 데 어려움이 많았다. 그래서 국경 너머에서 내 책에 대한 관심이 점점 커지고 있다는 사실이 내게는 더욱 기쁜 일이었다.

저녁 7시에 라누 출판사의 이사장 고프리드 라누가 아내 마리아와 함께 나를 저녁 식사에 초대했다. 고프리드의 누이 고델리브와 장차 고프리드의 자리를 이어받을 그의 아들 마티아스도 식탁에 함께 앉았다. 우리는 종교, 예술, 역사, 출판에 관해 열띤 대화를 나누었다.

1월 17일 수요일

아침에 고델리브와 함께 작은 수녀원에 가 성찬식을 가졌다. 수녀들은 대부분 예순을 넘겼다. 그들은 여전히 수도복을 갖춰 입고 엄격한 고립 속에 살고 있다. 제단은 커다란 열린 '창' 앞에 있었고 나는 그 창을 통해 수녀들을 볼 수 있었다. 개인적 접촉은 전혀 없고 오직 먼발치의 미소뿐이었다. 나는 뭔가 격려의 말을 듣고 싶어 하는 수녀들의 간절한 바람이 느껴져, 읽은 말씀에 관해 꽤 길게 설교를 전했다. 그들의 느낌이나 생각은 알 도리가 없다.

1월 18일 목요일,
네덜란드 위트레흐트

조용한 하루. 네덜란드 팍스크리스티센터의 기드가 나를 인터뷰하러 호텔로 찾아왔다. 우리는 두 시간 동안 이야기한 뒤 점심을 먹으며 좀 더 이야기했다. 인터뷰라기보다는 허심탄회한 대화에 가까웠다. 나는 기드가 우리의 대화에 근거해 좋은 기사를 쓰리라는 느낌이 든다.

아리엔스콘빅트의 학장 및 학생들과 함께 성찬식을 가진 뒤 나는 대교구의 주교 총대리 피에트를 만나러 그의 집으로 찾아갔다.

피에트는 내게 격주로 모이는 자기네 주교단 회의에 연사로 와 주겠느냐고 물었다. 나는 주교단이 과연 나와 동석하는 것을 좋아할지 잘

o   171

모르겠다고 답한 뒤, 교구에서 나를 반기지 않는 것 같다며 불만을 토로하기 시작했다. 예배 집례자로 초청받은 적도 없고 아리엔스콘빅트에서 학생들을 상대로 라르쉬에 관한 강연을 부탁받은 적도 없으며 형제로 취급받은 적도 없다며 서운한 마음을 털어놓았다.

불평하는 내 모습에 나도 약간 놀랐다. 생각해 보면 그 불만은 25년 전 네덜란드를 떠난 이후 줄곧 내 '동족'에게 완전히 무시당해 왔다는 유감에서 비롯된 것이다. 이 점에 있어 내 감정이 참으로 이중적이라는 생각이 든다. 한편으로 나는 내 방식대로 살고 싶고 내게 주어진 자유에 감사한다. 그러면서도 한편으로는 위트레흐트의 사제로 인정받고 싶고, 내게도 이곳의 실상을 알려 주기를 바라며, 나름대로 한몫을 해 달라고 초청받고 싶은 마음이 있다. 불만을 토로한 것이 후회된다. 상처받은 내 작은 자아에서 비롯된 것일 뿐 아니라 뾰족한 대책도 없기 때문이다. 솔직히 의문도 있다. 더 많이 주목받는다면 나는 과연 그것을 좋아할까? 정작 더 큰 역할을 맡게 된다면 오히려 그것이 싫지 않을까?

피에트는 솔직하고 자상하며 예의 바른 사람이다. 내 부정적 감정에도 별로 놀라지 않는 것 같았다. 그는 말했다. "신부님도 우리와 한 가족입니다. 언제나 환영이라는 것을 신부님도 잘 아시지 않습니까." 진심으로 한 말인 줄 안다. 다만 미국과 캐나다에 오래 살다 보니 내가 후한 인심과 애정에 익숙해졌던 것이다. 우리 동족에게서는 기대할 수 없는 것이다.

한편 피에트는 교구의 조직 정비, 신학교 학장직의 다양한 직무, 신임 사제 서품에 대한 전망, 자신의 직무를 영적으로 진실하게 수행하려는 노력 등을 내게 들려주었다. 나는 그의 친절이 고마웠고 '무시당한'

자로 행세한 나 자신에게 약간 화가 났다.

1월 19일 금요일,
체코 프라하

아침에 얀과 함께 KLM 항공편으로 암스테르담을 떠나 프라하에 왔다. 얀의 네덜란드인 친구로 프라하에 살며 교직에 몸담고 있는 페이터가 프라하 공항에서 우리를 기다리고 있었다. 페이터는 앞으로 사흘 동안 우리의 안내를 맡아 줄 것이다. 그는 체코 말에 유창하고 체코 역사를 벤체슬라스에서 하벨까지 두루 알고 있으며 체코 내 가톨릭 및 개신교 단체들과 인맥이 넓고 체코의 팍스크리스티 사역에도 적극 가담하고 있다.

도시 중심가로 이동하는 동안 페이터는 얀 후스와 후스 파, 종교개혁 진영과 개혁 반대파 사이의 무력 충돌, 합스부르크가의 영향력, 나치 점령, 공산주의 시절, 1989년 12월 체코슬로바키아의 독립, 1993년 체코공화국과 슬로바키아의 분리 등 우리의 많은 질문에 답해 주었다. 택시를 타고 잠깐 달리는 사이, 막스 브로트, 프란츠 카프카, 야로슬라브 하세크 같은 작가들과 베드르지흐 스메타나, 안토닌 드보르작 같은 작곡가들의 이름도 나왔다. 나는 내 머리가 체코의 역사와 문화의 작은 조각들로 가득 차 있음을 알았다. 페이터는 내가 그 조각들을 잘 이어 맞춰 모자이크 그림을 찾도록 도와주었다.

산책 후 우리는 호텔로 돌아왔다가 다시 페이터의 집으로 갔다. 거기서 우리는 프라하의 팍스크리스티 사람들을 만났다. 우리는 거실 탁자에 둘러앉아 아이디어와 경험을 나눴다. 얼마 후 페이터는 내게 짤막한 기도회를 인도해 줄 것을 부탁했다. 우리는 떼제 찬송을 부르고 성경 말씀을 읽고 짧은 묵상을 나누고 함께 기도한 다음 언어는 달랐지만 주기도문으로 모임을 마쳤다. 유익한 기도 시간이었다. 다만 참석한 세 명의 여자들이 거의 입을 열지 않아 안타까웠다. 그들은 대화를 남자들에게 일임했다! 얀과 함께 호텔에 돌아오니 자정이 다 됐다. 지난 열여섯 시간은 아주 충만하고 아주 풍성하고 아주 도전적인 시간이었다. 오랜 단잠에 빠질 것 같다.

1월 20일 토요일

프라하에 와서 나는 "디페너스트레이션"(defenestration)이라는 단어를 새로 배웠다. '적을 창밖으로 내던진다'는 뜻이다. 프라하에는 창밖으로 내던지는 전통 같은 게 있다. 1419년 7월 30일에 맨 처음 그런 일이 발생했다. 후스 파가 시청을 습격해 집정관 3명과 시민 7명을 창밖으로 내던졌던 것이다. 그 사건이 후스 내전으로 이어졌다. 1618년 5월 22일에도 똑같은 일이 벌어졌다. 격노한 시민들이 시의원 3명을 흐라드차니 성(城) 창 밖의 해자(垓字)로 내던졌던 것이다(거름더미에 떨어져 모두 살았다). 이 충돌은 30년 전쟁으로 이어졌다. 1948년 3월 10일에도 같은 일이 벌어졌을 가능성이 농후하다. 내각 각료 중 유일한 비(非)공산주의자인 체코공화국 외무부장관 얀 마사리크가 안마당에서 시체로 발견됐던 것이다. 이런 이상한 '관습'은 그야말로 금시초문이었지만 나는 이곳에 머무는 동안 최대한 내 방 창문을 닫아 두기로 했다!

저녁을 잘 먹고 몇 시간 쉰 뒤에 페이터는 우리를 자기 집으로 데려가 영화 〈참을 수 없는 존재의 가벼움〉(The Unbearable Lightness of Being)을 보여 주었다. 체코의 작가 밀란 쿤데라의 같은 제목의 소설을 영화화한 것이다. 1968년 봄의 프라하를 배경으로 사랑과 성을 다룬 이 영화를 보면서 마음에 깊은 감동을 받았다. 프라하에 온 지 하루 반 만에 우리는 쿤데라의 이야기를 새로운 시각에서 볼 수 있었다.

1월 21일 일요일

얀과 내가 프라하에 오기 전에 페이터는 전 체코 주교단 임원이자 현재 대학 교목인 토마스에게 우리의 방문 사실을 알렸다. 내 책 세 권, 《제네시 일기》(The Genesee Diary), 《마음의 길》(The Way of the Heart), 《이는 내 사랑하는 자요》(Life of the Beloved)가 체코 말로 번역돼 있었기 때문에 토마스와 일부 학생들은 나를 알고 있었다. 토마스는 내게 2시에 프라하 카를교 바로 건너편의 산살바도르교회에서 열릴 성찬식을 동공 집전해 줄 것과 일반인을 위한 오후 집회에서 말씀을 전해 줄 것을 부탁했다.

바로크 풍의 대형 교회당은 너무 추웠다. 이렇게 기온이 낮은 날 예배에 올 사람이 있을까 걱정스러웠다. 난방이 잘 돼 있는 커다란 성구실 (聖具室) 안에서 토마스가 우리를 맞아 주었다. 그는 성격이 강한 인상을 풍겼다. 개방적이고 소탈했으며 교회 문제에 아주 진보적이었다. 그리고 교목이라는 역할이 아주 편안해 보였다. 그는 예식 중 내가 해야 할 일에 관해 간략히 지침을 들려주었다.

십자가와 촛불과 책을 들고 가는 복사(가톨릭에서 예배 시 사제를 돕는 사람)들의 긴 행렬을 따라 들어가니 교회는 학생과 방문객과 친구들로 꽉 차 있었다. 예배 중 계속 서 있어야 하는 이들도 많았다. 한 시간 정도의 예배를 견뎌 낼 수 있을지 걱정될 정도로 실내는 아주 추웠다. 다행히, 행렬이 시작되기 직전 성구 관리자가 내게 긴 흰옷 밑에 받쳐 입도록 털 조끼를 주었다. 그 조끼가 아니었다면 필시 나는 예식에 집중할 수 없었을 것이다.

성찬식은 간단했다. 모든 것이 전통을 따라 경건하게 진행됐다. 리치먼드 힐의 일요일 예배와 프라하의 이번 일요일 예배는 언어만 빼고는 차이가 없었다. 마지막 축도가 있기 전 나는 라르쉬 데이브레이크에서의 삶에 대한 짧막한 말로 나를 소개했다.

성찬식 후 80여 명의 사람들이 커다란 성구실에 모여 대화를 나눴다. 대화는 활기를 띠었다. 사람들은 아주 친절하고 상냥했으며 마음을 열고 잘 들어 주었다. 그들은 내게 큰 권위를 주었고 내 생각을 좀처럼 비평하지 않았다. 내 말이나 글이 대부분 혹독한 비판의 대상이 될 뿐 액면가로 받아들여지는 일이 거의 없는 고국 네덜란드와는 대조적으로 이곳 사람들은 모두가 내 말을 토의의 주제가 아니라 자신들의 신앙생활의 양분으로 받아들였다. 청중은 고분고분 수동적인 태도도 다소 있었지만 사랑으로 수용하는 자세를 볼 수 있었다.

나중에 페이터의 친구가 이렇게 말했다. "일부 학생들 생각에 신부님이 너무 미국적이랍니다. 강단에서 이쪽저쪽 옮겨 다니고 몸짓도 크고 표현도 극적이고요. 저희들은 그런 데 익숙하지 않습니다. 좀 더 조용하고 얌전한 편이지요." 캐나다에 사는 네덜란드 사람이 '너무 미국적'으로 보였다니 참 재미있다. 그들은 이렇게 말했어야 하지 않을까. "신부님은 지극히 헨리 나우웬이십니다!" 그러나 그들 말이 맞다. 나는 사람들이 지루해하지 않을까 항상 염려한 나머지 목소리를 과장하며 강연을 지나치게 극화하는 경향이 있다. 그러나 그런 비평에도 불구하고 나는 모임에 참석한 사람 대부분이 영감과 새 힘을 얻는 것을 느꼈다.

1월 22일 월요일,
네덜란드 위트레흐트

페이터와 작별의 커피를 나눈 뒤 얀과 나는 작은 밴을 타고 공항으로 갔다. 우리가 탄 KLM 비행기는 정오에 프라하를 떠나 1시 15분에 암스테르담에 도착했다. 프라하 중심가에서 오전 11시에 커피를 마시고 오후 3시에 위트레흐트호텔의 내 책상 앞에 앉아 있을 수 있다는 사실이 아직도 놀랍기만 하다.

프라하 여행은 언제나 내 기억에, 우정과 교육과 멋과 역사와 좋은 대화와 휴식이 한데 어우러진 체험의 시간으로 남아 있을 것이다. 중유럽(Central Europe)의 심장을 잠시 들여다보며 (내가 한 지체로 속해 있는) 교회가 형성된 위대한 역사를 살짝 엿보고 온 기분이다.

이전 어느 때보다도 분명해진 것이 하나 있다. 내 생각과 말과 행동이 주위에 변화를 낳는다는 사실이다. 이번 여행에서 돌아오면서 나는 새삼 책임감을 느낀다. 한편으로 나는 수많은 목소리의 인파에 섞인 그저 작은 한 사람에 지나지 않는다. 그러나 다른 한편으로 내 목소리는 얀 마사리크, 알렉산드르 둡체크, 바클라프 하벨, 기타 많은 사람의 목소리 못지않게 중요하다. "진리 안에 살자"던 하벨의 부르짖음은 내게 커다란 도전이 됐다. 단순하고 정직하고 겸손하게 진리를 글로 써서 전해야 한다는 내 책임을 새삼 실감한다.

많은 새로운 비전과 새로운 소리에 내 눈과 귀를 열게 해 준 얀과 페이터에게 깊이 감사한다.

캐시가 전화해 지난 토요일 오후 3시에 티모시가 죽었다는 소식을 전해 왔다. 예상하던 소식인데도 내면 깊이 슬픔이 밀려온다. 아름다운 하나님의 사람이 우리(그의 아내, 세 어린 자녀, 많은 가까운 친구들)를 떠났다. 나는 팀의 아내 필리스와 통화했다. 나중에 팀과 가장 친했던 친구의 아내와도 통화했다. 깊은 아픔과 슬픔을 느꼈다. 나는 호텔 방 책상에 앉아 팀의 가족들과 친구들에게 편지를 썼다. 그가 내 신앙을 얼마나 깊어지게 하고 강하게 해 주었는지 설명했다. 그를 안 것은 얼마나 큰 은혜인가. 장례식에 갈 수 없어 안타깝지만 나는 팀의 죽음을 애도하는 모든 이들 바로 곁에 있을 것이다.

1월 23일 화요일,
게이스레렌

아침에 기차를 타고 아버지가 있는 펜라이로 갔다. 짐 가방이 다섯 개였다. 네이메헌에서 승강장을 바꾸어 열차를 갈아타야 했다. 두 차장(한 남성과 한 여성)이 짐 가방을 들어 주었다. 그들의 친절이 그렇게 고마울 수 없었지만 그것은 동시에 내가 내일로 예순네 살이 된다는 사실을 새삼 일깨워 주기도 했다.

아버지는 나를 다시 보아 아주 기뻐했다. 마치 내가 아흔셋이고 자신이 예순넷인 듯 나를 챙긴다! 그러나 아버지는 심장이 아주 약하다. 저녁 8시쯤에는 갑자기 완전히 핏기가 없어 보였다. 숨도 제대로 못 쉬고 걸음걸이도 몹시 힘들어 보였다. 작고 구부정한 모습과 주름진 창백한 얼굴을 보며 오늘 밤이라도 제대로 견뎌 낼지 자못 걱정스러웠다.

내 예순네 번째 생일. 이날을 아버지와 함께 보낼 수 있어 너무 기쁘다. 아버지는 다시 상태가 좋아졌고 차를 타고 은행에도 다녀왔다. 나중에 우리는 한 친구의 집에 가 로드레이 비디오를 보았다. 아버지는 아주 좋아했다. 도중에 난방장치가 고장 나서 우리는 불을 피워 몸을 녹여야 했다. 난로 앞에 바짝 앉아 손을 녹이는 두 노인.

나는 오늘 행복하다. 지난 64년간 내게 임했던 모든 은혜로 인해 하나님과 가족들과 친구들에게 감사드린다. 앞으로 남은 시간이 기대가 된다. 하나님과 동행하는 삶과 사람들과의 우정이 더욱 깊어지는 시간이 될 것이다. 글 쓸 시간과 공간을 더 많이 갖게 됐으면 하는 것이 내 특별한 바람이다. 내 내면 깊은 곳에서 뭔가 새로운 것(이야기책, 소설, 영성 일기 등 내가 이전까지 해 왔던 일과는 사뭇 다른 것)이 태동하려는 것을 느낀다. 한 단계를 마무리 짓고 새로이 시작해야 한다는 느낌이 든다.

올 안식년은 열심히 돌아다니던 삶에서 묵상과 글쓰기의 삶으로 옮겨 가는 전환의 해가 아닌가 싶다. 물론 내 삶의 초점을 재조정하는 데는 많은 훈련이 따르리라는 것을 안다. 그러나 그러한 초점의 재조정 없이는 나는 언제나 사람의 인정(認定)을 찾아다니는 바쁘고 불안한 사람이 될 것이다. 지금은 생각을 근본적으로 바꾸어 고독과 기도와 조용한 글쓰기를 택해야 할 때다.

이 일이 가능하려면 주변의 많은 지원이 필요할 것이다.

6시에 아버지와 함께 근처 식당에서 저녁을 먹었다. 손님은 우리 둘뿐이었다! 식사는 맛있고 우리는 함께 조용한 시간을 즐겼다. 웨이터들의 모든 시중도 우리 몫이었다. 신경 써야 할 다른 손님이 없었던 것이다!

오늘이야말로 내 평생 가장 조용한 생일이었을 것이다. 그러나 나는 오늘을 두고두고 가장 평화로운 생일로 기억할 것이다.

1월 26일 금요일

이번 한 달 동안 바쁘게 지내면서도 마음 한구석에서는 위니펙 일기집에 대한 불안을 떨칠 수 없었다. 원고는 거의 다 돼 있지만 아직도 많은 작업이 필요하다. 교정 보고 고치고 머리말과 맺음말도 새로 써야 한다. 원고 작업이 약간 겁난다. 당시의 말할 수 없이 괴로웠던 경험 속으로 다시 들어가기가 두려운 것이다. 그러나 오늘 용기를 내서 일단 작업을 시작하자 갑자기 새로운 말들이 쉽게 떠오르는 것 같았다. 머리말과 맺음말을 썼고 본문도 여기저기 손을 많이 보았다. 한결 안심이 된다.

내일은 게이스테렌을 떠나 누이 라우린의 집에서 내 생일을 축하하며 저녁 시간을 함께 보내기로 했다. 아버지는 너무 피곤한 상태라 못 갈 것 같다. 사람들이 많이 모여 이야기하는 곳에 가면 아버지는 완전히 지친다. 6월에 다시 올 때까지는 오늘이 아버지와 함께 보내는 마지막 날이다. 그때까지 아버지가 몸도 마음도 건강하여 다시 볼 수 있게 되기를 바라고 기도한다.

1월 27일 토요일, 로테르담

아주 특별한 날이다! 내 누이 라우린이 네이메헌 자기 집에서 나를 위해 생일 파티를 준비했다. 네덜란드인 친구들도 몇 명 초대했다. 내가 인생의 여러 시기에 알게 됐던 사람들인데 대부분 지난 몇 년 내지 몇십 년 동안 보지 못했던 이들이다.

아주 특별한 저녁이었다. 모든 사람이 기분도 아주 좋았고 또 다들 만나기를 간절히 원했기 때문에 특히 그랬다. 가장 많이 나온 질문은 단연 "마지막 서로 만났던 때로부터 지금까지 어떻게 지냈느냐?"는 것이었다. 많은 일이 있었다. 무엇보다도 자녀들과 손자 손녀들이 태어났다. 직업도 다양해서 페리는 컴퓨터 전문가, 툰은 사업가, 아놀드는 의사, 루이스는 텔레비전과 라디오 방송국 간부, 웜은 아동심리학 교수, 유리엔은 목사가 됐다. 모인 사람들은 다 나보다 젊었지만 그중 셋(페리, 툰, 헨리)은 이미 은퇴했고, 루이스도 다음 달 말로 일에서 손을 뗄 생각이다.

나를 놀라게 한 것은 친구들이 이혼하지 않고 지금까지 해로해 왔다는 것과 교회와 어느 정도 관계를 유지해 왔다는 것이다.

물론 "기억나세요?"로 시작되는 옛날 이야기도 많이 나왔다. 나한테 가장 재미있던 부분은, 사람마다 나에 관해 할 이야기가 있었는데 정작 나는 전혀 기억나지 않는다는 것이다. 몇몇 친구들이 아주 생생하게 기억하는 사건들이 내 마음속에서는 완전히 지워진 것 같았다. 내가 친구들에 대해 품고 있던 생각과 이미지도 정작 본인들의 생각과는 많이 달랐다.

모든 사람들이 가장 공통적으로 갖고 있던 추억은 여행에 관한 것이었다. 벨기에로 자전거 여행, 독일로 자동차 여행, 그리스 스페테스섬으로 배 여행, 이스라엘로 비행기 여행을 갔던 일, 그리고 그런 모험과 관련된 갖가지 사건들.

밤이 깊어 갈 무렵 루이스와 윔과 내 동생 로렌트의 짤막한 축사가 있었다. 풍부한 유머에 사랑과 우정이 담겨 있었다.

멋진 생일 파티였다. 포도주도 좋았고 식사도 훌륭했지만 무엇보다 소중한 우정이 있어 좋았다. 밤 11시에 로렌트와 헤일티엔과 라파엘이 내 모든 짐 가방과 함께 나를 로테르담 자기 집으로 태우고 왔다.

1월 29일 월요일

오늘 나는 기차를 타고 오스에 가기로 했다. 80세의 내 펜팔 친구 안트와네트가 살고 있는 곳이었다. 며칠 전 전화했더니 그녀는 자기 집을 방문하는 계획을 빼놓았다며 서운해했다. 그때부터 나는 어떻게 오스에 갈 기회를 낼까 궁리해 왔다.

안트와네트의 아파트까지 가는 데 (택시와 기차를 각각 두 번씩 타고) 두 시간 걸렸다. 우리는 좋은 대화를 나누었다. 내 방문으로 그녀의 하루가 즐거운 기색이 역력했다. 나 역시 그녀 덕분에 즐거운 하루였다! 이제 마음이 시원하다. 안트와네트를 보고 영접을 받았으니 이제 보스턴으로 돌아갈 수 있게 된 것이다. 오스에 사는 내 행복한 친구, 그녀의 우정과 나를 향한 사랑에 정말 감사를 느낀다!

집에 돌아오자 내 형제 폴이 차에서 전화해 나를 저녁 식사로 불러냈다. 한 시간 후인 저녁 7시, 폴은 로테르담에 와 나를 태우고 아주 기분 좋은 식당으로 갔다. 둘이서 시간을 보내며 서로 몰랐던 근황도 나누고 집안일도 이야기하니 참 좋았다.

1월 30일 화요일

오늘은 네덜란드에서 보내는 마지막 날이다. 내일 나는 비행기를 타고 보스턴으로 돌아간다. 마음에 준비는 돼 있다. 아버지와 보낸 시간, 가족 및 친구들과의 만남이야 물론 즐거웠지만 평상시의 글 쓰는 삶이 그립다. 아무래도 집을 떠나니 다소 산만하고 집중이 어려웠다. 책상 앞에서 많은 시간을 보낼 수 있는 평소의 삶이 기다려진다.

1월 31일 수요일,
미국 워터타운

동생 폴이 아침 7시에 나를 공항에 데려다주었다. "교통체증이 심해지기 전"이라고 그는 말했다. 우리는 스키폴 공항에 8시에 도착했다.

조너스가 현지 시각으로 1시 반에 보스턴에서 나를 맞이해 워터타운의 집 아닌 집으로 나를 데려왔다. 조너스 가족을 다시 만나니 좋다.

기내에서 꽤 자긴 했지만 너무 고단해 바로 잠자리에 들었다.

1996년 2월.

하나님의 임재 안에서
그분께 내 모든 어둠을
보여드려야 한다

뜯어야 할 편지와 생일 선물이 많다. 전화해야 할 곳도 많다. 일요일에 뉴저지주로 이사하기 위해 자질구레하게 준비해야 할 일도 많다.

오늘 특별했던 사건은 보리스가 찾아온 일이다. 지난번 만난 뒤로 보리스는 우크라이나, 이탈리아, 캘리포니아 등 사이사이에 여러 곳에 다녀왔다. 내가 막 네덜란드에서 돌아온 것처럼 그는 캘리포니아주 우크라이나수도원의 수사들과 함께 한 달간 피정을 보낸 후 돌아왔다.

다시 만나니 아주 좋았다. 우리의 우정은 세월이 흐를수록 깊어지고 강해진다. 과로한 듯 지쳐 보일 때가 많은 보리스도 오늘은 잘 쉰 듯 생생해 보인다. 우리가 서로에게 얼마나 소중한지 둘 다 새삼 확인했다. 보리스는 "언제 함께 여행을 떠납시다" 하고 말했다. 많은 여행길의 길동무, 함께 기도할 사람, 이야기할 사람, 그저 함께 있을 사람에 대한 그의 갈망이 들리는 듯했다. 내가 갈수록 점점 그의 진정한 영적 동반자가 돼 간다는 사실에 깊은 감사를 느꼈다.

피정은 보리스에게 새로운 초점, 새로운 시각, 새로운 활력을 가져다주었다. "하마터면 하나님을 위해 바쁘게 일하다 하나님을 잃어버릴 뻔했습니다. 내 첫 사랑을 다시 찾게 돼 정말 기쁩니다." 그는 말했다. 지금부터 10년, 20년, 30년 후에 우리는 어떤 모습이 될까 종종 그런 생각을 해 본다. 여전히 하나님 곁에서 둘이 함께 있게 되기를 바라고 기도한다.

2월 2일 금요일

〔가톨릭에서〕아기 예수를 성전에 바친 날을 기념하는 주님 봉헌 축일이다. 보리스, 조너스, 나는 엠티 벨에서 함께 성찬식을 가졌다. 아주 조용하고 아주 평화롭고 아주 잔잔한 시간이었다. 조너스의 피리 연주를 들으며 우리는 기도의 마음을 정비하며 머리와 가슴을 하나님께 고정시켰다. 우리는 아기 예수를 어둠 속에 찾아오신 빛으로 알아보았던 노인 시므온의 감동적인 이야기를 읽었다. 그리고 우리 가운데 거하시는 하나님의 임재의 상징으로 빵과 포도주를 나누었다.

남은 하루는 약간 지루했다. 보스턴의 내 편집자 수전은 묵상집을 아주 훌륭하게 다듬었는데, 여백에 수없이 많은 질문이 적혀 있었다. 오늘 나한테 일복이 터진 셈이다. 처음부터 무려 387페이지까지 훑어야 했다! 원고에 손볼 곳이 정말 많았지만 네 시간을 일하고 나니 힘들었다. 작업 전체를 한동안 접어 두기로 했다. 서둘러 끝내야 할 필요는 없다. 무리하지 않는 것이 좋을 것 같다.

오늘 밤 보리스가 다시 올 것이다. 편안한 저녁 시간을 기대한다.

2월 3일 토요일

하루 종일 짐을 쌌다. 이곳에 온 뒤로 내 '재산'이 세 배로 늘어난 것 같다. 책도 많아졌고 스웨터도 많아졌고 종이 뭉치도 많아졌다! 크리스마스와 생일날 많은 선물을 받았다. 꼭 가지고 가야 할 것은 무엇일까? 처분해야 할 것은 무엇일까? 간혹 나는 내가 들고 다니는 '짐'의 양에 짜증이 난다. 왜 좀 더 가볍게 다닐 수 없는 것일까?

오전 11시 반에 유타가 작별을 고하러 왔다. 근처 식당에서 맛있게 점심을 먹었다. 햄버거를! 으레 그렇듯 유타는 많은 선물을 가지고 왔다. 튤립, 초콜릿, 커피, 그리고 메이 사튼에 관한 에세이집. 나는 부족한 친구인데도 유타는 내게 이렇게 신실하니 정말 감사하지 않을 수 없다.

유타는 요양원에서 힘든 한 주간을 보냈다. 그녀와 아주 가깝게 지내던 두 사람이 세상을 떠났다. 유타는 그들과 가족들에게 온 관심을 쏟아부었다. 하지만 밤에 집에 돌아올 때면 정작 유타를 맞아 주는 사람은 아무도 없다. 유타가 다른 사람들을 돌보는 것처럼 그렇게 유타를 돌봐 주는 사람은 누구인가? 깊고 쓰라린 외로움이다. 유타는 그것을 알며 받아들이지만, 그래도 감당하기 쉽지 않은 십자가다.

2월 4일 일요일,
피팩

엠티 벨에서 성찬식을 가진 뒤 조너스와 나는 차를 몰아 피팩에 있는 페기의 집으로 왔다. 내 안식년의 남은 7개월을 보내게 될 곳이다. 오는 길은 즐거웠다. 조너스가 기꺼이 함께 와 주어 정말 고맙다. 아주 춥지만 화창한 날이었다. 들판과 산자락은 아직도 온통 눈에 덮여 있었지만 길은 깨끗했다.

페기의 집까지 오는 데 다섯 시간이 채 안 걸렸다. 페기의 가정부 도로시가 우리를 친절하게 맞이해, 반년 동안 내 거처가 될 작은 집을 구경시켜 주었다. 꽤 넓었다. 부엌이 딸린 거실이 있었고 방이 두 개 있었다. 내가 짐을 내려놓을 곳을 찾는 동안 조너스는 산책에 나섰다. 글 쓸 수 있는 조용한 장소가 새집으로 생겨 아주 기쁘다. 특별히 아버지와 함께 보낸 시간을 비롯해 1월은 좋은 달이었다. 그러나 한곳에 좀 더 오래 머물며 책상에 앉아 생각에 잠기고 그것을 글로 풀어 내는 것도 좋은 시간이 될 것이다.

2월 5일 월요일

함께 성찬식을 가진 뒤 나는 조너스를 버나즈빌까지 태워다 주었다. 거기서 그는 뉴욕행 버스를 탔다. 조너스는 보스턴으로 돌아가기 전에 자신의 레베카 이야기 책 출판을 맡은 크로스로드 출판사를 방문할 것이다.

식품점, 우체국, 은행, 주유소 등 근처 지리를 익히며 하루를 보냈다. 팩스 설치, 택배 회사 연락, 더블데이 출판사 방문 계획 등 전화도 여러 군데 걸었다. 물론 친구들에게도 전화를 걸어 새 전화번호를 알렸고 캐시에게도 이곳 도착 소식을 전했다.

페기는 아직도 집에 없다. 금요일 날 돌아올 예정이다. 페기가 없어 내 힘으로 주변 지리를 익힐 수밖에 없다. 그런 문제로 매번 물어보며 페기에게 부담을 주지 않아도 돼 다행이다. 페기가 돌아올 때면 나는 새로운 환경에 조금은 익숙해 있을 것이다. 정말 아름다운 곳이다.

2월 8일 목요일

다시 힘든 하루였다. 외롭고 우울하고 일손이 잡히지 않는다. 거의 온종일 소소한 일들로 빈둥빈둥 시간을 보냈다. 오랜 세월 내 안에 있어 왔고 영영 떠날 줄 모르는 것만 같은 그 오랜 고통.

그 와중에 나는 어제 도착한 새 팩스 기계를 만지작거렸다. 사용 설명서를 보면서 선들을 제자리에 끼울 수 있었다. 놀랍게도, 작동했다! 피팩에서 15킬로미터쯤 떨어진 플랜더스라는 작은 마을에 나가 문구점을 찾아 기계에 맞는 팩스 용지를 사 왔다.

이렇게 바삐 움직이는 것이 내 우울을 외면하려는 한 방편임을 안다. 그러나 그렇게 해서 될 일이 아니다. 더 기도해야 한다. 단순히 하나님의 임재 안에 앉아 하나님께 내 모든 어두움을 보여드려야 한다는 것을 안다. 그러나 내 안의 모든 것이 거기에 항거하고 있다. 그래도 그것만이 유일한 길임을 나는 안다.

몇 통의 아주 자상한 편지가 마음을 약간 밝게 해 주었다.

하나님, 도와주소서. 저와 함께해 주소서. 위로해 주소서. 제 마음의 이 암운을 거두어 주소서.

2월 10일 토요일

내가 머무는 게스트 하우스의 2층 방에서 아침 9시에 페기, 필과 함께 성찬식을 가졌다. 아름답고 친밀한 기도의 시간이었다.

하루 종일 위니펙 일기 원고에 매달렸다. 중간에 쉴 때마다, 캐시가 큰 상자에 담아 보내 준 수백 장의 크리스마스 카드와 생일 축하 편지를 읽었다. 카드와 편지를 읽노라니 얼마나 많은 사람이 마음과 기도 가운데 나를 품고 있는지 새삼 느껴졌다. 갓난아기들의 사진도 많았고 그간 세상을 떠난 부모님과 친구들의 사진도 많았다. 나는 이 모든 좋은 사람들을 위해 좀 더 쉽게 기도할 수 있게 내 수첩에 새 사진들을 꽂아 두었다.

낮에 네이선이 캘거리에서 전화했다. 힘들었지만 좋은 대화였다. 나는 지난 며칠간의 내 우울한 감정과 깊은 외로움은 물론 거부당한 듯한 기분까지 그에게 다 털어놓았다. 최근에 네이선과 충분한 대화가 없었던 것에 대한 서운한 마음도 고백했다.

네이선은 깊은 사랑으로 받아 주었다. 방어하거나 화내지 않고 단순히, 나의 그런 감정들이 그렇게 강한 줄 몰랐으며 최선을 다해 나를 돕고 싶다고 말했다. 그의 일주일은 나와는 대조적으로 아주 충만했다.

가족들을 방문하여 알찬 대화를 많이 나누었다. 분명 나와는 다른 분위기에서 지냈으며, 물론 내 고뇌를 잘 몰랐다. 대화를 통해 나는 우리의 우정에 다시 한 번 감사를 느꼈다. 분노, 우울, 괴로움, 소외의 감정은 들판에 눈 녹듯 서서히 사라지고 있다. 하나님께 감사드린다.

2월 11일 일요일

아침에 내 작은 게스트 하우스 거실에서 성찬식을 가졌다. 페기는 이웃 몇 사람을 초청했고 필은 자기 큰아들 가족을 모두 오게 했다. 친구들과 가족들의 이 조촐한 모임이 어렵지 않게 작은 예배 공동체의 핵이 될 수 있다는 생각이 든다. 이미 우리가 엠티 벨에서와 같은 방향으로 나아가고 있는 기분이다.

2월 12일 월요일,
캐나다 리치먼드 힐

아침에 성찬식을 마친 후 토론토에 있는 캐시한테서 전화가 왔다. 아담 아네트가 심한 병세 재발로 급히 병원으로 실려 갔다는 것이다. 심장 발작과 간질 발작을 함께 일으킨 것 같다고 했다. 곧바로 네이선과의 통화를 통해 나는 아담이 죽음을 눈앞에 두고 있음을 알았다. 즉시 비행기를 타고 돌아가고 싶었다. 네이선도 그렇게 하라고 권했다.

아담은 나를 라르쉬 데이브레이크 공동체에 들어가게 해 준 사람이자 약함의 영성이라는 새로운 세계에 눈뜨게 해 준 사람 중 하나다. 그것을 통해 내 인생이 바뀌었음은 물론이다. 라르쉬 데이브레이크에서 아담과 함께 살면서 내 기도와 자아상과 영성과 사역은 깊은 영향을 입었다. 아담은 중증 간질 환자이며 여러 장애로 삶에 제약이 많았지만 라르쉬 협력자들, 방문객들, 친구들 등 수많은 사람의 삶에 감화를 끼쳤다. 내 친구이자 같은 집 동거인으로서 그는 내 마음 깊이 파고들며 말로 다 표현하지 못할 만큼 내 삶에 큰 영향을 주었다.

토론토에 도착한 나는 이민국에 붙들렸다. 장기간 외국에 거주했기 때문이다. 다행히 결국 모든 검문소를 잘 통과했다. 네이선이 기다리고 있다가 내게 아담의 근황을 아는 대로 들려주었다. 우리는 바로 병원으로 차를 몰았다.

아담의 부모인 렉스와 진이 내게 인사했다. 우리는 다시 만나 반가웠다. 데이브레이크 공동체에서도 몇 사람이 그곳에 와, 렉스와 진을 도우며 생애 마지막 순간에 아담 곁을 지키고 있었다.

아담의 방으로 들어서니 산소마스크를 쓴 아담은 비교적 고른 호흡을 보이고 있었다. 아담이 거하는 집의 책임자인 앤은 이렇게 말했다. "오늘 아침 병원에 도착한 직후에 아담은 심장이 멎었어요. 의사도 아담이 죽었다고 말했지요. 그런데 몇 분 후 심장박동과 호흡이 다시 돌아왔어요. 아직 죽을 준비가 되지 않았던 모양이에요. 부모님과 신부님을 기다렸던 거라 생각합니다."

내 친구 아담이 거기 누워 있는 모습을 보니 가슴이 미어질 것 같았다. 우리와 함께 보내는 마지막 순간임이 분명했다. 나는 아담의 이마에 입 맞춘 뒤 머리칼을 쓸어 주었다.

그저 아담을 물끄러미 바라보며 렉스와 진과 함께 30분쯤 조용히 이야기를 나눈 후 나는 대기실에 있던 모든 사람을 아담의 병상 곁으로 불렀다. 우리는 손잡고 아담과 그의 부모님과 가족과 많은 친구를 위해 기도했다. 그 후로는 줄곧 아담의 숨소리를 들으며 곁에 앉아 있었다.

한 시간 후에 아담의 형제 마이클이 도착했다. 마이클은 슬픔이 심한 것이 역력했다. 형제를 보자 그는 울음을 터뜨렸다. 그의 아버지가 그를 끌어안았다. 몇 분 후 마이클은 나를 보고는 끌어안고 울었다. 나는 그의 흔들리는 몸을 오래오래 감싸고 있다가 다시 그와 함께 아담의 병상으로 갔다.

마이클 역시 데이브레이크 가족이며 아담처럼 간질을 앓고 있다. 사람들이 모두 다시 모였다. 나는 마이클에게 거룩한 기름이 담긴 작은 통을 들게 한 뒤 아담의 이마와 양손에 바르며, 하나님이 그에게 편안히 본향에 들어갈 힘을 주시도록 간절히 기도했다.

"내, 내, 내…… 형제가…… 천국으로…… 갑니다." 마이클이 울먹이며 말했다. "마음이 아파요. 마음이 아파요." 나는 다시 그를 끌어안았다. 우리는 함께 울었다.

저녁 6시쯤 네이선과 나는, 협력자들이 진과 렉스를 위해 준비해 놓은 음식을 가지러 처치 스트리트 하우스에 다녀왔다. 잠시 후 우리 둘은 근처 식당에서 조용히 저녁을 먹었다.

병원에 돌아와 보니 아담은 다른 병실로 옮겨져 있었다. 심장 모니

터가 더 이상 필요 없었기 때문이다. 아담은 운명을 앞두고 있었다. 우리가 해 줄 수 있는 일은 그를 최대한 편하게 해 주는 것뿐이었다. 아담은 여전히 호흡 보조 마스크를 쓰고 있었지만 별 차이가 없어 보였다. 결국 렉스와 앤은 마스크를 떼어 냈다. 모든 불필요한 보조 기구를 벗겨 자유롭게 해 준 것이다. 아담의 호흡은 느리고 깊었다. 가끔씩 숨이 멎었다 다시 이어지곤 했다. 고비를 맞고 있는 것이 분명했다. 통증이 있어 보이지는 않았지만 한 번 한 번 안간힘을 다해 숨 쉬는 모습이란 차마 지켜보기 괴로웠다. 진은 말했다. "이렇게 심장이 약한데 어떻게 숨을 쉬는지 모르겠어요…… 정말 힘들겠어요." 렉스는 아담의 손을 잡고서 병상 옆에 무릎꿇고 앉았고 진은 아들의 무릎에 손을 얹은 채 반대편에 서 있었다. 나는 침대 위쪽에 앉아 아담의 머리와 머리칼을 쓰다듬었다. 가끔씩 손으로 얼굴을 잡아 주기도 했다.

시간이 흘러 자정이 됐다. 아담은 오늘 밤을 견뎌 낼 것 같았다. 네이선과 데이브레이크의 다른 식구들은 집으로 돌아갔다. 나는 몸이 힘에 부치기 시작했다. 앤이 말했다. "이제 집에 가셔서 좀 주무세요. 렉스와 진과 제가 여기 있겠습니다. 연락해 드릴게요."

데이스프링에 와서 막 잠들었는데 앤한테서 전화가 왔다. "아담이 운명했습니다." 아담의 삶 그리고 사명이 끝난 것이다. "다 이루었다" 하신 예수님의 말씀이 생각났다. 15분 후 나는 다시 병원에 가 있었다. 아담은 미동도 하지 않고 평화롭게 그 자리에 누워 있었다. 렉스와 진과 앤이 아담의 몸을 만지며 병상 옆에 앉아 있었다. 눈물을 흘렸다. 슬픔의 눈물이자 감사의 눈물이었다. 우리는 손잡고 아담의 몸을 만지면서 감사의 기도를 드렸다. 그에게 주신 34년의 삶 그리고 그가 육체적으로 한없이 연약한 가운데서도 놀라운 영적인 힘으로 우리에게 가져다준 그 모든 것을 인해 감사했다.

　나는 아담에게서 눈을 뗄 수 없었다. 이런 생각이 들었다. 여기 세상 누구보다도 나를 하나님과 데이브레이크 공동체에 연결시켜 준 사람이 있다. 여기 내가 데이브레이크에 와서 첫 1년 동안 돌봐 주며 가슴 깊이 사랑하게 된 사람이 있다. 여기 내가 책에 글로 소개했고 캐나다와 미국 전역에서 말로 소개했던 사람이 있다. 여기 비록 내게 한마디 말도 할 수 없었지만 누구보다도 내게 많은 것을 가르쳐 준 나의 상담자요 스승이요 길잡이가 있다. 여기 내가 여태 알았던 모든 사람 중 가장 약하면서도 동시에 가장 강한 내 친구, 내 사랑하는 친구 아담이 있다. 이제 그는 죽었다. 그의 삶은 끝났다. 그의 얼굴은 굳었다. 슬픔과 감사가 동시에 걷잡을 수 없이 밀려왔다. 나는 친구를 잃었지만 평생 나를 지켜 줄 수호자를 얻었다. 모든 천사들이 그를 낙원으로 인도하여 본향 집, 그의 사랑의 하나님의 품으로 맞아 주기를.

　아담은 볼수록 아름다워 보였다. 여기 한 젊은이가 평화로이 누워 있다. 기나긴 고통이 드디어 막을 내렸다. 그의 아름다운 영혼은 더 이상 그 아름다움을 표현할 수 없던 육체에 갇혀 있지 않다. 나는 이 34년의 포로 생활의 깊은 의미를 자문해 본다. 그 의미는 시간이 가면서 점차 서서히 드러날 것이다. 지금은 단순히 믿고 맡겨야 한다.

아침 8시 반에 우리는 데이스프링채플에서 성찬식을 거행했다. 그
전에 나는 레드 하우스에 가 마이클과 모든 동거인에게 아담이 죽은 것
을 알렸다. 아담이 살던 집에도 가 잠시나마 그곳 식구들과 함께 있었
고, 그린 하우스에도 가 그곳에 아담과 아주 가까웠던 사람들 특히 빌과
데이비드에게 소식을 전했다. 많은 눈물과 긴 포옹이 있었다. 이런 순간
일수록 우리는 서로에게 얼마나 필요한 존재이던가.

나는 나사로의 부활을 설교 본문으로 택했다. 몸의 부활에 대한 우
리의 믿음은 특히 이 순간에 매우 중요하다.

아담의 오랜 생존의 몸부림 속에서 우리는 다 그의 몸
을 만졌고 수없이 끌어안았다. 그 몸이 새롭게 될 것이다.
부활할 때 그는 마음속 가장 깊은 감정까지도 다 표현할 수
있는 새 몸을 입을 것이다. 우리는 마리아와 마르다처럼 눈
물에 젖어 있다. 예수님이 그곳에 오신 것은 그들의 오빠이
자 친구가 이미 죽은 뒤였다. 그러나 그것은 끝이 아니다.
영광과 승리와 자유로 들어서는 길이다. 우리 모두 아담을
떠나보내는 슬픔이야 이루 헤아릴 수 없지만 마침내 자유를
얻은 그를 한없이 기뻐하는 마음도 분명 있었다.

예배가 끝나자 고디가 일어나 마이클을 보며 말했다. "마이클, 마
음이 얼마나 아프시겠습니까. 이것을 드리고 싶습니다." 이어 그는 자기

의 소중한 재산인 특수 올림픽 메달을 마이클의 목에 걸어 주었다. 마이클은 고디의 사랑에 감격의 기색이 역력했다.

데이브레이크에 다시 돌아온다는 것은 곧 많은 친구들을 다시 만난다는 뜻이다. 캐시와 티미, 칼, 캐시와 마거릿, 조우와 스테파니, 그밖에 많은 사람들. 수는 여기 없지만 내일 돌아올 것이다.

내가 속해 있던 형제 모임이 마침 오늘 밤 모임을 가지려던 참이었다고 한다. 나는 정말 기뻤다. 가까운 친구들과 함께 있으면서 내 기분과 속마음을 털어놓을 수 있는 좋은 기회였던 것이다. 칼과 나는 토론토 시내로 갔다. 거기서 저녁을 먹고 모임을 열기로 돼 있었다. 가는 길에 건축가 조우의 사무실에 들렀다. 조우는 내게 조그만 집의 설계도를 보냈었다. 나는 나중에 데이브레이크에 돌아온 뒤 직접 그 집을 짓고 싶은 마음이 있다. 우리는 30분간 그 집에 관해 이야기했다. 유익하고 즐거운 만남이었다.

저녁 6시에 조우와 칼과 네이선과 함께 저녁을 먹었다. 간밤에 거의 잠을 못 잤기 때문에 피로와 싸워야 했다. 모임이 끝날 때까지 어떻게 정신을 차리고 있을지 걱정스러웠다. 그러나 서로 사랑하는 좋은 친구들과 함께 있다 보니 새 힘이 나, 피곤하다는 생각은 의식의 뒷전으로 밀려나고 말았다.

모임을 가지려 아파트로 돌아오자 (역시 우리 형제 모임의 일원인) 프란시스가 합류했다. 두 시간 반 동안 우리 다섯 명은 서로 근황을 이야기하며 속마음을 나누었다. 안식년 때문에 그간의 모임에 참석하지 못했지만 나는 이내 훈훈한 일체감을 느꼈다. 오랫동안 떨어져 지낸 친구들과 다시 잘 마음이 통할 수 있을지 염려도 됐으나 모임 멤버들이 내 참석을 크게 기뻐하는 모습을 보며 그런 염려는 씻은 듯이 사라졌다.

나는 그간의 집필 진척에 대해 간략히 만족감을 표한 뒤, 데이브레이크에 다시 돌아오면 수많은 일에 치여 다시 허우적거리게 될 것 같아 불안하다고 말했다. 내 손으로 이곳에 작은 집을 지어 우리 공동체를 떠나지 않으면서 계속 글을 쓰고 싶다는 벅찬 소망도 밝혔다. 시종 나는 아담이 함께 있음을 느꼈다. 내가 데이브레이크에 뿌리내리도록 아담이 도와주었으니, 내 희망과 꿈과 계획은 다분히 아담과 연관돼 있다.

밤 11시가 넘어서야 집에 돌아와 깊은 잠에 빠졌다.

2월 14일 수요일

오후 2시에 리치먼드 힐의 빈소로 갔다. 관에 누운 아담의 시신을 보니 격정이 끓어올랐다. 아담은 잠든 사람처럼 지극히 평안해 보였다. 눈물이 쏟아졌다. 아담과의 관계는 내 인생 여정에 참으로 깊은 영향을 미쳤다. 아담의 아름답고 온화한 얼굴을 보면서 내가 그의 친구였다는 사실에 깊은 황송함과 감사를 느꼈다. 아담에게서 눈을 뗄 수가 없었다. 너무나 정상적이고 너무나 건강하고 너무나 멋있어 보였다. 부활 시에 받을 새로운 몸을 내게 살짝 보여 주는 것 같았다.

오후에 데이브레이크 가족들이 대부분 왔다. 아담과 한 번 더 함께 있고 싶어서였다. 우리의 슬픔은 이루 말할 수 없었다. 뉴 하우스에서 아담 없이 어떻게 삶이 이어질지 막막할 정도다. 극도의 연약함 중에도 아담은 자기와 같은 집에 살던 모든 사람을 화해와 치유와 연합의 삶으로 이끌었고, 그렇게 그들에게 평화의 사자가 됐다.

아담의 시신이 안치된 방은 한 시간 만에 공동체 사람들, 가족들, 친구들로 꽉 찼다. 전에 아담과 몇 년간 함께 살았던 그레그는 아내 에일린과 함께 시카고에서 왔고, 주간 봉사 프로그램의 협력자로 일할 때 아담과 친해졌던 스티브는 시애틀에서 왔고, 아담의 집에서 2년간 아담을 수행했던 피터는 노바스코샤에서 왔다. 이 시간 우리 모두와 함께 있기 위해 멀리서 달려온 그들을 보며 마음에 진한 감동이 밀려왔다. 오후 3시에 우리는 커다랗게 빙 둘러서서 기도했다. 이어 나는 아담과 관련된 사연을 나누고 싶은 사람이 있는지 물었다. 아버지 렉스를 포함해 많은 사람이 아담과의 사이에 있었던 특별한 순간을 들려주었다. 그런 '작은 사연들'은 우리로 미소와 웃음을 띠게 했고, 모든 언어와 추억과 이미지를 초월해 이 소박하고 가난한 한 인간이 우리에게 어떻게 하나님의 온화한 얼굴을 보여 주었는지를 새삼 깨닫게 해 주었다.

저녁 7시에 많은 사람이 아담 주위에 다시 모였다. 그와 함께 있을 시간이 두 시간 더 남아 있었다. 이때는 분위기가 사뭇 달랐다. 좀 더 편안하고 즐겁고 밝은 기분이었다. 다시 한 번 빙 둘러서자 공동체 가족인 캐시와 엘리자베스가 감동적인 사연을 들려주었다. 아담과의 사이에 있었던 일이 아니라 앞으로 아담을 다시 볼 것에 관한 이야기였다. 듣는 사람들 모두 그들의 말에서 기쁨과 평안을 느꼈다. 이렇게 우리는 아담의 시신을 둘러서서 그가 새로 찾은 자유를 상상하며 그가 새로 얻은 삶을 축하하고 있었다. 이어 우리는 〈강물같이 흐르는 평화〉(Peace Is Flowing Like a River)를 불렀다.

　　평화의 사자 아담은 마침내 자신을 가두었던 모든 것에서 자유를 얻었다. 그는 자신의 깨어진 모습을 통해 나 자신의 깨어진 모습을 보게 해 주었고, 그리하여 나로 치유와 새 생명의 여정에 오르게 해 주었다. 이제 그는 자신의 놀라운 사명에 대한 상으로 빛과 사랑과 영광이 충만한 새 몸을 얻으리라.

　　빈소에 다녀온 뒤 잠시 캐시와 그녀의 아들 티미의 집을 방문했다. 캐시는 지난 5년간 주간 봉사 프로그램에서 아담과 함께 일했다. 캐시는 내게 그곳 사람들이 아담의 죽음을 얼마나 슬퍼하고 있는지 말해 주었다. 그들은 아담과 함께 걷고 그를 안마해 주고 수영장에 데리고 가고 점심을 챙겨 주고 발작 때마다 언제나 그 곁을 지켜 주었다. 그들과 주간 봉사 프로그램의 다른 멤버들(마이클, 알리아, 재니스, 로지, 트레이시)은 아담을 아주 소중한 친구로 사랑하게 됐다. 아담의 부재는 그들의 끈끈한 애정의 공동체뿐 아니라 그들의 마음속에도 큰 빈자리로 남을 것이다. 그들의 슬픔은 깊다. 앞으로 몇 주, 몇 달간의 힘겨운 씨름 끝에 그들은 아담이 자신들의 연합된 삶과 사역에 새로운 방식으로 계속 함께 있음을 깨닫게 될 것이다.

캐시는 곧 아기를 낳을 것이다. 아기는 딸이며 이름은 새러〔성경의 '사라'〕라고 지을 참이라고 한다. 티미가 커다란 배트맨 퍼즐을 맞추는 사이 나는 그들에게 아브라함과 사라와 세 천사 이야기를 들려주었다. 천사들이 그들을 찾아와 노년에 아기를 낳을 것이라고 말했다. 나는 티미에게 사라가 처음에는 천사의 말을 믿지 않았다고 말했다. 자기가 너무 늙었기 때문이다. 그러나 1년 후 사라는 아들 이삭을 낳았다. 이삭이 야곱을 낳았고 야곱은 다시 요셉을 낳아 족보는 계속 이어져 내려갔다.

티미는 나를 보며 말했다. "와! 정말 재밌어요." 그러더니 엄마한테 물었다. "엄마, 엄마는 사라 이야기를 다 알고 있었어요?"

캐시는 대답했다. "그럼. 다만 아직 아기 이름이 확정되지 않아서 너한테 그 이야기는 안 했던 거지!"

그러자 티미가 말했다. "저는 좋아요. 엄마도 좋지요?"

그때 캐시가 나를 보며 말했다. "티미와 저는 신부님이 새 아기의 대부가 돼 주셨으면 해요. 어떠세요? 천천히 생각해 보셔도 됩니다. 아기한테 좋은 대부가 있었으면 하거든요. 티미도 저도 신부님이 쾌히 승낙해 주셨으면 합니다."

나는 자못 감격하여 이렇게 말했다. "생각할 시간은 없어도 됩니다. 새러의 대부가 되다니 얼마나 행복한 일입니까. 아기 이름만 바꾸지 않는다면 말입니다!"

죽음과 출생이 서로 그렇게 가까울 수가. 우리 데이브레이크 공동체에서 모리스가 죽었을 때는 마니카가 태어났다. 이제 아담이 떠나자 우리는 새러를 기다리고 있다! 죽음과 삶이 만나는 그 신비의 자리에 이

토록 가까이 있음에 깊은 희열을 느꼈다.

2월 15일 목요일

아침에 눈을 뜨자 몹시 피곤했다. 속이 좋지 않았고 머리도 어지럽고 집중이 안 됐다. 그러나 이 모든 감정을 '뛰어넘어' 최대한 좋은 상태로 장례 예배를 치러야 함을 나는 알았다. 많은 세부 사항과 내가 전하고 싶은 설교만 생각해도 마음이 불안했다. 너무 많이 생각하지 말고 그냥 순리대로 해 나가기로 했다.

오전 9시에 세인트메리성당에 도착했다. 내 가방은 성찬에 쓰는 잔이며 빵을 담는 접시며 화려한 제단 의복이며 설교 원고를 기록한 일기장 따위로 가득 차 있었다. 9시 45분이 되자 아담 아네트의 삶과 죽음을 기리기 위해 원근 각지에서 수백 명의 사람이 모여들었다.

아담의 친구 여덟 명이 관을 교회당 앞쪽으로 옮기는 사이 우리는 모두 '팔복'을 노래했다. 예배 중에는 사도 바울의 말을 들었다. "하나님께서 …… 세상의 약한 것들을 택하사 강한 것들을 부끄럽게 하려 하시며"(고전 1:27).

아담에게는 송덕문이 없었다. 그의 소박한 숨은 삶에는 화려한 이력이 없었다. 그러나 아담은 우리의 마음속에 일으킨 기적들로 인해 마땅히 칭송받아야 했다. 그의 아버지 렉스와 그의 오랜 친구이자 가정의 책임자인 앤과 같은 집 동거인 중 한 명인 빌이 그런 기적들에 대해 단순하면서도 감동적인 사연을 들려주었다. 세 사람의 이야기는 같았다. 아담은 다른 사람들이 가닿을 수 없는 깊은 곳까지 그들의 마음속에 파고들어 그곳에 작은 희망의 씨앗을 심어 놓았다.

지난 사흘을 보내면서 나는 이전 어느 때보다 확연히 깨달은 사실이 있다. 아담이 곧 우리 가운데 살아 계신 예수였다는 것이다. 질고의 사람이자 기쁨의 사람과 함께 있기 위해 여기 말고 어디로 가야 한단 말인가? 하나님의 임재를 여기 말고 어디서 찾아야 한단 말인가? 아담은 부모 형제와 우리가 사랑하기 훨씬 이전부터 하나님께 사랑받았다. 아담은 우리 가운데 살도록 하나님께 보냄받았다. 힘들지만 복된 34년의 삶이었다. 사명을 다한 뒤 아담은 새 몸을 입고 새 삶을 살도록 하나님께 본향으로 부름받았다. 그것이 예수님의 이야기다. 그리고 아담의 이야기다!

나는 라르쉬가 내 공동체가 되고 데이브레이크가 내 집이 된 것이 아담 때문임을 안다. 아담을 내 품에 품고 온전히 순결하고 자유로운 그와 몸으로 부대꼈기 때문임을 안다. 그는 나를 집으로 불러 주었다. 그저 좋은 사람이 있는 집 정도가 아니다. 내 몸 안에 있는 집이요, 내 공동체의 몸 안에 있는 집이며, 교회의 몸 안에 있는 집이고, 하나님의 몸 안에 있는 집이다. 아담이 없었다면 나는 지금 어디에 있을지 모른다.

손에 빵을 들고 아담의 시신 앞에 서서 "받아서 먹으라. 이것은 너희를 위하여 주는 내 몸이다" 하신 예수님의 말씀을 들려주면서 나는 하나님과 아담과 우리 각자의 신비를 전혀 새로운 방식으로 보게 됐다. 과연 하나님은 우리가 그분을 만져 나음을 입게 하시고자 인간의 몸을 입으셨다. 오늘 나는 하나님의 몸과 아담의 몸이 하나임을 느낀다. 예수님의 이 말씀 때문이다. "너희가 여기 내 형제 중에 지극히 작은 자 하나에게 한 것이 곧 내게 한 것이니라"(마 25:40). 과연 아담 안에서 우리는 우리 가운데 살아 계신 예수님을 만졌다. 그리고 예수님을 만진 사람들과 마찬가지로 아담을 만진 사람마다 다 나음을 입었다.

장지에 이르자 관을 메는 사람들이 아담의 시신을 묘지로 옮겨 무덤 위 철골 구조물 위에 놓았다.

짧게 기도를 드린 후 나는 성수(聖水)를 뿌리는 통을 마이클에게 주었다. 마이클은 형제의 관 위로 몸을 굽힌 채 조심스레 복을 빌면서 천천히 이쪽에서 저쪽으로 걸었다. 나는 시종 마이클의 몸을 붙들고 있었다. 이어 나는 기도했다. "사랑하는 하나님, 우리의 아들이요 형제요 친구인 아담을 아버지의 손에 부탁합니다. 아담을 낙원으로 맞아 주시고 우리가 서로 위로하게 하옵소서."

아담의 관이 무덤 속으로 내려졌다. 나는 죽음의 최후 위력에 또 한번 움찔했다. 그는 갔다. 다시는 우리 곁에 없을 것이다. 사도 바울도 확신에 차서 그것을 말한 바 있다.

"썩을 것으로 심고 썩지 아니할 것으로 다시 살아나며 욕된 것으로 심고 영광스러운 것으로 다시 살아나며 약한 것으로 심고 강한 것으로 다시 살아나며 육의 몸으로 심고 신령한 몸으로 다시 살아나나니"(고전 15:42-44).

이 커다란 구덩이 바로 앞에서 나는 부활의 소망뿐 아니라 죽음의 최후 위력에 마주 서 있었다.

클라라는 우리가 교회에서 불렀던 아름다운 축도송을 불러 주었다. 모든 사람이 관 위에 흙을 한 줌씩 던지고 난 후에 나는 이렇게 말했다. "이제 평안히 돌아갑시다."

그렇게 우리는 아담이 누워 있는 곳을 떠났다. 사랑하는 아담을 그곳에 혼자 두기가 못내 어렵다는 듯 좀 더 서성이는 사람도 있었다. 그러나 몇 분 후 그곳에는 고독만이 감돌았다. 아담은 우리를 떠났고, 우리는 소망을 품으며 계속 살아야 한다.

오후 4시에 수가 나를 공항에 데려다주었다. 무리들과 헤어져 나만의 슬픔에 젖을 수 있어 좋았다. 피로가 밀려왔다. 수는 내게 이런 애도의 시간에 데이브레이크에 돌아와 주어 고맙다고 말했다. 내 생각에도 오기를 너무 잘했다. 그러나 이제는 떠나 홀로 돼야 할 시간이었다. 6시 20분에 라과디아 공항에 도착해 30분 후에 제이와 웬디의 집에 들어섰다. 나를 기다리고 있던 웬디는 저녁을 차려 주면서 아담에 대해 소상히 물었다. 훈훈한 집에 웬디와 함께 있어 참 좋았다.

웬디네 손님용 방에 있는 큰 침대에 몸을 뻗고 눕자 그대로 며칠이고 몇 주고 계속 잘 것만 같았다.

저녁 8시에 웬디, 제이, 조나단과 함께 아늑한 분위기에서 저녁을 먹었다. 데이브레이크에서 긴장된 한 주를 보낸 뒤 이렇게 소수의 친구들과 함께 좋은 식사를 나눌 수 있다는 것은 정말 큰 선물이다.

아직도 마음속에 아담의 빈자리가 느껴진다. 모든 것이 이전과 다른 것 같다. 관에 누워 있던 그의 젊은 얼굴이 자꾸만 생각난다. 그를 위해 그리고 슬픔 중에 있는 모든 데이브레이크 가족을 위해 기도한다.

제이가 나를 버스 터미널에 데려다주었다. 거기서 아침 10시에 버나즈빌행 버스를 탔다. 마중 나온 페기와 함께 집으로 왔다.

내 작은 집에 다시 돌아오니 정말 기뻤다. 페기와 필과 함께 즐겁게 점심을 먹은 후 오후 내내 잤다. 녹초가 될 정도로 고단했던 한 주간의 무게가 몸과 마음과 영혼에 그대로 느껴졌다.

저녁 때 아담 이야기를 글로 좀 써 보려 했으나 잠을 떨치느라 무던히 애써야 했다. 속으로는 아담 때문에 계속 울고 있는 기분이다. 내 존재의 모든 부분이 그의 죽음을 애도하는 것 같다.

2월 19일 월요일

오늘 읽은 복음서 말씀은 귀신 들린 아이가 고침받은 기사다. 귀신은 아이를 벙어리 되게 하며 계속 불과 물속에 거꾸러뜨렸다.

여기 치유의 두 가지 측면이 분명히 나타나 있다. 첫째, 우리는 궁극적으로 치유하시는 분을 믿어야 한다. 예수님은 "믿는 자에게는 능히 하지 못할 일이 없느니라"라고 말씀하신다(막 9:23). 둘째, 치유자는 기도의 사람이어야 한다. 제자들이 예수님께 "우리는 어찌하여 능히 그 귀신을 쫓아내지 못하였나이까" 하고 여쭙자 그분은 이렇게 대답하신다. "기도 외에 다른 것으로는 이런 유가 나갈 수 없느니라"(막 9:29).

치유자와 치유가 필요한 사람 사이의 이 상호관계가 마음에 와닿는다. 치유자는 모든 생명과 치유의 원천인 하나님과 교제하고 있어야 한다. 그래야 자신보다 큰 치유의 힘의 매개체가 될 수 있다. 치유를 구하는 자는 치유자가 과연 치유의 힘의 매개체가 될 수 있음을 믿으며 자신을 맡겨야 한다. 치유자의 겸손과 병자의 믿음은 치유 사역에 둘 다 없어서는 안 된다.

거의 온종일 아담의 죽음과 장례식에 관한 글을 쓰며 보냈다. 아직도 정서적·영적 피로가 있긴 하지만 그래도 꽤 쓸 수 있었다. 글쓰기 자체가 내 나름의 애도의 방편이 되었다.

저녁 6시 반에 페기의 집에 가 마디그라(참회 화요일; 가톨릭에서 사순절이 시작되기 전날을 일컫는 말) 식사를 했다. 페기의 아들 스티브와 몇몇 친구들이 자리를 같이했다. 페기가 가족이나 친구들을 초대할 때마다 늘 그렇듯 오늘도 대화는 재미있었고 우선 각자의 개인 생활을 돕는 데 초점이 맞춰졌다.

시종 대화의 일관된 주제는 내면생활이었다. 스티브는 자기가 만났던 몇몇 사람들 이야기를 들려주었다. 그들은 내면생활이 거의 없는 듯 보였으며 자신의 감정과 속마음을 남에게 해로운 행동으로 표출할 때가 많았다. 거기서 토론이 이어졌다.

자신의 영혼을 꾸준히 살피는 삶은 참으로 의미 있는 삶이다. 행동으로 터뜨려 남에게 상처를 입히기 전에 자신의 욕망과 감정과 기분을 미리 아는 것이 중요하다. 우리는 외면 지향적 사회에 살고 있다. 우리 주위에는 막연한 위협을 느끼며 일차적으로 자신의 생존에 급급해하는 사람이 수없이 많다. 그러다 보니 자신의 내면을 알고 늘 살핀다는 것이 한없이 어려워 보인다.

마디그라 저녁 식사 자리였음을 생각할 때 우리의 대화는 꽤 심각했다. 그러나 시종 심각한 대화 가운데 웃음꽃도 많이 피었다.

내일은 벌써 재의 수요일〔가톨릭에서 사순절이 시작되는 첫날을 일컫는 말〕이다.

2월 21일 수요일

사순절을 맞을 준비가 아직 턱없이 모자란데…… 크리스마스를 보낸 것이 엊그제 같아 사순절은 아직 껄끄러운 손님 같기만 하다. 회개와 기도로 예수님의 죽음과 부활을 준비하는 이 절기를 맞기 위해 몇 주간 마음을 준비할 수도 있었는데…… 그러나 오늘 아침 성찬식에 꽤 여러 사람이 모였다.

나는 예수님이 강조하신 은밀한 삶에 관해 말씀을 나누었다.

구제든 금식이든 기도든 우리는 사람들에게 칭찬을 듣기 위해서가 아니라 하나님과 더 깊은 교제로 들어가기 위해 은밀하게 해야 한다. 사순절은 하나님께로 돌아가는 시간이다. 우리는 늘 주변 사람과 사물에서 기쁨과 평화와 만족을 찾아 헤매지만 정작 자신이 바라는 것을 얻지 못한다. 사순절은 그런 잘못된 삶을 고백하는 시간이다. 오직 하나님만이 우리가 바라는 것을 주실 수 있다. 그러므로 우리는 바울의 말대로 하나님과 화목해야 하며 그 화목을 대인 관계의 기초로 삼아야 한다. 사순절은 초점을 바로잡는 시간이요, 진리의 자리에 다시 들어서는 시간이며, 자신의 진정한 정체성을 되찾는 시간이다.

이상하게 바쁜 하루였다. 팩스며 전화며 편지 따위가 아주 많았다. 가장 좋았던 것은 아담의 죽음과 장례식에 관한 짧은 글을 마쳐 캐시에게 보낸 것이다. 글을 쓰는 과정은 내 슬픔과 아픔을 달래는 데 큰 도움이 됐다.

2월 22일 목요일

우리가 예수님께 "주는 그리스도시요 살아 계신 하나님의 아들이시니이다"라고 고백할 수 있을 때 예수님은 우리에게 "너는 반석('베드로' 이름의 뜻)이다. 내가 이 반석 위에 내 교회를 세우리라"고 말씀하실 수 있다. 여기 상대를 향한 인정도 상호적이요 진리도 상호적이다. 하나님이 포로 된 우리를 자유케 하시려 메시아(기름부음을 받은 자)를 통해 우리 가운데 오셨다는 사실을 우리가 인정할 때 그분도 우리의 견고한 핵심을 지적하시며 우리를 신앙 공동체의 기초로 삼으실 수 있다.

우리의 '반석'의 특성은 우리가 구원과 치유의 필요성을 스스로 고백할 때 드러나는 법이다.

하나님께 의존하지 않고는 살 수 없는 존재임을 겸손히 깨우칠 때 우리는 공동체를 세우는 자가 될 수 있다.

가톨릭에서 예수님과 시몬 베드로의 이 대화를 거의 배타적으로 교황의 역할을 설명하는 용도로만 사용해 온 것은 슬픈 일이다. 그로 인해 우리는 이 대화가 우리 모두를 위한 것임을 놓쳐 버리지 않나 생각한다. 우리 모두가 구원의 필요성을 고백해야 하며 우리 모두가 믿음이라는 견고한 핵심을 받아들여야 한다.

그렇다면 천국 열쇠는 어떤가? 그것 역시 우선은 예수님을 자신의 그리스도로 고백하는 모든 이에게 속한 것이요 결과적으로 믿음의 공동체에 속한 것이다. 그 공동체 안에서 우리의 매고 푸는 사역이 하나님의 이름으로 이루어진다. 즉 신자들로 이루어진 그리스도의 몸이 지체들에 대해 내리는 결정은 곧 천국의 결정이다. 그래서 예수님은 이렇게 말씀하신 것이다. "네가 땅에서 무엇이든지 매면 하늘에서도 매일 것이요 네가 땅에서 무엇이든지 풀면 하늘에서도 풀리리라"(마 16:19).

교회란 주교들이 있는 곳 내지 교황이 있는 곳에 '저 멀리' 있는 것이 아니라 우리가 주님의 식탁에 둘러앉은 '바로 여기'에 있다. 그것을 깨닫는 것이 이전 어느 때보다 중요하다.

거의 온종일, 크리스마스 전에 썼던 387편 묵상에 일일이 제목을 다느라 바빴다. 얀 반 덴 보쉬와 전화로 좋은 이야기도 나누었다. 그는 렘브란트의 그림 제목을 딴 내 책《탕자의 귀향》에 관해 3부작 텔레비전 프로그램을 만들기 위해 내게 9월에 러시아 상트페테르부르크의 에르미타주미술관으로 와 줄 것을 당부했다.

2월 23일 금요일, 뉴욕

오늘은 웬디의 생일. 버나즈빌에서 버스를 타고 뉴욕으로 가 웬디와 제이와 그들의 아들 조나단을 만났다. 웬디는 내게, 자기가 저녁 식사에 초대한 친구들 모임을 위해 6시 반에 성찬식을 인도해 달라고 부탁했다. 그중 많은 사람이 웬디의 기도 모임 멤버다. 또 한 번 놀라운 사람들을 만났다.

말씀을 묵상하면서 우리에게 하나님의 치유의 은혜가 필요함을 나누는 사이 그 작은 모임 안의 수많은 고난이 모습을 드러냈다. 우울증, 사고나 에이즈로 가족을 잃은 사람, 권위와의 충돌, 정신장애를 앓는 가까운 친척, 뉴욕 생활의 무거운 스트레스. 나는 부재와 임재가 서로 만나는 방식에 관해 살짝 이야기했다.

서로의 존재를 가장 실감하는 바로 그 자리에서 우리는 자신이 사랑하는 이들의 부재를 깊이 경험한다. 커다란 상실의 바로 그 순간에 우리는 가까움과 친밀함의 새로운 의미를 발견할 수 있다. 성찬식이 바로 그런 것이다. 그리스도께서 다시 오실 때까지 우리 가운데 계신 그분의 임재를 선포하는 것이다! 임재와 부재, 가까움과 멂이 함께 있다. 집으로 가는 길에 집의 아늑함을 미리 느끼는 셈이다.

누군가를 깊이 사랑한다는 것은 그 사람의 부재로 인한 고통에 자신을 여는 것이다. 그 역설이 새삼 가슴에 와닿았다. 사순절은 부재, 빈자리, 미완성의 경험을 되새기는 때다. 그럴 때 우리는 복잡하고 분주한 삶의 한복판에서 우리가 여전히 우리의 가장 깊은 필요를 채워 주시겠다고 약속하신 그분을 기다리고 있음을 재차 확인할 수 있다.

2월 24일 토요일,
피팩

뉴욕에서 버나즈빌로 오는 버스에서 나는 토마스 만의 미국 생활 일기집에 흠뻑 빠졌다. 위트레흐트에서 구입한 뒤로 이 일기집을 계속 읽고 있는데 갈수록 흥미를 느낀다. 지금은 제2차 세계대전이 끝날 무렵에 기록한 부분을 읽고 있다. 태평양 연안 허드슨 강변의 집에 앉아 유럽에서 벌어지는 일들을 꼼꼼히 추적하면서도 그는 소설 《파우스트 박사》(Doctor Faustus)의 집필 작업을 멈추지 않는다. 작가로서의 이 극기의 경지가 나를 놀라게 한다. 만은 분명 혼자가 아니었다. 아내 카티아와 자녀들과 수많은 친척들로 인해 사회 생활이 분주할 수밖에 없었다. 그와 함께 망명 생활을 하던 독일인 친구들은 음악과 문학과 미술이 꽃피는 활기 있는 예술 공동체를 형성했다. 그런데도 그 모든 와중에 그는 쉬지 않고 소설을 썼다. 조국 독일이 무너지던 날처럼 감정적으로 격한 날들도 예외가 아니었다. 이런 훌륭한 소설가의 삶을 이렇게 친근감 있게 들여다볼 수 있다니 흥분도 되고 격려와 큰 힘을 얻는다.

집에 돌아와 지니에게 연락해, 내 원고를 타이프 쳐 줄 수 있는지 물었다. 캐시가 혼자 하기에는 양이 너무 많다. 작업은 앞으로 계속 더 늘어날 것이다. 지니는 기꺼이 돕겠다며 열의를 보였다. 그러잖아도 뭔가 새로 할 일을 찾으려던 참이라고 했다. 뜻밖에 돕는 손길이 생겨 아주 기쁘다.

오늘은 내 동생 로렌트의 쉰한 번째 생일이다. 전화했더니 마침 가족과 친구들이 그 집에 많이 모여 있었다. 로테르담으로 쇼 〈에비타〉(Evita)를 보러 갈 참이라고 했다. 함께 있지 못해 아쉬웠다.

아침 성찬식에 꽤 여러 명이 참석했다. 창세기에서 창조와 아담과 하와의 타락 기사를 읽은 뒤 복음서에서 그리스도께서 유혹을 받으시는 장면을 읽었다. 새롭게 와닿았다.

아담과 하와는 하나님처럼 되라는 유혹을 받았다. 예수님은 자신이 하나님의 아들임을 부인하라는 유혹을 받았다. 마치 자신이 하나님인 것처럼 행동할 때 우리는 전쟁을 야기한다. 그러나 하나님의 사랑받는 자녀로 행동할 때 우리는 평화를 창출한다. 하나님을 자신의 창조주요 주님으로 인정할 때, 우리는 자신이 과연 하나님의 자녀로 영원한 사랑 안에 영생을 누린다는 예수님의 복된 소식에 마음을 여는 것이다.

뱀의 말이 특히 마음에 와닿았다. "너희 눈이 밝아져 하나님과 같이" 될 것이라고 한다. 아담과 하와가 나무의 열매를 따먹자 성경은 "그들의 눈이 밝아져 자기들이 벗은 줄을 알"았다고 말한다(창 3:5-7). 그러나 예수님은 오셔서 더 깊은 진리에 우리 눈을 뜨게 해 주셨다. 우리가 죄인일지라도 여전히 하나님의 사랑받는 자녀라는 진리다. 그분은 "너희 눈은 봄으로 …… 복이 있도다"라고 말씀하신다(마 13:16).

두 유혹 기사 모두 우리의 진정한 영적 정체성에 관한 것이다.

오늘 읽은 말씀들은 놀랍게 서로를 보완한다. 첫 번째 본문에서 모세는 이렇게 말한다. "너희는 도둑질하지 말며 …… 〔네 이웃을〕 착취하지 말며 …… 귀먹은 자를 저주하지 말며 …… 재판할 때에 불의를 행하지 말며 …… 네 형제를 마음으로 미워하지 말며"(레 19:11-17). '하지 말라'는 말들이 마치 총알처럼 무섭고 엄하게 들린다. 그러나 두 번째 본문에서 예수님은 말씀하신다. "내가 주릴 때에 너희가 먹을 것을 주었고 목마를 때에 마시게 하였고 나그네 되었을 때에 영접하였고 …… 너희가 여기 내 형제 중에 지극히 작은 자 하나에게 한 것이 곧 내게 한 것이니라"(마 25:35, 40).

'하지 말라'에서 '할 수 있다'로 옮겨 가는 위대한 전환이다. 우리는 가난하고 병들고 죽어 가는 자들을 돌볼 수 있다. 그리고 거기서 하나님을 만날 수 있다. 악한 일을 행치 않음으로써 기쁘시게 해 드려야 하는 먼 하나님과는 달리 예수님이 우리에게 계시하시는 하나님은 지극히 가난한 자처럼 우리에게 가까운 분이다.

예수님의 메시지의 단순성은 물론 그 급진성에 나는 놀라움을 금치 못한다. 그분은 하나님을 노엽게 하지 않기 위해 지켜야 할 조항에 관한 모든 질문을 정면으로 꿰뚫고 들어오셔서 우리 앞에 가난한 자를 두시며 말씀하신다. "이 사람이 나다. 나를 사랑하라." 얼마나 단순하면서도 급진적인 말인가!

내 영어 묵상집을 네덜란드어로 번역하는 일은 아주 재미있다. 여태 번역은 한 번도 해 본 적이 없다. 그러나 네덜란드 기독 신문 〈트라우〉 사람들은 번역을 내가 직접 해 주기를 원했다. 그들은 내가 건네준 387편의 묵상집에서 40편을 뽑아 내게 팩스로 보냈다. 네덜란드어로 번역해 다시 팩스로 보내 달라고 했다.

하다 보니 일이 번역에 국한되지 않는다. 저자에 충실해야 할 일이 없으므로 얼마든지 원하는 대로 바꿀 수 있는 것이다! 실제로 많이 고치고 있다. 네덜란드어에는 놓치기 아까운 그 나름의 멋진 숙어 표현들이 있기 때문이다. 네덜란드어 숙어는 항해 세계에서 온 것이 많다. '거부한다'는 동사는 '압스토튼'(af'stoten)으로 옮길 수 있는데 문자적으로 '밀어낸다'는 뜻으로 부두에서 배를 밀어낼 때 쓰는 말이다. 또 하나 발견한 사실이 있다. 같은 말을 하는 데 영어보다 네덜란드어가 훨씬 단어가 많이 든다는 것이다! 꼭 단어 게임 같다. 재미있다.

저녁 8시에 데이브레이크 협력자 중 하나인 제피한테서 전화가 왔다. 데이브레이크 핵심 멤버 중 하나로 자기와 함께 코너 하우스에 살고 있는 알리아에 관한 이야기였다. 알리아는 1988년부터 데이브레이크에 살았다. 백색질형성장애를 심하게 앓고 있음에도 그녀는 지금까지 훌륭히 잘 견뎌 왔다. 알리아는 모든 사람에게 깊이 사랑받는 아름다운 아가씨다. 비록 걸을 수도 말할 수도 볼 수도 없지만 그녀에게서는 깊은 평안과 기쁨이 배어 나온다. 작년에 공동체 창설 25주년 기념으로 우리가 자체 공연한 뮤지컬 〈한 번에 한 마음〉(One Heart at a Time)에서 알리아는 주인공 역을 맡았다. 알리아가 무대에 올라 커다란 오자미 안에 들어가 협력자 벤의 품에 안겨 춤추는 모습을 수백 명의 사람들이 지켜보았다.

제피는 알리아가 더 이상 음식을 삼킬 수 없어 병원으로 실려 가 링거주사를 맞고 있다고 말했다. 목요일 날 의사는, 목으로 삼키지 않고도 액체 음식을 흡입할 수 있도록 알리아의 위로 튜브를 삽입할 예정이다. 알리아의 병이 새로운 국면에 접어든 것이 분명하다. 아주 침착한 말투에도 불구하고 제피는 알리아의 위중한 병세에 슬픔을 감추지 못했다. 알리아의 아버지가 병원을 자주 다녀간다고 한다. 그는 자신의 이슬람교 신앙과 기도에 관해 우리에게 여러 차례 이야기하기도 했다. 사랑하는 알리아가 우리 곁에 오랜 세월 함께할 수 없을지도 모른다는 사실은 우리 모두에게와 마찬가지로 아버지인 그에게도 힘든 일이다.

이럴 때는 정말 이렇게 먼 곳에 있지 않았으면 좋으련만.

2월 28일 수요일

"이 세대는 악한 세대라 표적을 구하되"(눅 11:29). 오늘 복음서에서 읽은 예수님의 말씀이다. 사실 우리가 찾고 있는 것은 바로 우리 눈앞에 있다. 왠지 우리는 우리 하나님이 현재의 하나님이요 우리가 있는 곳에서 말씀하신다는 사실을 온전히 믿지 않는다. "이 날은 여호와께서 정하신 것이라"(시 118:24).

니느웨 사람들은 요나의 말을 듣고 하나님께 돌아왔다. 우리도 하나님이 오늘 우리에게 주시는 말씀을 듣고 그들처럼 반응할 수는 없을까?

내일 마음을 바꾸겠다고 기다리지 말라. 아주 단순하면서 결정적인 메시지다. 오늘이야말로 은혜받을 때다!

내 거실 작은 탁자에 둘러앉은 사람들은 이러한 개념에 크게 공감했다. 단순히 여기 하나님의 임재 안에 함께 있다는 것, 하나님의 말씀을 들으며 함께 빵을 나누고 잔을 마신다는 것, 이것이 곧 구원의 순간이요 이것이 곧 하나님께서 우리 가운데 나타나시는 순간이다. 우리에게 필요한 것은 바로 여기, 그뿐이다.

우리 성찬식에 처음 참석한 한 사람은 자신에게 들리는 성경의 메시지에 깊은 감동을 받았다. 그녀는 흡연 중독으로 고생하며 비참한 심경으로 우울해하던 차였다. 그녀는 말했다. "믿어지지 않아요. 여러분 모두가 하는 말이 다 저한테 하는 말 같아요. 결코 우연이라 할 수 없어요. 하나님이 이 말을 듣게 하시려고 저를 이 자리로 부르신 겁니다."

남은 하루는 1년 매일 묵상집 원고 손질로 바쁘게 보냈다. 다 잘된다면 곧 최종 원고를 출판사에 보낼 수 있을 것 같다.

2월 29일 목요일,
뉴멕시코주 산타페로 가는 길

　작년에 안식년을 구상 중일 때 텍사스 출신의 사랑하는 친구 맬콤이 내게 말했다. "산타페에 있는 우리 집에서 시간을 보내고 싶거든 언제라도 알려만 주세요." 참 좋은 아이디어라고 생각했다. 산타페라면 아비큐 사막에 있는 베네딕토회수도원 가는 길에 몇 번 들른 적이 있었고 그 지역 목사인 내 친구 웨인의 안수 및 취임 때 설교 차 들르기는 했지만 그 도시나 주에 대해서는 아는 바가 거의 없었다. 하지만 산타페를 아는 사람이라면 누구나 내게 이렇게 말하곤 했다. "가십시오. 마음에 드실 겁니다. 미국에서 가장 아름다운 곳 중 하나지요."

　나는 맬콤에게 그때의 초청을 끄집어냈다. 그는 3월 1일부터 10일까지가 제일 좋겠다고 했고 그래서 나는 지금 비행기 편으로 뉴멕시코주로 가고 있는 중이다. 맬콤이 앨버커키 공항에서 나를 맞이해 산타페로 데려갈 것이다. 그는 딸 앨리슨과 함께 내가 자기 집에 여장을 풀도록 도와준 뒤 토요일 날 다른 곳으로 떠날 것이다. 하지만 나 혼자 있게 되는 것은 아니다. 캘리포니아 출신의 장로교 목사인 내 오랜 친구 프랭크가 토요일 날 그리로 올 것이다. 우리는 일주일을 함께 보내기로 했다. 잔뜩 기대가 되면서 가슴이 벅차오른다. 새로운 세계에 마음을 활짝 연다.

1996년 3월.

탓하는 자세를
버리고

3월 1일 금요일,
뉴멕시코주 산타페

어젯밤 맬콤이 딸 앨리슨과 함께 앨버커키 공항에서 나를 기다리고 있었다. 다시 만나 반가웠다. 이곳 시각으로 밤 11시 반쯤 우리는 그의 산타페 집에 도착했다. 친숙한 느낌을 주는 작고 낭만적인 벽돌집 콘도미니엄. 일주일간 지내기에 이상적인 곳이다.

밤새 잘 잔 뒤 맬콤은 나를 사람들이 아침 식사 때 많이 찾는 식당으로 데려갔다. 나중에 우리는 캐년 로드에 있는 갤러리를 몇 군데 둘러보았다. 근처 식당에서 저녁을 먹은 후 앨리슨은 비디오를 하나 빌렸고 맬콤과 나는 피아노가 있는 카페에 갔다. 잠자리에 들 때는 몹시 고단했지만 맬콤과 앨리슨 그리고 그들이 보여 준 자상한 관심에 고마움을 느낀다.

3월 2일 토요일

아침 10시에 맬콤과 앨리슨과 함께 거실에서 성찬식을 가진 뒤 11시 반에 앨버커키 공항으로 떠났다. 맬콤과 앨리슨은 3번 탑승구에서 달라스로 떠났고 프랭크는 4번 탑승구로 샌프란시스코에서 도착했다! 다시 보니 너무 반가웠다. 작년 8월에 보고 처음 보는 것이었다.

프랭크와 나는 렌터카에서 차를 빌려 맬콤의 집으로 돌아왔다. 저

224

녁 6시에 장에 가서 먹거리를 사 왔다. 다시 가지 않아도 되게 일주일 먹을 만큼 충분히 샀기를 바란다! 가게들이 하도 커서 왠지 긴장되고 주눅이 들었다.

맬콤의 집은 아주 아늑하고 모든 것이 효율적이다. 이곳에 머무르며 읽고 쓰고 대화하고 기도하고 옥상에 올라 석양을 바라볼 것을 생각하니 벌써부터 행복해진다. 아마 그 밖에 다른 일도 하게 되리라. 이곳이 미국에서 가장 역사적인 곳 중 하나임을 감안할 때 말이다. 그만큼 이곳은 문화유산이 풍부하며 다양한 음악과 미술이 교차되는 곳이다.

3월 3일 일요일

오후에 산타페 거리를 거닐며 프랭크와 나는 이 도시를 형성해온 세 가지 문화(푸에블로 인디언 문화, 라틴 문화, 백인 문화)가 놀랍게 어우러져 있는 모습을 볼 수 있었다. 인디언들의 쥬얼리와 직조한 장식품, 도자기, 스페인 사람들의 건축이 있었으며, 갤러리에 걸린 작품은 대체로 미국 것이었다.

나는 인디언 주얼리와 검은색 바탕에 다시 검은색을 입힌 도자기의 멋에 매료됐다. 최근 사우디아라비아에 몇 달간 다녀온 프랭크는 인디언 주얼리가 베두인족의 그것과 아주 비슷하다고 했다.

다양한 갤러리에 전시된 현대 미술을 이보다 더 잘 감상할 수 있는 길은 없을 것이다. 뉴멕시코주의 격동의 역사, 장엄하고 선명한 일광,

다채로운 식물상, 그림 같은 벽돌집, 무엇보다도 경이감을 자아내는 사막의 정경 등을 소재로 한 작품이 많았다. 화가들이 눈앞에 펼쳐진 광활한 공간을 하나도 빼놓지 않고 전부 담으려 한 듯 그림은 대체로 아주 컸고 값도 매우 비쌌다. 정말 마음에 와닿는 것을 집어내기가 어려웠다.

어쨌든 이 도시야말로 미국의 참모습의 본산이라 해도 틀릴 것 같지 않다.

3월 4일 월요일

정오에 프랭크와 함께 산타페의 한 작은 출판사 사장인 짐을 찾아갔다. 짐은 내 친구 프레드의 오랜 친구다. 프레드는 내게 말했다. "산타페에 가시거든 꼭 제 친구 짐을 찾아가셔야 됩니다." 즐거운 시간이었다. 점심을 먹으며 우리는 각자의 지난 삶, 신앙, 책에 관해 이야기했다. 물론 산타페 이야기도 빼놓을 수 없었다.

나는 짐의 친절과 열린 태도와 솔직함과 지식에 깊은 감명을 받았다. 그는 자신의 일을 사랑하고, 편집자 겸 출판업자라는 자신의 역할에 자부심이 대단하며, 영적인 주제에 지대한 관심이 있다. 자신감과 아울러 겸손이 느껴지는 사람이다. 이 한마디 말이 그의 성품을 잘 보여 준다. "저는 사람들을 돕는 것이 좋지만 사람들이 저한테 고마움을 표하면 몸 둘 바를 모른답니다."

이번 방문이 새로운 우정의 시작이 되기를 간절히 바란다.

지난주 전화 통화 때 샌디에이고의 친구 조운은 내게 이렇게 말했다. "신부님이 산타페에 오시면 그리로 찾아가겠습니다. 이야기나 나눌까 해서요." 그러나 내가 산타페에 도착한 직후 그녀는 다시 전화해 이렇게 말했다. "괜찮다면 신부님이 이쪽으로 와 주실 수 있겠습니까?" 그래서 나는 오늘 조운과 함께 점심을 먹었다.

다시 만나 반가웠다. 거실에서 잠시 대화를 나눈 뒤 지난 12월에 수와 나와 다른 손님들이 함께 저녁을 먹었던 그 식당으로 갔다. 이렇게 다시 교제할 기회가 생겨 너무 좋았다. 우리는 많은 것을 이야기했다. 점심 식사 후 다시 조운의 집으로 돌아왔다. 꽃이 만발한 화사한 정원을 골프 카트를 타고 한 바퀴 도노라니 찬탄이 절로 나왔다.

산타페에 돌아와 나는 조운과의 우정을 되새겨 보았다. 조운은 보기 드물게 멋지고 훌륭한 여성이다. 우리의 대화에는, 안전하고 믿을 수 있으며 영적으로 유익한 친구를 찾으려는 서로의 갈망이 잘 드러나 있다. 조운과 같은 위치에 있는 사람이 그런 친구를 찾는다는 것은 쉬운 일이 아니다. 아까 우리가 식당에 도착했을 때에도 조운의 접시에 편지 한 통이 놓여 있었다. 편지에는 이렇게 적혀 있었다. "연락을 취할 길이 묘연하던 차에, 이 식당에 자주 오신다는 말을 들었습니다. 제 편지가 꼭 전해져 읽혀지기를 바라며 일단 이곳으로 편지를 부치기로 했습니다." 편지를 보낸 이는 어려운 사람들을 위한 한 구제 기관이 정부의 임시 예산 삭감으로 폐쇄될 형편에 처했다며 그런 사태를 막기 위해 조운에게 거액의 기부를 요청하고 있었다.

나는 말했다. "이렇게 돈을 요청하는 편지들을 받으면 가끔 버겁고, 그 한복판에서 좀 외롭지 않나요?" 조운은 웃으며 말했다. "글쎄요, 제 위치에 자연히 따르는 일인가 봅니다." 그녀는 점심 식사 자리에서 그런 편지를 받아 약간 심기가 불편했을지도 모르지만, 나는 편지를 보낸 이의 용기와 그 전략에 분명 보상이 따르리라는 생각이 들었다.

3월 6일 수요일

저녁 6시에 짐이 저녁을 먹으러 왔다. 프랭크와 나는 지난 월요일 짐과 함께 보낸 시간이 너무 즐거워 언제든 저녁 때 놀러 오라고 그를 초청했다.

식사 후 나는 짐에게 '플라잉 로드레이 가족'을 담은 비디오 〈그물 위의 천사들〉(Angels over the Net)을 보여 주면서, 그들에 대해 책을 쓰고 싶은데 아직도 적절한 틀을 찾지 못했다고 말했다. 로드레이 가족을 처음 만난 지 벌써 5년이 지났다. 그간 그들의 삶과 기예와 사상에 대한 정보를 여러 노트에 계속 수집해 왔지만 글을 쓰려 할 때마다 심한 망설임과 심지어 두려움마저 느껴진다.

짐의 반응은 아주 강경했다. "책을 쓰셔야 합니다. 지금까지 많은 에너지와 관심을 쏟으셨잖아요. 이 공중그네 곡예사들과의 우정을 계기로 신부님은 지금 뭔가 아주 중요한 것을 말하고 싶으신 겁니다. 자신의 직관을 믿으세요."

나는 말했다. "맞아요. 그 직관은 강합니다. 하지만 두려워요. 로드레이 가족을 처음 보던 날 내 안의 뭔가 아주 깊고 은밀한 부분이 건드려지는 것을 느꼈습니다. 열일곱 살 때부터 품었던 교제와 공동체와 친밀함의 갈망이 그들을 통해 생생히 되살아났어요. 신학교와 대학교 시절 그리고 교수로 지내는 동안 이런 갈망은 대부분 내 속에 묻혀 있었습니다. 간혹 정신적인 방황이나 호기심이나 고민을 통해서만 그 모습을 드러내곤 했지요. 라르쉬에 가면서부터 나는 이 모든 감정과 느낌과 열정에 주목하기 시작했습니다. 그러다 로드레이 가족을 보면서 새로운 의식의 세계로 빨려들었어요. 거기 그 허공에서 나는 내 가장 깊은 열망이 예술적으로 실현되는 것을 보았습니다. 어찌나 강렬했던지 지금도 감히 그것을 글로 옮기지 못하고 있습니다. 글은 물론 내 삶마저 철저히 새로운 단계로 들어서야 하기 때문이지요."

짐은 말했다. "저도 알고 있습니다. 비디오를 보고 알았지요. 오랜 세월 신부님 안에 미완성인 채로 남아 있는 그 무엇이 로드레이 가족을 통해 완성되고 있습니다. 공동체를 향한 신부님의 추구와 완성을 향한 깊은 갈망, 그런 것과 상관이 있습니다. 이 책을 쓰지 않으면 스스로 엄청난 성장의 기회를 거부하는 거예요. 물론 위험도 느껴지고 어려움도 있겠지만 사실상 다른 방도가 없습니다."

"하지만 그것은 궁극적으로 무엇에 관한 책일까요?" 내가 말했다.

그는 이렇게 대답했다. "공동체에 관한 책이지요. 가장 보편적인 의미에서 말입니다. 로드레이 가족의 사연을 통해 신부님은 모든 사람의 갈망을 표현할 수 있습니다. 단순히 그네를 타고 날아가 상대편 손을 잡는 이야기가 아니라 그들의 모든 곡예를 떠받치고 있는 보이지 않는 공동체에 관한 이야기입니다. 거기서 우리가 보는 것은 우정, 가족, 협력, 예술적 표현, 사랑, 헌신 등이며 그 밖에도 아주 많습니다. 전부가 공동체와 관련된 것이지요. 그것이 신부님의 마지막 주제입니다. 컴퓨터 세계의 도스, 즉 모든 것을 하나로 묶어 주는 보이지 않는 힘과 같은 것입니다. 그것은 별과 해와 달을 제 궤도에 붙들어 주고 하나님과 인류를 연결해 주며 사람들로 사랑에 빠져 새 생명을 낳게 하는 하나의 형이상학적 원리입니다. 그것은 모든 것의 기초가 되는 신비의 실체로, 손에 넣을 수 없고 말로 표현하기 힘든 것입니다. 신부님이 공중그네 이미지를 통해 건드려야 하는 것이 바로 그 실체입니다. 현재 신부님의 삶은 이미 그 모든 것과 아주 깊이 얽혀 있습니다. 더는 계속 무시할 수 없습니다. 표현하셔야 합니다. 신부님의 경우 그 표현 방식이 글쓰기인 셈이지요."

나는 짐의 통찰력에 깊은 도전을 받았다. 이 책의 탄생을 도와줄 사람으로 내가 찾던 사람이 바로 그인지도 모른다. 그가 떠난 후 나는 프랭크에게 이렇게 말했다. "짐과 더 많이 대화해야겠습니다. 짐을 만나려고 산타페에 온 건지도 모릅니다. 그간 질질 끌어온 이 작업에 드디어 손을 대려나 봅니다." 생각만 해도 짜릿했다.

3월 7일 목요일

아주 조용한 하루였다. 시내에 쇼핑을 갔다가 짐의 사무실에 잠시 들렀다. 나는 짐이야말로 로드레이 가족에 관한 책의 출간을 도와줄 이상적인 사람이라고 결론지었다. 지금까지 이 책을 쓰려는 내 열망에 짐처럼 긍정적이고 열렬하면서도 비평적인 반응을 보인 사람은 없었다. 그래서 나는 그에게 다시 한 번 우리 있는 곳에 와 달라며, 내 책의 편집자 겸 출판업자가 돼 줄 가능성에 관해 이야기해 보자고 했다. 그는 얼마든지 원하는 바라고 했다.

3월 8일 금요일

9시 반에 하버드 시절의 친구인 웨인이 찾아왔다. 1988년에 보고 처음 보는 것이다. 그때 나는 웨인의 안수 및 취임을 맞아 설교하기 위해 산타페에 왔었다. 현재 그는 '여정을 위한 양식'(Bread for the Journey)이라는 자선 기관 대표로 뉴멕시코주의 가난한 사람을 돕는 다양한 사업을 지원하고 있다.

그를 다시 만나 정말 좋았다. 그는 넓은 마음과 멋진 웃음을 지닌 다정하고 자상한 남자다. 한 시간가량 서로의 근황을 나눈 뒤 웨인은 프랭크와 내게 치마요 성지를 구경하러 가자고 했다.

사막을 가로질러 30분을 꼬박 달려 정오 무렵, 멋있는 치마요교회에 도착했다. 두 개의 탑이 있는 작은 벽돌 건물로 앞쪽에 예쁜 벽으로 둘린 안뜰이 있었다. 이 친근감 있는 건물을 흔히들 미국의 루르드(가톨릭에서 기념하는 프랑스의 성지)라 부른다. 해마다 30만 명에 가까운 사람들이 저 멀리서 걸어서 이곳을 찾는다. 세계 평화와 자신의 마음의 평화를 위해 기도하러 오는 이들도 있고 서원을 이행하러 오는 이들도 있고 치유를 찾아서 오는 이들도 있다.

작은 교회당 안으로 들어간 웨인과 프랭크와 나는 기도의 분위기에 압도됐다. 150년이 넘도록 사람들의 간구와 눈물과 감사와 찬양의 말이 그 내밀한 공간을 가득 채워 왔음을 피부로 느낄 수 있었다. 본 제단 위의 십자가 상은 여러 상징물이 그려진 장식 벽에 둘러싸여 있었으며 깊은 감동을 주었다. 그리스도의 얼굴에는 고뇌 가운데서도 온유함과 사랑이 넘쳤다. 점심을 먹은 뒤 다시 그 교회에 갔다. 그저 좀 더 그곳에 있고 싶어서였다.

집에 돌아오니 오후 3시 반쯤 됐다. 나는 낮잠을 잤고 프랭크는 식사를 준비하기 시작했다. 짐이 다시 저녁을 먹으러 오기로 했다.

짐과의 저녁 시간은 아주 유쾌했다. 우리는 서로의 지난 시절 이야기를 나누고 공중그네 책의 구상도 의논했다. 짐은 나와 함께 이 책을 다듬어 결국 자기 출판사에서 펴내는 일에 대환영이었다. 그가 떠나고 나는 흥미진진한 출간 작업뿐 아니라 소중한 우정이 시작됐음을 느꼈다.

3월 10일 일요일

아침 10시에 프랭크와 함께 '순교자의 십자가'가 있는 곳에 올라가 보았다. 산타페를 굽어보고 있는 작은 산자락 꼭대기에 자리한 커다란 하얀색 십자가다.

세인트프란시스성당에서 예배를 드린 뒤 엽서와 그림 카드를 몇 장씩 샀다. 한 중고 서점에 갔더니 치마요교회를 새겨 아름답게 칠한 판화가 눈에 띄었다. 한동안 들여다보니 깊이 마음이 끌렸다. 금요일 날 그곳에 갔을 때 느꼈던 모든 감정과 기분이 되살아났다. 영적인 가치를 지닌 물건처럼 느껴졌다. 약간 망설인 끝에 이번 산타페 여행의 추억으로 최고의 기념품이 아닐까 싶어 결국 사기로 했다.

저녁 일찍 집으로 돌아왔다. 가벼운 식사와 저녁 기도를 마친 뒤 일찍 자리에 들었다. 내일 아침 각자 샌프란시스코와 뉴어크행 비행기를 늦지 않게 타려면 새벽 5시에 집을 나서야 한다.

3월 11일 월요일,
피팩

아직 사방이 어스름할 때 프랭크와 함께 집을 나섰다. 조용하고 평온한 드라이브였다. 가면서 함께 기도했다.

나는 작별의 시간이 언제나 특별하기를 바라지만 왠지 뜻대로 잘 안 된다. 공항에서 나는 약간 심기가 틀어졌다. 작은 귀신이 우리가 함께 지냈던 모든 좋은 시간을 망쳐 놓으려고 나를 공격했던 것 같다.

우리는 공항에 일찍 가 잠시 커피를 마시기로 했다. 그러나 출구 옆의 작은 식당에 도착하자 프랭크는 커피든 음식이든 아무 생각이 없는 것 같았다. 왠지 심드렁해 보였다. 그는 탑승권을 받고 앨버커키 친구들에게 전화를 하느라 정신이 없어 보였다. 갑자기 나는 혼자가 된 기분이었다. 작별의 과정이 그저 형식 같았고 프랭크는 내심 혼자 있고 싶어 하는 것 같았다.

그런 생각이 다분히 괜한 투사(投射)라는 것도 속으로 알았고 그래서 프랭크를 나무라기보다는 내 기분이 이러이러하다는 식으로 이야기를 꺼냈다. 그래도 결국은 속에 담아 두지 못하고 불평이 터져 나오기 시작했다. 나는 말했다. "지금 어디 있습니까? 마음이 이미 여기 있지 않군요. 난 즐겁게 이야기하다 따뜻하게 헤어지기를 기대했는데, 프랭크는 휴가가 끝나 오히려 잘됐다고 생각하는 것처럼 느껴지네요."

프랭크는 강하게 반발했다. "함께 좋은 한 주간을 보냈다는 것을 부인하지 마세요. 전부 망쳐 놓을 필요는 없습니다. 맞아요, 전화도 걸어야 했고 커피 생각도 없었어요. 하지만 별일도 아닌 것을 큰일처럼 말씀하시네요. 나는 원래 공항에서는 대화가 잘 안 됩니다."

당황했다. 그리고 슬펐다. 함께 보낸 즐거운 한 주간을 망칠 생각은 없었다. 그러나 이미 우리는 아무것도 아닌 일로 말다툼을 하고 있었다.

내 비행기가 떠나기 직전 나는 평정을 되찾고 프랭크의 우정에 감사를 표할 수 있었다. 그래도 서운한 마음은 가시지 않았다. 오는 동안 내내, 감정을 제대로 처리하지 못한 내 무능을 탓했다. 집에 돌아오니 좋았다. 곧 짐을 풀고 편지와 팩스를 처리하기는 했지만 아침 일로 마음이 쩜쩜했다.

얼마 후 프랭크한테서 전화가 왔다. 나는 용서를 구했다. 한동안 이야기하고 나니 함께 보냈던 좋은 한 주간을 되찾는 데 도움이 됐다.

내일 읽을 복음서 말씀이 마음에서부터 용서하라는 내용임이 침대에 눕기 직전 생각났다.

3월 12일 화요일

산타페에서 보낸 단순하고 꾸밈없는 시간을 통해 나는 인생의 아름다움을 새로운 눈으로 보게 됐다. 우정, 예술, 자연, 역사 그리고 하나님의 초월적이면서도 내재적인 사랑의 확실한 임재가 내 마음을 감사로 충만케 했다. 살아 있음으로 인한 그리고 다른 이들과 더불어 살아 있음으로 인한 감사였다.

산타페의 건물과 기념물과 많은 벽돌집에는 고뇌와 희열이 함께 새겨져 공존하고 있다. 화가들과 조각가들과 작가들과 음악가들이 왜 그곳에 가 사는 것을 좋아하는지 충분히 알 것 같다. 많은 위대한 사람들이 산타페에 자신의 영혼을 남겼다. 그들은 거기서 자신의 영혼을 지키기도 했고 영감을 얻기도 했다. 이번의 짧은 체류 동안 나는 그들의 영혼의 현존을 느꼈고 모든 유한한 창작품에 빛나는 영원한 실체를 조금 맛보았다. 맬콤과 앨리슨과 짐과 웨인 그리고 누구보다도 프랭크의 도움으로 나는 인생극장의 무거운 커튼을 조금이나마 열어 둘 수 있었다. 그들은 우리 앞에 멋진 쇼가 준비되고 있음을 믿도록 사랑과 애정으로 나를 격려해 주었다.

벅찰 정도로 꽉 찬 그러면서도 기쁜 하루였다. 오늘은 뉴욕시에서
출판사 사람들을 만나는 날이었다.

크로스로드 출판사의 그웬돌린과 밥을 만나 내 책에 관해 의견을
나눈 뒤 함께 브루클린브리지 남쪽 프론트스트리트에 있는 그웬돌린의
아파트에 가 저녁을 먹었다. 친구들이 왔다. 아주 즐거운 저녁 시간이었
다. 재미난 이야기가 너무 많아 약간 넋을 잃긴 했지만 웃음꽃을 피우고
우정을 나누며 좋은 시간을 보냈다. 우리를 식당으로 데려가지 않고 자
기 집으로 초대한 그웬돌린이 정말 고마웠다. 책과 출판 문제도 약간 이
야기하긴 했지만 사업상의 식사라기보다는 행복한 가족 모임 같았다.
멋진 일과 멋진 삶이 함께 만나는 흔치 않은 경우 중 하나였다. 꼭 유럽
같은 기분이 들었다.

그웬돌린의 부모 헤르만과 메흐틸드와 보냈던 시간, 프라이부르크
에서 프란츠와 레니와 함께 보냈던 저녁 시간, 틸트에서 라누 가족과 저
녁을 먹던 일이 생각났다. 책을 쓰고 친구를 사귀고 공동체를 만들고 사
연을 나누는 모든 일이 한 사건으로 녹아들었다. 오늘 저녁은 언제까지
나 내게 뉴욕에서 보낸 유럽의 저녁으로 기억될 것이다. 그웬돌린이 독
일에서 가져와 자기 동료들에게 나눠 준 것이 무엇인지 이제 알 것 같다.
프론트스트리트를 걸으며 그녀 자신도 많은 이야기를 했다. "제가 여기
에 살기로 한 것은 약간 유럽 같기 때문이지요. 저는 여기가 좋아요."

로드레이 가족에 관한 책에 다시금 기운이 난다. 오늘 버나즈빌의 한 인쇄소에서 내가 1992년 11월에 인터뷰했던 모든 내용을 복사하여 제본했다. 전 비서 코니가 타이프를 친 것이다. 내가 수집한 정보의 양에 새삼 놀랐다. 노트로 세 권이나 됐다. 내일은 이것을 전부 산타페의 짐에게 보낼 참이다. 1993년 6월에 찍은 모든 사진은 캐시가 토론토에서 따로 짐에게 보낼 것이다. 짐의 반응이 어떨지 궁금하다.

예수님은 말씀하신다. "나와 함께하지 아니하는 자는 나를 반대하는 자요 나와 함께 모으지 아니하는 자는 헤치는 자니라"(눅 11:23). 두려운 말씀이다. 나는 예수님과 함께하고 싶지만 다른 많은 사람과도 함께하고 싶을 때가 많다! 나는 안전을 택하는 성향이 강하다. 모든 사람과 친구로 남고 싶다. 다툼이나 논쟁은 싫다. 사람 사이의 분란과 대결이라면 질색이다. 이것은 약점일까 장점일까? 용기가 없어 담대히 말하지 못하는 것이요, 거부당할까 봐 두려워하는 것이요, 다른 사람들에게 호감을 사려 집착하는 것일까? 아니면 사람들을 중재하여 화해시키고 가교를 이어 공동체를 이루는 것일까?

　예수님은 또 말씀하신다. "내가 세상에 화평을 주려고 온 줄로 아느냐 내가 너희에게 이르노니 아니라 도리어 분쟁하게 하려 함이로라 이후부터 한 집에 다섯 사람이 있어 분쟁하되 셋이 둘과, 둘이 셋과 하리니"(눅 12:51-52). 이 모든 엄중한 말씀들을 어떻게 봐야 할까? 종교적 분쟁이라면 이미 충분하지 않은가? 예수님은 지금 내게 대항적 삶을 선동하시는 것인가? 사람 사이에 분리를 조장하라고 부추기시는 것인가? 파솔리니의 영화 〈마태복음〉(The Gospel According to St. Matthew)이 지금도 기억난다. 그 영화는 예수님을 '보이는 사람마다 전부 이간질하는 분노에 찬 반항자'로 묘사했다.

　나는 어디까지나 예수님을, 우리를 하나님의 마음(사랑밖에 모르는 마음)으로 부르시는 분으로 보기로 내심 작정했다. 그분의 모든 말씀을 나는 바로 그런 시각에서 묵상한다. 엄중한 말씀들도 마찬가지다. 예수님은 분열을 가져오셨다. 그러나 그 분열은 편협한 마음이나 광신의 결과가 아니라, 사랑하고 용서하고 화해하라는 절체절명의 부르심의 결과다. 나는 그렇게 믿기로 했다.

　사람 사이에 이해를 심고 치유와 용서와 연합의 순간을 포착할 기회가 있을 때마다 나는 설사 너무 두루뭉술하고 너무 무르고 너무 헤프다는 비난을 받을지라도 그렇게 할 것이다. 이런 갈망은 진리에 대해 열정과 열의가 부족하다는 뜻일까? 나는 순교자가 될 각오가 없는 것일까? 줏대가 없는 것일까?

무엇이 내 약점의 산물이고 무엇이 장점의 산물인지 나도 매번 확실치 않다. 영영 모를지도 모른다. 그러나 내가 믿어야 할 것이 있다. 64년의 인생을 살며 내게는 딛고 서야 할 지반이 생겼다. 바로 예수님이 나와 함께 서 계시는 곳이 내가 설 땅이다.

이런 열망에도 불구하고 분열이 생긴다면 나는 용감하게 그것을 수용하고 살아야 한다. 분열을 막으려 할 때와 똑같이 사랑으로 말이다. 그때는 예수님의 엄중한 말씀이 오히려 위로가 될지도 모르리라.

3월 15일 금요일

어젯밤 텔레비전에서 빌 모이어스와 조셉 캠벨의 대화를 보았다. 80년대 제작된 연작 프로그램의 재방송이었다.

영적으로 바로 사는 것이 곧 세상을 섬기는 것이라는 캠벨의 말이 마음에 와닿았다. 먼저 물어야 할 것은 "얼마나 많은 일을 하는가?" 또는 "얼마나 많은 이들을 돕고 있는가?"가 아니라, "내 내면에 평화가 있는가?"이다. 묵상과 행동의 불일치가 사람을 오도할 수 있다는 내 믿음이 캠벨을 통해 더욱 확인됐다.

예수님의 행동은 하나님과의 내면의 교제에서 흘러나

온 것이다. 그분의 임재가 곧 치유였다. 그것이 세상을 바꾸었다. 어떤 의미에서 그분은 아무 일도 하시지 않았다! "[예수께] 손을 대는 자는 다 성함을 얻으니라"(막 6:56).

아침 성찬식 때 우리는 지상대명령에 관해 이야기했다. 동일한 주제였다. 마음과 생각과 힘과 목숨을 다하여 하나님을 사랑할 때 우리는 이웃과 자신을 사랑할 수밖에 없다.

자신의 깊은 자아와는 물론 이웃과 창의적으로 연결되는 것은, 하나님의 마음에 깊이 뿌리내릴 때에만 가능하다. 하나님의 마음 안에서 우리는 이 땅에 살고 있는 다른 인간도 하나님의 아들딸이요, 우리와 한 가족임을 보게 된다. 자신이 사랑받는 존재임을 깨닫고 누리며 이웃과 함께 기뻐하는 것도 바로 하나님의 마음 안에서다.

우리 사회는 경제적으로 생각한다. "하나님께 사랑을 얼마나 바칠 것인가? 이웃에게는 얼마나, 나 자신에게는 얼마나 줄 것인가?" 그러나 하나님은 말씀하신다. "네 사랑을 내게 전부 다오. 그러면 내가 네게 네 이웃과 너 자신을 주겠다."

지금 우리는 도덕적 의무나 윤리적 강령을 이야기하는 것이 아니다. 신비의 삶을 이야기하는 것이다. 우리에게 세상에서 살아가는 법과 하나님의 이름으로 행하는 법을 가르쳐 주는 것은 곧 하나님과의 친밀한 교제다.

예수님의 비유에 등장하는 한 바리새인은 따로 서서 하나님께 이렇게 기도한다. "하나님이여 나는 다른 사람들 곧 토색, 불의, 간음을 하는 자들과 같지 아니하고 이 세리와도 같지 아니함을 감사하나이다"(눅 18:11). 우리가 종종 드리는 기도다.

"내가 저 남자, 저 여자, 저 사람 같지 않은 것을 감사합니다. 저 가정, 저 나라, 저 인종에 속하지 않은 것이 얼마나 다행인지요. 저 회사, 저 팀, 저 무리의 일원이 아니니 나는 복된 자입니다!" 대부분 이런 기도가 끊이지 않는다. 우리는 언제나 속으로 자신을 타인과 비교한다. 자신이 남들보다 나음을 어떻게든 확인하려 하는 것이다. 이것은 우리의 두려움 많은 자아에서 솟아나는 기도다. 이 기도가 우리의 많은 생각과 행동을 좌우한다.

그러나 이것은 아주 위험한 기도다. 그것은 우리를 긍휼에서 시샘으로, 시샘에서 경쟁으로, 경쟁에서 폭력으로, 폭력에서 전쟁으로, 전쟁에서 파멸로 몰아간다. 그것은 거짓으로 점철된 기도다. 그토록 몸부림치며 밝혀 보려 해도 실상 우리는 남들과 전혀 다르지 않기 때문이다. 오히려 반대다. 우리의 가장 깊은 정체는 다른 사람들과의 유사성에 뿌리를 두고 있다. 즉 우리는 다 약하고 깨어진 죄인이며 그러면서도 하나님의 아들딸인 것이다.

나는 심지어 자신이 다른 피조물, 동식물이나 바위 같지 않다는 이유로 하나님께 감사해서도 안 된다고 생각한다! 사실 우리는 자신이 다른 피조물과 같은 것을 감사해야 한다. 누가 더하고 덜하다 할 것 없이 모두 하나님의 피조 세계에 꼭 필요한 존재다. 겸손(humility)이란 바로 그런 것이다. 우리는 흙(humus)에 속한 자요 땅에 속한 자다. 바로 이 소속감에서 우리는 감사의 깊은 이유를 찾을 수 있다.

우리의 기도는 이래야 한다. "하나님, 저를 하나님의 피조 세계의 한 부분으로 이렇게 가치 있게 만드셨으니 감사합니다. 이 죄인을 긍휼히 여겨 주소서." 이 기도를 통해 우리는 의롭다 하심을 받을 것이요(눅 18:14), 하나님 나라에서 자신의 의로운 자리를 찾게 될 것이다.

앤서니 하일버트의 전기에 나타난 토마스 만은 믿어지지 않을 만큼 복잡한 성격의 소유자다. 그는 자제력 있으면서도 관능적인 자요 예술인이면서도 정치 수완이 좋은 자요 포용력 있으면서도 우울한 자요 상상력이 풍부하면서도 자기도취적인 자요 자신을 드러내면서도 깊이 숨겨진 자요 유명하면서도 칭찬에 굶주린 자요 항상 종교적인 주제에 몰두했으면서도 자칭 불신자다. 만은 강렬한 반독재 성향 때문에 독일에서 도망쳐야 했지만 결국은 매카시 선풍 때 공산주의자로 지목돼 미국에서 '도망쳐야' 했다. 그의 주변 예술가들 사이에 있던 모든 적의와 질투와 증오와 쩨쩨한 경쟁은 내게 큰 충격을 주었다. 그의 집안이 겪은 고통과 비극도 마찬가지다. 마침내 모든 것은 자살로 끝났다! 하일버트는 이렇게 썼다. "망명자들 사이의 자살률은 전염병처럼 높아졌다."

만은 그의 마음과 사회를 어둡게 했던 내외적 암운으로부터 영영 자유를 얻지 못했던 것 같다. 그는 오래 살며 많은 작품을 썼지만 그의 생애는 비극으로 얼룩진 삶이었다. 구속(救贖)은 끝내 그를 비켜 간 듯하다. 자신을 구속하기 원했지만 끝내 이루지 못한 것이다.

3월 17일 일요일

날 때부터 맹인인 사람의 비극이 누구의 죄로 인한 것이냐는 질문에 예수님은 누구의 죄 때문도 아니라고 답하셨다. "[이 사람이 맹인으로 난 것은] 그에게서 하나님이 하시는 일을 나타내고자 하심이라"(요 9:3).

우리는 자신이나 다른 사람들의 비극을 볼 때마다 누구 탓인지 따지느라 골몰한다. 부모 탓인가? 내 탓인가? 이민자들 탓인가? 유대인들 탓인가? 게이들 탓인가? 흑인들 탓인가? 근본주의자들 탓인가? 가톨릭 신자들 탓인가? 자기를 포함해 누군가 손가락질할 대상을 찾을 때 우리는 묘한 만족을 느낀다. 의문이 어느 정도 풀리면서 다소나마 감이 잡히는 것이다.

그러나 예수님은 우리가 자기 자신이나 다른 사람들의 문제를 그렇게 탓하는 자세로 푸는 것을 원치 않으신다.

우리의 어둠 속에서 하나님의 빛을 분별해 내는 것, 그것이 그분이 우리에게 던지시는 도전이다. 예수님의 시각으로 보면 모든 것이, 심지어 가장 비참한 사건까지도 하나님의 하시는 일을 나타내는 통로가 될 수 있다.

탓하는 자세를 버리고 하나님이 우리 속에서 하시는 일을 선포하는 쪽으로 나아갈 각오만 있다면 내 삶은 근본부터 얼마나 달라질 것인가!

삶의 외양과는 별 상관이 없다고 생각한다. 비극이란 누구에게나 있다. 죽음, 우울, 배반, 거부, 가난, 분리, 상실 등 끝이 없다. 사건 자체는 대개 우리로서 어쩔 수 없다. 그러나 우리는 어떤 반응을 택하며 사는가? 책임 공방에 급급한가, 아니면 하나님의 일을 목도할 기회로 삼는가?

성경은 처음부터 끝까지 인간 비극의 이야기다. 그러나 그 비극을 이스라엘 백성을 향한 하나님의 무조건적 사랑의 맥락 안에서 받아들이고 되새길 때 그 이야기는 성스러운 역사가 된다.

　오늘 아버지와 통화했다. 아버지에게 물었다. "네덜란드 신문에 매일 실리는 제 칼럼이 어떻던가요?" 아버지는 잠시 뜸을 들이다 조심스레 말했다. "글쎄, 좀 나은 것도 있긴 하더라만…… 칼럼을 쓴다는 게 쉬운 일이 아니지." 고등학교 때 내 성적표에 보인 반응과 별다르지 않았다. 그게 아버지 성격인 줄 알면서도 약간 상처가 됐다. 그래서 네덜란드의 한 친구에게 전화했다. 그 친구는 내가 듣고 싶어 한 대답을 들려주었다. "아주 좋습니다." 기분이 한결 나아졌다. 내 마음은 참 이상하다. 말로는 사실을 듣고 싶다고 하면서도 속으로는 늘 칭찬을 바라고 있다니!
　아버지 말이 맞다. 좀 나은 것도 있고 덜한 것도 있다.

3월 18일 월요일

　오늘은 전화 통화가 많았다. 우선 짐과 통화했다. 짐은 공중그네 원고와 관련 사진을 다 잘 받았다고 했다. 그는 내가 로드레이 가족과 더 이상 시간을 보내지 않아도 얼마든지 책이 나올 수 있다며 대단한 열의를 보였다. 큰 힘이 된다. 다음은 칼과 통화했다. 칼은 데이브레이크 뉴스레터에 실을 거라며 내게 아담에 관한 짤막한 글을 부탁했다. 밤에 그 글을 썼다. 손볼 곳이 많겠지만 그래도 칼의 마음에 들었으면 좋겠다.

　이어 산타페에 있는 웨인에게 전화해, 즐거웠던 치마요 여행에 대해 감사를 표했다. 나는 그에게 그의 자선 기관 이름인 '여정을 위한 양식'(Bread for the Journey)을 내 1년 매일 묵상집 제목으로 사용해도 좋겠는지 물었다(한국에서는 《영혼의 양식》이라는 제목으로 출간되었다). 난데없이 오늘 아침 그 제목이 마음에 떠올랐다. 잠시 후에야 그 씨앗을 뿌린 것이 웨인임을 깨달았다. 그는 '자기가' 붙인 이름의 사용을 아주 기쁘게 허락해 주었다. 약간 산만하기는 했지만 좋은 하루였다.

3월 20일 수요일

　요즘은 기운이 쌩쌩하고 힘이 넘친다. 지금의 건강이 다분히 많은 친구들의 사랑의 후원의 직접적인 결과임을 늘 느끼고 있다. 지금 이 순간 나를 향한 타인의 어떤 분노나 적의도 느껴지지 않는다. 우리 가족, 특히 네이선과 수를 위시한 데이브레이크 사람들, 가까이 혹은 멀리 있는 많은 친구들과 모두 아름다운 조화를 이루고 있는 느낌이다. 이런 상황에 있을 때면 내가 속으로 얼마나 연약한 존재이며 작은 일에도 균형을 잃는 사람인지 망각하기가 쉽다. 작은 거부나 사소한 비평 한마디에도 내 가치를 의심하며 자신감을 잃을 수 있는 사람이 바로 나다.

3월 21일 목요일

봄이 시작되는 날. 아직도 쌀쌀하고 흐리고 습하며 집 안에는 난방 장치가 돌아가고 있다. 그러나 적어도 새로운 색깔과 새로운 햇살과 새로운 나뭇잎에 대한 약속은 있다. 그 모든 모습을 어서 속히 보고 싶다.

내일은 네이선이 온다. 생각만 해도 좋다. 네이선은 종려주일까지 여기 있을 것이다. 그를 환영하여 내 새집을 보여 주고 앞으로 8일 동안 기도와 식사와 여행과 좋은 대화로 우정을 나눌 생각을 하니 참 기쁘다.

3월 22일 금요일

네이선을 마중하러 혼자 뉴어크 공항까지 차를 몰고 가면서 불안했다. 길을 잘 찾아 제시간에 도착하고 싶은 마음이 어찌나 간절했던지 결국 에어캐나다 출구 앞에 당도하니 비행기 도착 시간이 아직도 한 시간이나 더 남아 있었다.

터미널 C를 왔다 갔다 하며 시간을 보냈다. 수천 명의 사람들이 오가는 아주 큰 공간이었다. 급한 안내 방송이 끊이지 않았다. 작은 술집이며 식당에는 손님들이 가득 차 있었다. 서점과 신문 매점이 여럿 있었고 여기저기 여행객들이 줄지어 기다리고 있었다. 거대한 홀 안을 거닐면서 나는 연신 놀랐다. 사람들이 많음에 놀랐고 그런데도 내가 아는 사람이 하나도 없음에 놀랐다. 갑자기 혼자가 된 기분이었다. 무리 속에서 잊힌 기분, 낯선 나라에 나그네가 된 기분이었다.

오후 4시 45분에 네이선이 도착했다. 출구에서 나오는 모습이 보이자 기분이 좋았다. 무수한 얼굴 중 나를 알아보며 미소 짓는 유일한 얼굴이었다.

3월 23일 토요일

네이선에게 주변을 안내하느라 거의 온종일을 보냈다. 혼자서 차를 몰고 원하는 곳을 자유로이 다니려면 주변을 잘 알아 두는 것이 좋을 것 같았다. 나를 믿어 주고 사랑해 주고 안전하게 지켜 주며 내게 비밀 없이 모든 것을 털어놓는 친구가 있다는 것은 정말 기쁜 일이다.

3월 24일 일요일

나사로의 부활은 신약 성경에서 가장 복합적 의미를 띤 기사 중 하나다. 여러 차원의 의미가 있다. 오늘 아침 이 말씀을 나누었다. 어느 차원을 넘나들고 있는지 나 역시 늘 명료하지만은 않았다.

첫째, 예수님에 대한 죽음의 위협과 나사로를 향한 생명의 부르심이 잘 대조돼 있다. 예수님이 제자들에게 "나사로가 죽었느니라 내가 거기 있지 아니한 것을 너희를 위하여 기뻐하노니 이는 너희로 믿게 하려 함이라 그러나 그에게로 가자" 하셨을 때 도마는 동료 제자들에게 이렇게 말했다. "우리도 주와 함께 죽으러 가자"(요 11:14-16). 나사로에게 간다는 것은 유대로 간다는 것이요 유대는 예수님의 적들이 그분을 죽이려 하던 곳이다. 그러나 나사로에게 간다는 것은 생명의 자리로 간다는 뜻이기도 했다. 나사로의 부활은 삶과 죽음이 만나는 사건이다. 나사로가 살아난 후부터 지도자들은 예수님을 죽일 결심을 굳혔다(요 11:53).

이 모든 일은 예수님이 자신의 죽음과 부활에 대해 친구들과 제자들을 준비시키는 과정으로 볼 수 있다. 나사로를 살리심으로 예수님은 자신이 과연 부활이신 것과(요 11:25) 곧이어 찾아올 자신의 죽음이 결코 끝이 아님을 보여 주신다.

둘째, 사랑 이야기가 있다. 나사로는 예수님의 가장 가까운 친구 중 하나였다. 나사로에 대한 깊은 사랑과 나사로의 누이들을 한없이 긍휼히 여기시는 마음 때문에 예수님은 그를 다시 살려 주셨다. 예수님이 누군가를 다시 살리실 때마다(나인성 과부의 아들, 야이로의 딸) 우리는 극진한 사랑과 긍휼을 볼 수 있다. 이 사랑과 긍휼이 바로 새 생명의 근원이다.

셋째, 나사로가 병들었다는 소식을 처음 들으셨을 때 예수님이 하신 말씀이 있다. "이 병은 죽을병이 아니라 하나님의 영광을 위함이요 하나님의 아들이 이로 말미암아 영광을 받게 하려 함이라"(요 11:4). 다른 많은 상황에서와 마찬가지로 예수님은 비참한 사건을 하나님의 영광을 드러내는 기회로 보신다.

이 모든 차원이 어떻게 서로 만날까? 이 질문에 가장 잘 답하는 길은 예수님 자신의 죽음과 부활을 보는 것이다. 거기서 우리는 죽음의 마지막 힘이 정복되는 것을 본다. 거기서 우리는 이 죽음의 정복이, 예수 님을 깊이 알았던 사람들을 향한 사랑의 맥락에서 이루어지는 것을 본 다. 그리고 거기서 우리는 인류 역사상 최대의 비극이 온 세상의 구원의 길이 되는 것을 본다.

3월 27일 수요일

아침 성찬식에 상당히 많은 이웃이 모였다. 작은 공동체가 형성되는 느낌이다. 아직은 초점이 나한테 많이 있지만, 점차 사람들이 성찬식의 신비를 깨닫고 예수님의 임재로 힘을 얻게 되기를 바란다. 그분은 빵과 포도주라는 선물 가운데 그리고 함께 앉은 형제자매라는 선물 가운데 가시적으로 임하신다.

남은 하루는 좌절의 연속이었다. 모두가 복사, 팩스, 제본, 발송과 관련된 것이었다. 글 쓰고 기도하고 묵상할 시간이 거의 없었다. 수많은 작은 일이 하루를 다 잡아먹는다. 꼭 필요한 일이지만 시간이 많이 걸리고 마음을 극도로 산만하게 한다.

다행히 네이선과 함께 지내는 즐거움 덕에 소소한 일들에 마음을 완전히 '뺏기지는' 않고 있다.

오늘 아침 성찬식 때 우리는 하나님의 언약을 이야기했다. 하나님은 말씀하신다. "나는 너희 하나님이다. 너희가 내게 신실하지 않을 때에도 나는 너희에게 신실할 것이다." 인류 역사를 통해 하나님의 이 신실하심은 우리와 친밀해지고 싶어 하시는 그분의 커져 가는 열망으로 나타난다.

처음에 하나님은 우리를 위한 하나님이셨다. 우리의 보호자요 방패셨다. 그러나 예수님이 오시면서 하나님은 우리와 함께하시는 하나님이 되셨다. 우리의 동반자요 친구가 되셨다. 끝으로 예수님이 성령을 보내실 때 하나님은 우리 안에 계시는 하나님으로 나타나셨다. 우리의 호흡이자 심장박동 자체가 되신 것이다.

우리의 삶은 깨진 관계, 깨진 약속, 깨진 기대 등 깨진 것투성이다. 우리의 삶 가운데 계시는 하나님의 신실하신 임재로 거듭거듭 다시 돌아오지 않고서야 어떻게 원망과 울분 없이 깨진 삶을 살아갈 수 있단 말인가? 이렇게 다시 돌아갈 '곳'이 없다면 우리의 여정은 금방 어둠과 절망에 빠질 수밖에 없다. 그러나 안전하고 든든한 집이 있기에 우리는 계속 믿음을 새롭게 할 수 있으며, 삶의 많은 실패를 통해 오히려 언약의 하나님과 더 깊은 연합으로 나아가게 됨을 끝까지 믿을 수 있다.

네이선과 나는 잠깐 쇼핑도 다녀왔지만 거의 온종일 책상에 앉아 글을 쓰며 보냈다. 저녁 7시에 우리는 페기의 집에 가 맛있는 저녁을 먹고, 그 집에만 가면 언제나 그렇듯 아주 활기찬 대화를 나누었다. 페기는 네이선을 더 알고 싶어 했고 네이선은 자신의 삶과 소명과 라르쉬에 대한 깊은 사랑을 아주 신나게 들려주었다. 아름다운 우정이 새로이 싹트는 것을 볼 수 있었다. 보기만 해도 얼마나 기쁜 일인지!

3월 29일 금요일

오늘 밤 네이선과 외식을 하면서 삶에 관해, 우리 둘의 관계의 기복에 관해 아주 솔직하고 격의 없는 이야기를 나누었다.

우리의 우정은 프랑스에서 시작돼 첫해에 깊어졌다. 그러나 나중에 데이브레이크에서는 스트레스가 많았다. 내가 그를 지나치게 의존하는 바람에 끝내 우정이 깨지고 말았다. 깨진 우정은 내 안에 많은 부작용을 불러일으켰다. 분리의 고통이 너무 깊어 나는 6개월간 공동체를 떠나야 했다. 신뢰를 재발견하고 희망을 다시 찾아야 했다. 말할 것도 없이 내 인생에 가장 힘들고 괴로웠던 시기 가운데 하나였다. 그때만 해도 내가 생전에 데이브레이크로 다시 돌아가 네이선과 같은 공동체에서 살 수 있을지 아득하기만 했다.

드디어 때가 왔다. 나는 공동체로 돌아갔고 우리의 우정은 조금씩 꾸준히 회복되면서 오히려 더 깊어졌다. 오늘 우리는 신앙인으로서, 데이브레이크 공동 지도자로서 서로 아낌없이 나눠 주고 세워 주는 헌신된 친구 사이다.

저녁을 먹으면서 네이선은 내게 불평을 줄이고 좀 더 긍정적인 자세를 가지라고 말했다. "초청을 일단 수락했으면 너무 바쁘다고 불평하지 마세요. 모든 일이 잘 풀릴 때에는 공연히 애매모호한 말로 사람들의 특별한 동정을 사려고 하지 마세요." 나는 불평하는 태도를 벗어버린 줄 알았건만 네이선은, 지금도 그런 태도가 계속 불거져 나오면서 내 기쁨과 평안을 온전히 주장하지 못하도록 막는다고 지적하고 있었다.

글쎄, 생각하며 노력해야 할 것이 참 많다.

내일은 수와 칼과 존이 뉴욕시에서 인도 중인 짧은 수련회를 마치고 이곳에 다니러 온다. 좋은 시간이 될 것 같다.

3월 30일 토요일

오후 3시 반에 수와 칼과 존이 버스로 버나즈빌에 도착했다. 그들은 기분이 좋았고 자신들이 인도한 단기 수련회에 꽤 만족하고 있었다.

그들은 페기의 집에 짐을 푼 뒤 내가 묵고 있는 작은 게스트 하우스로 건너왔다. 데이브레이크의 근황을 주고받으며 모두 즐거운 대화를 나눴다. 곧 존은 쉬러 들어가고 칼은 산책을 떠났다. 나는 네이선과 수와 함께 9월 이후 데이브레이크에서의 내 역할이 무엇일지 꼬박 한 시간 동안 이야기했다. 안식년 후에도 공동체에서 어떤 식으로든 목회자로 섬기되 글쓰기를 쉬지 않고 싶다는 내 생각이 갈수록 확고해진다.

현재는 수가 목회자 역할을 임시로 감당하고 있다. 수는 그 역할을 1년 더 맡을 의향이 있을까? 공동체는 내게 외유의 시간을 좀 더 연장해 줄 수 있을까? 그렇다면 나는 도중에 이따금씩 데이브레이크를 방문할 수 있으리라. 나는 데이브레이크 안에 직접 작은 집을 짓는다는 계획을 밀고 나가야 할까? 아니면 새 데이스프링이 지어지면 현재의 데이스프링을 그대로 물려받아야 할까? 목요일에 데이브레이크에서 있을 회의를 준비하며 우리는 이런 문제를 의논했다.

오늘 내 친구 클레어가 죽었다는 소식을 받았다. 그녀가 앓고 있다는 것을 알았기에 늘 한번 찾아가 보고 싶은 마음이 있었지만 결국 가 보지 못해 후회스럽다.

몇 년 전 클레어는 신앙에 도움을 받고자 데이브레이크를 찾아왔다. 그녀는 버림받았다는 감정과 깊은 우울로 고생하고 있었으며 수년간 정신과 의사를 만났지만 별 차도가 없었다. 사회의 '고위층'으로 살면서 세상의 명사들을 많이 알았음에도 그녀는 외로움에 시달릴 때가 많았다. 아무도 자기를 몰라주는 것 같았다. 그 모든 감정의 배후에는 이런 질문이 도사리고 있었다. "사람들은 정말 내 조건이 아니라 나를 사랑하는 것일까?"

수와 나는 그때 그녀와 몇 차례 대화를 나눴지만 그녀에게 정말 깊은 영향을 주었던 시간은 뉴 하우스에서 아담, 로지, 존, 마이클, 빌, 그리고 협력자들과 함께 저녁 식사를 했을 때다. 그녀의 삶과는 전혀 딴 세상이었다. 뉴 하우스에서 시간을 보내는 동안 그녀의 내면에는 뭔가 변화가 일어났고 그 뒤로 클레어는 확 달라졌다. 조건 때문이 아닌 자기의 있는 모습 그대로 받아들여짐을 경험했다. 그곳에는 그녀의 삶과 명성과 부와 많은 연줄에 대해 아는 사람이 아무도 없었다. 그녀는 그저 클레어였다. 그런데도 식탁에 둘러앉은 사람들은 그녀를 특별한 존재로 대했다.

데이브레이크를 다녀간 뒤로 나는 클레어에게 종종 전화했고 몇 번 찾아간 적도 있었다. 그때마다 그녀는 똑같은 말을 했다. "데이브레이크에 갔다가 우울증이 사라졌어요. 건강에 문제가 많아 병원에 자주 가야 하지만 이제는 하나님이 내 곁에 계시며 내가 사랑받고 있음을 안답니다."

이제 클레어는 죽었다. 그 몸은 마침내 더 이상 영혼을 붙들어 둘 수 없게 됐다. 오랜 고생 없이 죽음을 쉽게 맞이했다니 다행이다. 클레어는 하나님, 남편, 자녀들, 많은 친구들과 화평한 관계 안에서 세상을 떠났다. 그녀의 딸은 내게 장례식에 참석해 성찬식 인도와 설교를 맡아 달라고 부탁했다. 장례식에 참석할 많은 사람이, 클레어가 데이브레이크의 깨진 사람들을 통해 느꼈던 하나님의 극진하신 사랑을 조금이라도 알게 됐으면 좋겠다. 그렇게 기도한다.

3월 31일 일요일,
워터타운

거실에서 20여 명의 사람들과 함께 아주 감격스러운 종려주일 성찬식을 가졌다. 페기의 집에서 팬케이크로 아침을 먹은 뒤 페기가 네이선, 수, 칼, 존, 나를 뉴어크 공항에 데려다주었다. 네이선과 수와 칼과 존이 토론토로 떠난 뒤 나는 바로 보스턴으로 떠났다.

조너스가 보스턴 공항에서 기다리고 있었다. 다시 만나 정말 반가웠다. 내 방문의 주요 목적은 저녁 때 케임브리지 세인트폴가톨릭교회에서 열리는 조너스의 책 *Rebecca*(레베카) 출간 기념 예배에 참석하는 것이었다.

아름다운 시간이었다. 500여 명의 사람들이 참석했다. 조너스와 나는 레베카의 죽음과, 그로 인한 슬픔에서 감사로의 여정에 관해 간단히 간증을 나누었다. 특별히 오늘은 고난주간 첫날이기 때문에, 아이의 죽음을 계기로 마련된 자리가 부활의 신비로 깊이 들어가는 영적 준비의 시간이 됐다. 우리는 떼제 찬송을 여러 곡 불렀다. 조너스는 피리로 두 곡을 연주했다. 잠깐 휴식 시간을 가진 뒤 몇몇 사람들이 자녀나 가족이나 친구의 죽음과 관련된 저마다의 아픔을 털어놓았다.

한 여성의 사연이 마음에 깊이 와닿았다. 오래전 그녀는 미혼모가 된 것이 창피해 어린 아들을 입양시켰다. 20년 후, 아들을 찾아 수소문하던 중에 그녀는 아들이 여덟 살 때 사고로 죽었다는 사실을 알게 됐다. 그 소식을 들은 그녀는 걷잡을 수 없는 상실감과 큰 슬픔에 휩싸였다. 그러나 점차 고통을 이겨 낼 수 있었다. 그 경험을 통해 그녀는 신학을 공부하게 됐고 현재 목회학 석사 학위를 받을 날을 눈앞에 두고 있다.

이런 여러 사연들이 그 저녁 시간을 특별하게 해 주었다. 우리는 함께 기도한 뒤 주기도문으로 모임을 마쳤다. 끝난 뒤에도 많은 사람이 자리를 뜨지 않고 함께 대화를 나눴다. 교회에 비치된 조너스의 책은 모두 팔렸다.

놀라운 밤이었다. 마거릿과 조너스와 많은 옛 친구들과 함께 그 자리에 있을 수 있어 참으로 감사하다. 함께 나눈 눈물 속에 사랑과 기쁨이 있었다. 마거릿과 조너스가 딸 레베카에 대한 감정을 털어놓을 수 있었고 질의응답 시간에 줄곧 자리를 지킬 수 있어서 특별히 기뻤다.

1996년 4월.

부활, 단지
사후의 사건이 아니라
일상생활의 현실

4월 1일 월요일,

뉴욕

어제는 왠지 완전히 녹초가 됐다. 오늘은 실컷 잤다. 오전 11시에도 조너스의 집을 잠옷 바람으로 돌아다녔다. 옷을 챙겨 입고 일과를 시작할 마음이 나지 않았다.

저녁 6시에 크리스터가 아내 브리타와 함께 조너스와 마거릿의 집에 저녁을 먹으러 왔다. 크리스터는 하버드신학대학원 재직 중 나를 교수로 불러 준 사람이다. 나는 그의 초빙을 수락했으나 내가 하버드에 가고 얼마 안 돼 그는 스톡홀름에 있는 루터교회 주교가 돼 떠났다. 크리스터와 브리타가 스톡홀름에서 4년을 보내고 다시 케임브리지로 돌아왔을 때는 내가 라르쉬에 들어가느라 강단을 떠난 뒤였다. 크리스터는 나를 하버드로 데려온 것에 약간 죄책감을 느꼈을지도 모른다. 내가 그곳에서 힘들고 여러 가지로 실망스러운 시간을 보낸 것을 그도 알고 있었기 때문이다.

나는 그에게, 하버드에서 보낸 시간에 마음속에 조금도 불만이 없으니 그것 때문에 죄책감 느낄 필요가 전혀 없다고 말했다. 그런 말을 할 기회가 생겨 기뻤다. 하버드에 있던 3년 동안 특히 조너스와 마거릿을 포함해 좋은 친구들을 많이 사귀었다는 이야기도 했다. 교수 생활도 좋았지만 내 깊은 열망은 묵상이 있는 공동체 안에서 가난한 이들과 함께 사는 삶임을 깨닫게 됐다고 나는 말했다. 하버드가 아니었다면 나는 라르쉬를 선택할 수 없었을지도 모른다. 12년의 공백 후에 크리스터와 브리타와 다시 돈독한 우정을 맺게 돼 정말 기뻤다.

저녁 9시에 조너스가 나를 공항에 데려다주었다. 밤 11시 45분에 뉴욕 웬디와 제이의 집에 도착했다. 내일 있을 클레어의 장례식 생각에 약간 긴장된다.

4월 2일 화요일,
캐나다 리치먼드 힐

아침 9시 조금 전에 클레어의 장례식이 열리는 교회에 도착했다. 관이 들어올 때는 교회당 안이 거의 꽉 차 있었다. 예배 분위기는 아주 차분했다. 설교를 통해 나는 클레어의 가난(사랑을 갈구하던 그녀의 상한 심령)과 그녀가 받은 복에 관해 이야기했다. 그녀의 진정한 복은 명성이나 부나 성공에 있었던 것이 아니라 작고 외로운 마음에 가려져 있었음을 강조했다.

오후 2시에 나는 토론토로 떠났다. 고난주간과 부활절을 공동체와 함께 보내기 위해서였다. 데이브레이크에 도착하자 수와 칼과 네이선과 캘거리에서 온 네이선의 부모가 데이스프링에 모두 모였다. 함께 저녁을 먹었다. 집에 돌아오니 참 좋다.

바쁜 하루였다. 사무실에서 일하고 몇몇 기획 회의에 참석하고 처치 스트리트 하우스에서 저녁을 먹었다. 다른 일도 많았지만 오늘 하루 내 감정을 지배한 사건은 한 남자의 자살 소식이었다. 나도 조금 알던 사람이다.

4년 전쯤 그를 처음 만났을 때 나는 그의 친절에 깊은 인상을 받았다. 이후 몇 년간 그와 접촉이 없다가 최근 한 강연회에서 그의 모습을 보고는 감사했다. 그는 아주 좋아 보였다. 마음이 열려 있고 밝아 보이기까지 했다. 서로 끌어안은 뒤 나는 말했다. "몇 년 만에 다시 만나니 정말 반갑습니다." 마침 주변에 너무 많은 사람이 북적거리고 있어서 그 말밖에 할 수 없었다.

그 이튿날 나는 특별한 점심 약속도 없고 해서 그의 집으로 전화했다. 자동응답기만 돌아가고 있었다. 직장 전화번호를 몰랐으므로 일단 메시지를 남겼다. 누구든 전화를 받아 내가 점심 약속이 없다는 이야기를 전해 주기를 바랐다. 그러나 아무 일도 없었다.

그러다 어젯밤 그의 친구 빈센트한테서 전화가 왔다. 월요일 오후 그가 건물 옥상에서 떨어져 자살했다는 것이었다.

속이 온통 뒤집혔다. 무엇을 생각하고 무엇을 느껴야 할지도 모른 채 그저 망연자실했다. 어떻게 된 것일까? 왜 자살했을까? 룸메이트는 어디 있었을까? 섬광처럼 스치는 이 모든 생각 이면에는 상실감이 있었다. 그는 갔다. 다시는 볼 수 없으며 다시는 알 기회가 없을 것이다. 앞길이 구만리 같던 그 젊은 생명이 한순간에 속절없이 꺾이고 말았다. 내가 잘 아는 사람은 아니었지만 그는 내 마음에 흔적을 남겼고 그 기억이 아직도 선했다. 그의 우울이나 내적 고뇌나 절망을 나는 전혀 몰랐다. 강연회가 있던 날만 해도 그는 아주 좋아 보였다. 아주 집중해서 들었고 마음도 편해 보였다. 휠체어를 탄 한 여자가 강의실에 들어오느라 어려움을 겪자 그가 나서서 도와주었다. 자기도취나 내적 고통의 신호는 전혀 없었다. 그런 그가 영원히 사라졌다. 속이 메스껍고 뒤집힐 것 같다……

오늘 밤 그의 룸메이트와 한 시간 가까이 이야기했다. 그는 충격에 휩싸여 있었지만 그래도 슬픔을 잘 견뎌 내고 있었다. 그는 자기들 두 사람의 오랜 관계에 관해 이야기했다. 친구가 오랫동안 우울증을 앓았다는 이야기도 했다. 자살하고 싶다는 말을 자주 했다고 한다. 그의 친구는 두려움이 많았다. 특히 자신이 다른 사람들의 기대에 어긋날까 봐 두려워했다. 알고 보니 그는 작년 고난주간에도 같은 건물 옥상에서 자살을 기도했다.

나는 듣고만 있었다. 그것은 사랑과 아픔의 이야기, 연합과 단절의 이야기, 친밀감과 거리감의 이야기였다. 참 이상하다! 두 번밖에 못 본 사람인데도 내 마음속에 이렇게 깊이 자리하고 있다니.

4월 4일 목요일

오후 2시에 공동체 전체가 세인트메리성공회교회에 모여 세족식 예배를 드렸다. 오후 8시에 데이스프링채플에 다시 모여 성찬식을 가졌다. 데이브레이크에 사는 한 가족의 막내아들 대니얼이 처음으로 성찬을 받았다.

마음속이 온갖 이미지로 뒤범벅돼 있다. 많고 많은 사람들. 젊은 사람, 늙은 사람. 강한 사람, 약한 사람. 행복한 사람, 우울한 사람. 말하고 묻고 웃고 울기. 죄를 고백하고 감사를 표하며 입 맞추고 끌어안고 노래하기. 서로 발을 씻어 주고 확신의 말씀을 들으며 예수님의 살과 피를 받기. 선물 주기. 장식하기. 화병의 꽃. 휠체어. 자주색과 흰색 성직자 복장. 세상을 떠난 클레어와 슬픔에 잠긴 유가족. 페기와 필. 조너스. 부활절을 앞둔 거룩한 고난주간. 세상의 고통. 비행기 사고. 살인. 각종 참사. 심한 눈보라와 미끄러운 길. 친구들과 함께 하는 저녁 식사. 출산날을 눈앞에 둔 캐시와 티미. 우리를 위해 죽으시고 무덤에서 부활하신 하나님의 아들이신 예수님을 자세히 배운 뒤 이제 그분을 영접하고 싶어 하고 많은 선물 특히 시계를 받고 싶어 하는 예쁜 눈의 어린 대니얼. 말씀을 듣다가 주위가 산만해지는 많은 어린아이들. 공동체와 우정과 기금 마련과 기획과 건축과 새 건물들. 네덜란드 집으로 거는 전화. 여러 출판사에서 걸려 오는 전화. 여기저기 참석과 강연을 요청하고 서문과 추천서를 써 달라는 부탁 편지들. 고난주간의 목요일. 평화와 기쁨과 희망과 믿음. 하나님과 모든 사람들. 이 모든 것이 하루에, 단 하루에 내게 다가온다.

100여 명의 공동체 식구가 우리의 짐과 상처의 상징으로 각기 돌을 하나씩 들고 회관에서 데이스프링채플까지 걸었다. 중간에 세 차례 걸음을 멈추고 예수님이 사형 선고를 받으시던 과정을 되새겼다. 예수님이 쓰러지자 구레네 시몬 역을 맡은 사람이 억지로 십자가를 진다. 예수님이 십자가에 못 박히신다.

아담 아네트의 형제 마이클이 예수님 역할을 맡았다. 흰옷을 입고 머리에 가시면류관을 썼다. 십자가를 지고 가는 그를 한 협력자가 곁에서 거든다. 세 번째 멈추는 곳에는 마이클이 쉴 수 있도록 의자가 놓여 있다. 찬송을 부른 뒤 예수님의 고난에 관한 말씀을 듣는다. 채플에 들어서서는 각자 십자가 곁이나 위에 돌을 내려놓는다. 그리고 의자와 바닥에 함께 앉아 〈나무 십자가를 보라〉(Behold, behold, the wood of the cross)를 찬송한다. 로렌조가 십자가에 세 개의 커다란 못을 박는다. 망치 소리에 침묵이 깨진다. 다시 찬송이 이어진다. "거기 너 있었는가 그 때에 주가 그 십자가에 달릴 때 …… 주를 그 무덤 속에 뉘일 때 …… 때로 그 일로 나는 떨려 떨려 떨려."

그렇다. 오늘은 성금요일이다. 모든 슬픔과 비탄 중에도 아름다운 위로가 있다. 우리는 함께 있다. 우리의 깨진 마음과 하나님의 찢긴 가슴에서 사랑이 부어진다.

우리는 밤에 다시 모여 예수님의 고난에 관한 존의 이야기를 듣고 교회와 세계를 위해 기도하고 십자가를 우러르며 성찬을 받았다. 십자가가 중심이다. 커다란 십자가 상을 보노라니 그것이 우리 공동체에 전해진 경로가 떠오른다. 4년 전 나는 독일 프라이부르크에서 프란체스코회 소속의 판크라티우스 신부를 만나게 됐다. 그는 암으로 죽어 가는 자리에서 내게 이렇게 말했다. "죽기 전에 이 십자가 상을 신부님께 드리고 싶습니다. 신부님이 사시는 장애인 공동체 안에 꼭 놓아 주셨으면 합니다."

그는 그 십자가 상에 얽힌 사연을 들려주었다. 오래전 그는 제2차 세계대전에서 파괴된 한 교회의 복구를 돕기 위해 독일 젊은이들을 이끌고 크로아티아에 갔다. 폐허 속에서 그는 이 십자가 상을 보았다. 현지 목사는 독일인들의 화해의 노력에 감사하며 그 십자가 상을 판크라티우스 신부에게 주었다. 십자형 틀은 없고 나무로 새겨진 예수님의 몸만 있었다. 죽어 가는 신부에게서 그 십자가 상을 건네받을 때 나는 마치 증오와 폭력과 전쟁이 낳은 고난과 신체와 정신에 장애를 지닌 이들의 고난을 하나로 연결하라는 지령이라도 받은 듯한 심정이었다.

데이브레이크 목공소 책임자 조우가 장애인 가족(빌, 존, 데이비드, 고디)의 도움을 받아 깨끗이 닦은 나무로 커다란 십자가 틀을 만들어 그 위에 예수님 상을 걸었다. 그 후로 지금까지 3년 동안 데이스프링채플 현관 벽에는 이 대형 십자가가 걸려 있다. 오늘만 십자가를 채플 안으로 들여 의자에 앉아 있는 마이클의 무릎 위에 놓은 것이다. 중증 뇌성마비를 앓고 있는 마이클은 십자가를 붙들고 아주 좋아했다. 사람들이 그 앞에 와서 기도했다. 마이클의 마비된 몸과 십자가의 예수님의 몸이 한 몸이 됐다. 십자가에 달린 예수님의 발에 입 맞추려 줄지어 선 사람들은, 예수님이 심신이 상한 무수히 많은 사람 가운데서 세상 끝 날까지 지금도 고난받고 계심을 깨달았다.

성금요일은 예수님의 고난을 되새기는 날일뿐 아니라, 과거와 현재와 미래를 통틀어 지구상의 모든 사람의 고난과 연합을 이루는 날이기도 하다. 인류의 모든 고난은 예수님 안에서 하나로 모아진다. 예수님의 상한 마음은 곧 하나님의 상한 마음이다. 하나님의 상한 마음은 곧 세상의 상한 마음이다. "나무 십자가를 보라. 우리의 구원이 달려 있네. 모두 와서 경배하세."

4월 6일 고난주간 토요일

거의 온종일 공동체 다른 식구들과 함께 부활절 전야 축하 행사 준비로 보냈다. 사람들이 모여들 즈음에는 꽃, 음악, 장식 등 준비가 다 끝났다. 지하 소예배실에 사람들이 꽉 찼다. 우리는 부활절 촛불을 밝히고 말씀을 들은 뒤 세례의 서원을 다시 한 번 다지며 성찬식을 거행했다.

복음서를 읽은 뒤 나는 몸의 부활을 믿는 것의 중요성을 이야기했다. 장애를 지닌 이들의 공동체인 만큼 우리를 하나로 묶어 주는 것은 말이라기보다 오히려 몸이다. 물론 말도 많이 사용되고 우리 안에도 많은 '대화'가 있지만 정작 공동체를 창출하는 것은 핵심 멤버들의 연약한 몸이다. 우리는 우리에게 맡겨진 이들의 몸을 씻기고 수염을 깎고 머리를 빗기고 옷을 입히고 닦고 먹이며 붙들어 준다. 그것을 통해 공동체의 한 몸을 이룬다.

몸의 부활을 믿고 고백함으로써 우리는 부활이 단순히 사후의 사건이 아니라 일상생활의 현실임을 깨닫게 된다. 몸을 돌보는 일은 곧 조직의 차원을 넘어서는 연합, 성(性)적 낭만보다 깊은 친밀함, 심리적 건강을 능가하는 온전함을 향한 부르심이다.

연합과 친밀함과 온전함, 이것은 부활의 삶의 세 가지 영적 특성이다. 국적과 인종과 성적 성향과 연령과 정신 능력의 벽을 허물고, 우리 가운데 가장 약한 자들도 잘 살 수 있는 사랑의 연합을 이루는 것이 우리의 소명이다. 욕정과 성적 욕구와 육체적 연합에 대한 갈망의 수준을 뛰어넘어 몸과 머리와 마음을 아우르는 영적 친밀함의 자리로 나아가는 것이 우리의 소명이다. 자기가 잘났다는 낡은 생각을 버리고 우리 인간성의 다양한 측면을 새롭게 통합해 나가는 것이 우리의 소명이다. 이 소명은 곧 부활의 소명이다.

몸을 돌본다는 것은 곧 영적 연합, 친밀함, 온전함을 통해 일상생활에서 부활을 기대하면서도 동시에 마지막 부활의 때를 위해 몸을 준비하는 것이다.

전야 예배에 모여 설교를 듣는 사람들은 데이브레이크의 일상생활에 대한 내 예화가 각기 누구의 사연인지 대충 알아차리는 것 같았다.

예수님의 살과 피를 받으며 나는 부활의 신비의 실체성

에 큰 은혜를 받았다. 우리는 일상을 통해 변화된다는 큰 비전을 품고 인생을 살아가는 부활의 사람들이다.

4월 7일 부활절

"그리스도께서 살아나셨습니다. 그분은 진정 부활하셨습니다." 우리는 서로에게 그렇게 속삭인다. 기쁨으로 선포한다. 지붕에서 소리친다. 오늘 아침은 정말 기쁘고 생기 넘치는 부활절이다. 브라이언과 네이선은 기타를 연주하며 찬양을 인도했다. 어린아이들은 사순절이 시작되는 날 준비했던 누에고치를 열었다. 우리는 그 안에 각자 자신이 버리고 싶은 것과 바라는 소원을 써 넣었더랬다. 안에서 나온 나비들을 보며 우리는 모두 탄성을 질렀다.

꽃들은 화사한 빛을 발했다. 성금요일, 마이클이 지고 왔던 커다란 나무 십자가에 덮인 꽃들이 특히 더했다. 찬송으로 마음을 고백한 뒤 우리 모두는(100명이 넘었다) 부활절 아침 식사를 나누었다. 식사는 최소한 열 가지 각기 다른 언어로 나누는 "그리스도는 살아나셨습니다"라는 인사로 시작됐다. 한없이 기쁘고 즐겁고 신나는 시간이었다.

오후에 네이선과 그의 부모와 함께 〈안토니아스 라인〉(Antonia's Line)이라는 네덜란드 영화를 보러 갔다. 얼마나 대조적인가! 현대 세계를 괴롭히는 모든 문제가 다 모여 있었다. 폭력, 성폭행, 복수의 살인, 사고, 자살, 현실과 동떨어진 종교, 냉소가 모두 안토니아의 삶의 한 부

268

분이었다. 그 속에 냉정한 여자 안토니아가 있다. 그녀는 현실에 부딪쳐 용감히 죽음의 순간을 선택하지만, 무덤에서 살아나신 예수님을 전혀 보지 못한다.

내게 〈안토니아스 라인〉은 내 조국, 문화, 역사와의 만남이었다. 이국 땅 캐나다에서 기쁨의 부활절 축제를 보낸 직후라서 특히 그랬다. 똑같은 부활절 날 라르쉬와 네덜란드 두 집에 가 있는 기분이었다. 내 안에는 부활하신 주님과 안토니아가 둘 다 살아 있으며, 어쨌든 나는 둘 다를 사랑하게 됐다. 이번 주 〈타임〉(Time) 커버에는 예수님의 얼굴이 실렸다. 절반은 거룩한 모습이고 절반은 육적인 모습이었다. 커버스토리를 보니 '부활은 우화인가 하나님의 진리인가'라는 의문이 제기돼 있다. 모든 것이 내게 아주 가깝게 느껴진다. 나는 내 믿음과 불신이 결코 서로 멀지 않음을 안다. 그 둘이 서로 만나는 바로 그곳에서 내 삶은 자라는지도 모른다.

데이브레이크에서 5일을 보내고 나니 몹시 고단하다. 물론 오기는 잘했지만 고독과 글 쓰는 시간과 읽고 기도하는 순간이 그립다. 내 몸이 신음하며 쉴 곳을 갈망한다. 어서 피팩의 내 작은 집으로 돌아가 안식년을 다시 시작하고 싶다.

4월 8일 월요일,
미국 피팩

정오에 피팩에 도착했다. 페기와 함께 맛있게 점심을 먹으며 고난 주간과 부활절을 보낸 이야기를 서로 나누었다. 내 경우는 아름답지만 고단했고, 은혜가 됐지만 너무 **빡빡했고**, 기도를 많이 하면서도 산만한 시간이었다. 날이 갈수록 내 한계를 실감한다. 사람들 틈에 있는 것(아침 6시부터 밤 11시까지 격려하고 위로하고 계획하고 축하하고 애도하고 춤추는 것)이 더 이상 쉽지 않다. 몸이 저항한다. 속이 거북해진다. 정서와 신체의 한계를 느낀다.

페기의 게스트 하우스 내 방에 돌아와서는 그저 의자에 앉아 놀라운 침묵과 고독을 들이마시고 있다. 홀로 이렇게 있기를 꼬박 세 시간! 이런 시간을 가져 본 지 일주일도 넘었다. 얼마나 귀한 선물인가!

보스턴, 뉴욕, 리치먼드 힐에서 일주일을 보내면서 나는 내 내면의 우선순위가 빠른 속도로 변하고 있음을 느꼈다. 이제 많은 사람 틈바구니에 섞여 있는 것보다는 친밀한 우정이 아쉽다. 대규모 청중 앞에서 강연하는 것보다는 몇몇 사람들에게 이야기하고 싶다. 거창한 행사와 예배로 흥분에 젖기보다는 조촐한 기도회가 더 은혜가 된다. 잦은 여행과 이동이 즐겁기보다는 내 작은 방에서 오래오래 글을 쓰며 보내는 것이 가장 행복하다.

내 안에서 이런 변화가 일어나고 있음을 알면서도 내 옛 자아는 아직도 그런 일이 없는 듯 행동한다. 나는 여전히 한계를 무시한 채 계획을 과하게 잡고 있다. 내 새 자아가 완전히 제힘을 발휘하려면 몇 년 더 걸릴 것 같다.

4월 9일 화요일

아침 9시에 아름다운 성찬식을 가지며 부활에 관한 좋은 대화를 나눴다. 아침에는 문구류와 먹을거리를 사러 쇼핑을 다녀왔다. 오후에는 낮잠을 자고 저녁에는 폐기와 필과 함께 저녁을 먹었다. 전화와 팩스, 기타 등등.

오늘 이런 생각을 했다. 어떻게 아무도 예수님을 즉시 알아보지 못했을까? 그들은 예수님이 동산지기나 낯선 사람이나 유령인 줄 알았다. 하지만 (빵을 떼어 주시고, 제자들에게 다시 그물을 던져 보게 하시고, 그들을 이름으로 부르시는 등) 친숙했던 동작이 다시 나오자 그제야 친구들은 곁에 계신 분이 예수님임을 알아차린다. 부재와 임재가 서로 만난다. 옛날의 예수님은 이제 안 계시다. 그들은 더 이상 전처럼 그분과 함께 있을 수 없다. 그들 곁에 계신 분은 새로운 예수님, 부활하신 주님이시다. 그분이 친밀하게, 이전 어느 때보다도 친밀하게 그들과 함께 계신다. 능력을 주시는 임재다. "나를 붙들지 말라 …… 가서 …… [말]하라"(요 20:17).

부활의 기사는 언제나 떨칠 수 없는 많은 긴장을 드러내 준다. 오심과 떠나심, 친밀함과 거리감, 붙드심과 놓으심, 편안한 삶과 사명의 삶, 임재와 부재 사이의 긴장이다. 우리는 날마다 이 긴장에 부딪친다. 이 긴장의 여정을 통해 어느 날, 우리에게 주어진 약속이 완전히 실현될 것이다. "나를 붙들지 말라"는 말은 "여기는 아직 천국이 아니다"라는 뜻도 있겠지만 달리 보면 이런 말일 수도 있다. "이제 나는 네 안에 있다. 내가 능력을 줄 테니 세상에서 영적인 일을 행하라. 내가 시작했던 일을 뒤이어 하라. 너는 살아 있는 예수다."

부활이 실제로 일어난 사실인지를 두고 많은 의문이 있지만, 보는 눈이 있고 듣는 귀만 있다면 부활이야말로 우리의 삶에 날마다 일어나고 있는 일이 아닌가?

4월 10일 수요일

오늘 재미있는 편지가 몇 통 왔다. 한 친구가 보내온 편지에는 오래전 내가 집례한 성찬식에 참석했던 이야기가 적혀 있다. 데이브레이크의 장애인 빌이 그때 나를 거들었다. 맨 처음 그 친구는 빌의 장애와 외관과 행동에 반감이 들었으나 결국 그에게서 성찬을 받았고, 그의 눈빛에 담긴 사랑과 긍휼에 깊은 감동을 받았다고 한다. 적어도 4년 전에 일어난 일인데, 그 고백을 이제야 들었다. 정말 귀한 은혜다.

다음 편지는 '플라잉 로드레이 가족'의 로드레이한테서 온 장문의 편지였다. 지난번 네덜란드에서 만난 이후에 있었던 모든 일에 대한 사연이 빽빽이 적혀 있다. 날씨가 추웠고 건강이 나빠졌고 공중그네 기술이 떨어지고 있으며 차에 문제가 생겼고 등등. 그러나 언제나 그렇듯 로드레이는 낙관적이며 여름에는 더 나아질 것을 기대하고 있다. 나도 7월에 그들을 다시 만날 날을 기다린다.

4월 11일 목요일

내일부터 시작되는 열흘간의 여행(뉴어크→시카고→샌프란시스코→클리블랜드→시카고→뉴어크)을 준비하느라 거의 온종일 바빴다. 돈의 생일, 제프와 모리스와의 만남, 1년 매일 묵상집과 관련해 출판사 측과의 회의, 프랭크와 알바로와 케빈과 함께 보낼 며칠의 휴가, 클리블랜드에서의 짐의 취임 예배 설교, 예배 의식을 섬기는 일에 장애인을 포함시키는 사안에 관한 워크숍 주도 등 몇몇 일정으로 마음이 부풀어 있다.

오늘 밤에는 캐럴과 존의 작고 아늑한 집에서 둘과 함께 멋진 저녁 식사를 나누었다. 캐럴은 아침마다 성찬식에 오면서 내게 귀한 도움이 되고 있다. 그녀와 그녀의 남편으로 더불어 저녁 시간을 보내는 것은 내게 특별한 일이었다. 사람들의 가정에서 예배드리고 기도하고 친밀하게 교제하며 서로 힘을 주고받는다는 면에서 요즘 우리의 삶이 초대 교회 당시 사도 바울 및 다른 사도들의 삶과 아주 비슷하다는 생각이 자주 든다. 단순하면서도 큰 은혜가 된다.

4월 12일 금요일,
일리노이주 시카고

시카고에 도착하니 돈이 나와 기다리고 있었다. 20분 후 클로드가 포틀랜드에서 도착했다.

나는 내가 노터데임대학교 심리학부에 객원교수로 부임하던 해인 1966년부터 돈과 클로드를 알고 지냈다. 30년간 맺어 온 우리의 우정은 직업적인 면에서는 물론 개인적인 여정에서도 서로에게 아주 중요했다. 돈은 60번째 생일을 구실 삼아 클로드와 나를 불러, 자기 아버지의 여름 별장에서 조용히 하루를 보내기로 했다. 이어 위네카에 있는 그의 아버지 집에서 생일 파티가 있을 예정이다. 인생의 황혼기로 접어드는 이 시점에 돈과 클로드를 다시 만나 함께 지난날과 앞날을 이야기하니 기쁘기 한이 없다.

4월 13일 토요일

돈과 클로드와 함께 신앙 이야기를 나누며 오전과 오후를 보냈다. 대화의 주제는 인생의 이 시점에서 부딪치는 고민과 필요 그리고 앞으로 서로 어떻게 도울 것인가가 주를 이루었다.

오후 3시에 차를 몰고 돈의 아버지의 집이 있는 위네카로 갔다. 저녁 6시쯤 되자 성찬식과 저녁 식사로 돈의 생일을 축하하려 가족과 친구들이 다 모였다.

파티의 주인공은 돈이었지만 우리를 초대한 돈의 아버지가 대부분 관심의 초점이 됐다. 나이 든 세대의 수많은 미국인은 돈의 아버지를 1933년부터 1967년까지 방영된 인기 라디오 프로그램 〈브렉퍼스트 클럽〉(Breakfast Club)의 진행자로 좋게 기억한다. 이제 그는 하루하루 가족과 친구들의 보살핌에 크게 의존하며 살아간다. 몸이 여기저기 많이 아파 침대와 휠체어에 의지하고 있다. 가족과 친구들은 요양원을 찾을 생각이 없다. 직접 그를 보살피겠다는 열의가 대단하다.

무엇보다도 내게 인상적이었던 것은 돈의 아버지의 친절하고 밝고 차분한 성품이었다. 시중드는 사람들은 이것저것 걱정이 많았지만 정작 그 자신은 그 와중에도 유머 감각을 잃지 않고 이따금씩 감사의 말을 전하는 모습이 마치 태평을 누리는 왕 같았다. 평생 그의 주변을 따라다니던 열렬한 찬탄은 이 병약한 시절에도 조금도 줄어들지 않았다. 〈브렉퍼스트 클럽〉을 진행할 때 못지않게 지금도 그는 자신을 만나는 모든 이들로부터 사랑과 애정과 지원과 우정을 한 몸에 받고 있다.

4월 14일 일요일,
캘리포니아주 샌프란시스코

오후에 돈이 클로드와 나를 오헤어 공항에 데려다주었다. 우리 셋은 함께 지냈던 이틀에 대해 아주 감사했고, '노년'의 여정일수록 더욱 우정을 돈독히 하며 서로 힘이 돼 주기로 전보다 더욱 신의를 다짐했다.

4월 15일 월요일,
게르네빌

아침에 하퍼샌프란시스코 출판사의 톰, 존, 그레그와 함께 《영혼의
양식》(*Bread for the Journey*) 출간에 관해 의논했다. 회의 성과가 좋았다.
우리는 계약서, 연재 판권, 부수 권한, 번역, 기타 업무 사항 등에 관해
이야기했다. 그러나 내게 있어 회의의 가장 귀한 결실은 톰, 존, 그레그
와의 유대감이 깊어진 것이다. 한 인간이요 작가로서 내게 품고 있는 그
들의 관심과 사랑을 좀 더 깊이 느낄 수 있었다.

출판사 규모가 클수록 편집자들과 인간적인 관계를 맺기가 어렵
다. 하지만 내 경우, 책을 펴내는 과정에 싹틀 수 있는 우정과 배움의 관
계야말로 빼놓을 수 없는 글쓰기의 기쁨이다. 내가 종종 작은 출판사를
선호하는 이유가 거기에 있다. 작은 곳일수록 사람들이 시간도 많고 자
기들이 펴내는 책에 더 많은 관심을 기울일 수 있다. 그러나 그간의 경
험을 통해 나는 큰 출판사일지라도 내 필요와 바라는 바를 명확히 표현
하면 반드시 정직한 반응이 따른다는 것을 배웠다. 톰과 존과 그레그는
내게 시간을 내주었고 내 구상과 계획과 희망에 진정 개인적인 관심을
보여 주었다. 내게 큰 힘이 됐음은 물론이다.

하퍼 친구들과 함께 점심을 먹은 후에는 나와 함께 며칠간 휴가를

가려 기다리고 있던 케빈, 프랭크, 알바로를 만났다. 우리는 저녁 6시쯤 목적지에 도착했다. 작지만 조용하고 편안한 집이다. 며칠간 조용히 보내기에 안성맞춤인 곳이다.

4월 16일 화요일

부활절 주간 〈타임〉지 커버 기사에 "역사적 예수의 탐색"에 대한 토론이 실렸다. 근년 들어 하퍼 출판사는 존 도미니크 크로산의 《예수》 (*Jesus: A Revolutionary Biography*), 마커스 J. 보그의 *Meeting Jesus Again for the First Time*(다시 예수와의 첫 만남), 루크 티모시 존슨의 *The Real Jesus*(진짜 예수) 등 그 주제에 관해 세 권의 책을 펴냈다. 어제 존이 이 세 권의 책을 내게 주었다. 여기저기 틈나는 대로 들춰 보고 있다.

이 책들을 읽으며 다시 묻게 된다. "내게 예수님은 누구인가?" "내가 예수님을 믿는다고 말할 때 그것은 무슨 의미인가?" 존슨이 결론 부분에 쓴 말이 마음에 쏙 든다. 그는 "진짜 예수는 무엇보다도 부활하신 능력의 주님이시요, 그 변화의 영이 지금도 공동체 안에서 살아 역사한다"고 말했다. 이 '진짜 예수'는 또한 우리의 삶에 이웃을 향한 사랑의 봉사와 아울러 하나님께 대한 신실한 순종을 재생산하신다. 보그의 책에는 이런 부분이 있다. "부활 이후의 예수는 역사적 사실로 이해하거나 설명할 수 없다. 이유는 단 하나, 부활 이후의 예수는 전승과 체험의 예수이기 때문이다."

이 책들을 읽노라니 나 자신과 다른 사람의 일상생활에 주는 예수님의 의미와 중요성에 관해 글을 쓰고 싶은 마음이 간절해진다. 올해는 이전 어느 해보다도 복음서의 부활 기사가 내 소망과 믿음을 더욱 깊게 해 주면서 몸에 대한 새로운 비전을 갖게 해 주었다. 크로산, 보그, 존슨의 책이 모두 도움이 됐고, 특히 예수님 이야기와 우리 이야기를 서로 연결해야 한다는 도전을 주었다.

4월 17일 수요일

거의 온종일 비가 내렸다! 잠깐 물건을 사러 나갔다 온 일 말고는 다들 집에 틀어박혀 있었다. 읽고 쓰고 식사하고 함께 기도했다.

4월 18일 목요일

오전은 사진을 찍으며 보냈다. 우선 멋진 키다리 미국삼나무가 빽빽한 숲속을 지나 굽이굽이 돌아서 공원 정상으로 올라갔다. 계곡의 푸른 초장과 소나무로 덮인 산자락의 절경이 한눈에 들어왔다.

케빈은 내게 책 표지와 강연 포스터에 쓸 흑백 사진을 찍어 주기로 약속했다. 산마루의 햇살은 장엄하기 이를 데 없었다. 케빈은 갖가지 배경으로 내 사진을 찍느라 신이 났다. 바로 앞에서도 찍고 멀리서도 찍었다. 간간이 우리는 계곡의 여러 경치를 배경으로 서로 사진을 찍어 주었다. 그러나 이내 구름장이 다시 몰려오더니 비가 오기 시작했다. 집에 돌아와 우리는 거실에서 다시 사진 찍는 시간을 가졌다.

오후에 우리는 인근 묘지에 있는 랜디의 무덤을 찾아갔다. 랜디는 *The Mayor of Castro Street*(카스트로 거리의 시장), *And The Band Played On*(밴드의 연주는 이어지고), *Conduct Unbecoming*(꼴사나운 행동) 등을 쓴 유명한 작가다. 그는 1994년에 에이즈로 사망했다. 그의 무덤은 수수하게 검은 돌로 덮여 있었다. 돌 왼쪽에는 그의 이름이 새겨져 있었고 오른쪽은 두 번째 이름의 자리로 남겨져 있었다. 옆의 또 다른 무덤에는 두 젊은이의 이름이 쓰여 있었는데 한 사람은 생년월일과 사망일이 같이 적혀 있었고 다른 사람은 생년월일만 적혀 있었다.

묘지에는 19세기 사람들의 무덤도 많았는데 그 시절의 무덤에는 부모, 남편, 아내, 자녀의 이름이 함께 올라 있었다. 20세기 말의 무덤들은 사랑의 얼굴을 그와는 다른 모양으로 보여 주고 있다. 우리 사회의 가치관에 중요한 변화가 일어났음을 알리는 것이다.

초저녁에 우리는 함께 저녁 기도를 드린 뒤 우리의 우정과 앞으로 서로 도울 방법에 대해 족히 한 시간가량 대화를 나누었다.

4월 20일 토요일,
오하이오주 클리블랜드

현지 시간으로 저녁 5시 15분에 클리블랜드에 도착했다. 짐이 나와서 기다리고 있었다.

1970년대 초 예일신학대학원에서 만난 이후 짐과 나는 좋은 친구가 됐다. 연합 교단에서 목사 안수를 받을 때 그는 안수 예배에 참석해 달라고 나를 초청했다. 신디와 결혼할 때는 내게 결혼식 설교를 청했다. 두 아들 루크와 마크가 태어나자 짐과 신디는 내게 아이들의 세례를 부탁했다. 그간 나는 짐과 신디의 사역을 줄곧 지켜보았고, 코네티컷주 노스필드, 뉴욕주 나이액, 매사추세츠주 뉴턴 등으로 그들의 집을 방문하곤 했다.

지난 세월 동안 우리는 언제나 많은 대화를 나누었다! 대화의 주제는 주로 신학과 목회, 시민불복종과 평화주의, 훈련과 교육, 경제와 환경 등이지만 무엇보다도 갈등을 창의적으로 해결하는 법에 대해 많이 이야기했다. 정열적이고 이념이 강한 '반골' 기질의 짐이 이런 유명한 교회의 담임목사가 될 줄은 정말 상상도 못했다. 하지만 나는 그의 소명의 진실성에 깊은 확신이 있다. 그는 지금 있는 곳에 있어야 한다. 사역 면에서나 가정에서나 그동안 그가 살아온 모든 삶은 내일 오후 그가 목사로 취임하게 될 바로 이 교회에서 활짝 피어날 것이다.

리처드와 로이스와 두 자녀(열 살 된 팀과 네 살 된 몰리)가 사는 집에 주말 동안 나를 묵게 해 주었다. 리처드와 로이스를 마지막 만난 것은 12년 전 내가 클리블랜드에서 평화에 대한 강연을 맡았을 때였다. 두 사람은 내가 예일에서 가르칠 때 둘 다 그곳에 있었다. 다시 만나 반가웠다. 마지막 만난 이후에 태어난 자녀들까지 만나 더 기뻤다. 지난번 리처드와 로이스 집을 방문했을 때 그들은 아기를 낳으라고 자꾸 독촉하는 나를 농담처럼 나무랐다. 기분 좋은 나무람이었다.

이 모두가 25년 전 예일신학대학원에서 시작된 일이다. 이제 모든 것이 무르익을 대로 무르익었다. 짐은 큰 교회 목사가 됐고 신디는 가톨릭 호스피스의 목회 사회복지사가 됐다. 리처드는 루터교회에서 장기적으로 섬기는 옴부즈맨이 됐고 로이스는 장로교회 사역자이자 목회 상담자가 됐다. 이들 모두가 이제 하나의 소그룹이 돼 서로를 후원하며, 자녀들에게 안전한 성장 환경을 제공하고 있다. 우정과 신실함의 신비에 그저 놀랄 뿐이다.

4월 21일 일요일, 시카고

짐의 취임 예배는 기쁘고 흥겨운 행사였다. 짐은 군대 장관 나아만의 치유 기사(왕하 5:1-14)와 탕자의 비유(눅 15:11-32)를 성경 봉독 본문으로 택했다. 나는 설교를 통해, 짐의 소명은 긍휼이 풍성한 목사가 되는 것이요, 새로운 공동체의 강에 자신을 일곱 번 씻는 것이라고 말했다.

리셉션 자리에서 나는 예일신학대학원 시절의 옛 친구들과 클리블랜드 라르쉬 공동체의 새 친구들을 많이 만났다.

한때 트라피스트 수도회 수사였고 클리블랜드 우편배달부로 은퇴한 내 사랑하는 친구 밥도 그 자리에 있었다. 밥은 1988년에 *Seeds of Hope*(희망의 씨앗)라는 내 에세이집 출간을 도와주었다. 그 책이 지금도 인쇄되고 있고 머잖아 재편집될 것이라는 사실도 좋지만 무엇보다 기쁜 것은 우리의 우정을 계기로 밥 자신이 훌륭한 작가가 돼 많은 독자들의 사랑을 받고 있다는 것이다.

리셉션이 끝난 뒤 우리는 짐과 신디의 집에서 근사한 저녁을 먹었다. 시카고행 비행기를 타려고 공항에 도착하니 저녁 8시 반이었다.

4월 22일 월요일

오전은 대부분 강연 준비로 보냈다. 교회 예배를 섬기는 일에 장애인을 동참시킨다는 아주 구체적인 주제로 강연 부탁을 받긴 했지만 나는 이 문제에 대한 신학적 기초를 제시하면서 훨씬 폭넓은 접근을 취하기로 했다.

여러 개념으로 한참 씨름한 뒤 요지를 세 가지로 정했다. 우선, 인생에 대한 하나님의 비전을 제시하기로 했다. 인생이란 이 세상에 하나님의 무조건적 사랑을 선포하라고 주어진 하나의 사명이다. 둘째, 약자가 되신 예수님을 말하기로 했다. 깨진 인간을 향한 하나님의 사랑이 약함을 통해 나타났다. 마지막으로, 신앙 공동체 내에서의 성령의 사역을 말하기로 했다. 그것은 가난한 자들을 중심으로 한 약자 간의 교제를 통해 찾아온다.

오후 3시에 우리는 집회 장소로 떠났다. 소개 시간이 끝나자 버나딘 추기경은 15분간 이야기한 뒤 내게 순서를 넘겼다. 참석자들이 모두 열심히 경청하는 모습에 나는 감동했다. 청중이 잘 받아들이니 이야기하기가 쉬웠다. 오전에 묵상했던 세 가지 요지를 소개했다. 중간에 찬양 몇 곡이 들어갔고, 옆 사람과 이야기하는 시간도 잠간 있었다. 사람들은 밝게 웃고 노래하며 열심히 박수를 쳤다. 나는 회중 가운데 장애인을 몇 명 단상으로 불러 함께 대화하는 시간을 세 차례 가졌다. 세 번째 요지를 소개할 때는 한 청소년 청각장애인을 단으로 불렀다. 그는 청각장애인인지라 내 말을 이해하려면 계속 수화 통역관을 보고 있어야 했지만 나는 그 사실을 자꾸만 잊어버렸다. 나는 그와 눈을 맞추려 했고 그럴 때마다 그는 통역관을 보지 못해 내 말을 '알아들을' 수 없었다. 결국 나는 뒤에 서서 그에게 팔을 두른 뒤 귀에 대고 속삭였다. 그제야 그는 수화를 보며 내 말에 고갯짓으로 반응했다.

저녁 8시에 추기경은 아주 즐거운 성찬식을 집례했다. 보조기의 도움으로 움직이는 중중 뇌성마비 환자 고르벳이 섬겨 주었다. 그는 섬기는 내내 행복한 미소를 잃지 않았다. 낭독을 맡았던 한 여자는 휠체어를 타고 제단에 올라갔고 몇몇 장애인이 성찬 분배를 거들었다.

성찬식 도중 내 옆에 앉아 있던 추기경이 내게 몸을 기울이며 말했다. "아름다운 성찬식이지요? 정말 감격스럽습니다." 마지막 축도가 있기 전 그는 회중에게 이렇게 말했다. "나 역시 장애를 지닌 사람으로서 이 성찬식이 내게 진정 깊은 위로와 희망을 주었음을 고백합니다. 여러분 모두에게 정말 깊이 감사드립니다." 사람들은 자신들의 영적 지도자가 이렇게 가까이 하나 된 모습에 눈시울을 적셨다.

밤 10시 반에 우리는 추기경의 집에 돌아왔다. 그는 몸이 녹초가 돼 있었다. 나는 다시 혼자 있게 돼 기뻤다. 방에 들어가서 앨, 케빈, 프랭크에게 전화해 안부도 전하고 얼마 전 함께 보낸 휴가에 대한 소감도 물었다. 함께 지내며 우정을 돈독히 했던 그 기회가 그들에게 좋은 추억과 감사로 남아 있는 것 같았다. 이어 나는 샌디에이고의 조운에게 전화했다. 잘 사는 것도 중요하지만 여태 살아온 삶을 잘 기억하는 것도 중요하다는 생각이 든다.

4월 23일 화요일,
피팩

한 시간 지연 끝에 오전 늦게 시카고를 떠나 오후 1시 반에 뉴어크에 도착했다. 마중 나온 페기의 차편으로 피팩에 돌아왔다. 지난주의 '모험'을 두고 서로 할 이야기가 많았다. 내 작은 붉은 집〔페기의 게스트 하우스〕에 돌아온 나는 편지를 읽고 답장 쓰는 일과 전화 메시지를 듣고 전화 거는 일에 오후 시간을 거의 다 썼다.

오늘 아트와 딘과 통화했다. 나는 예일신학대학원 시절 그들을 알게 돼 그들의 신앙 여정에 깊이 관여하게 됐다. 아트와 딘은 둘 다 베리건 형제들의 가까운 친구로서, 시민불복종 행위 때문에 그들과 장기간 교도소에서 함께 복역한 바 있다. 나는 댄베리 감옥으로 딘에게 면회를 가 그와 동료 재소자들을 위해 짤막한 집회를 연 적도 있었다. 현재 아트는 워싱턴 D.C.의 '도로시 데이'(Dorothy Day) 가톨릭 봉사 단체에 거주하며 일하고 있고, 딘은 심리학 박사 학위 과정을 밟으며 매주 며칠씩 심리 치료 분야의 사회사업가로 일하고 있다.

베트남 전쟁 시절과 핵 대학살의 만연된 위협은 두말할 나위 없이 그들의 삶을 송두리째 바꿔 놓았다. 대부분의 사람은 1960년대의 그런 이슈들이 이제는 더 이상 의미가 없다고 생각하지만 아트와 딘은 생각이 다르다. 그때나 지금이나 근본적으로 달라진 것이 전혀 없으며 핵 재앙은 30년 전 못지않게 지금도 여전히 위협 요소라는 것이 그들의 확신이다.

딘과 아트는 내 좋은 친구들이다. 나는 그들의 헌신과 인내와 타협 없는 신앙의 증거에 감탄을 금할 수 없다. 그들은 자신들의 메시지가 대중에 인기가 있든 없든 계속 예언자의 자리에서 사람들에게 회심을 촉구하고 있다. 그러나 한편 내 마음에는 다른 생각도 있다. 물론 그들의 사생활은 그간의 감옥 생활 및 반복적 불복종 행위에 깊은 영향을 입었다. 하지만 그들은 무기 경쟁에 대한 격렬한 저항 활동 없이는 평안을 누리지 못하는 것 같을 때가 있다. 평화를 위해 일하다 자칫 우리는 세상을 빛의 세력과 어둠의 세력으로 갈라놓을 수 있다. 나는 그런 상황이 편치 않다. 인간이란 누구나 그 양쪽 세상에 모두 속해 있기 때문이다. 그런 흑백논리가 오히려 정부나 군대나 다른 세력 집단과의 창의적 대화를 가로막는 것은 아닐까 하는 의문이 든다. 시민불복종 방식이 과연 1990년대에도 최선의 방법인지 다시 묻게 된다. 어쨌든 나는 아트와 딘의 여정에 늘 그들과 가까이 있고 싶고 특히 지금처럼 지원이 별로 없을 때 그들과의 우정을 더욱 강하게 지키고 싶다. 그것만은 분명하다.

저녁 8시에 티미가 전화해 여동생 새러의 출생 이야기를 들려주었다. 새러는 월요일 정오에 태어났다. "제가 탯줄을 잘랐어요." 티미는 사뭇 자랑스레 말했다. 열 살 난 남자아이가 엄마의 태에서 여동생이 나오는 모습을 지켜볼 때 어떤 기분이었을까? 내가 열두 살 때 둘째 남동생이 태어났다. 그때만 해도 나는 아기가 어떻게 태어나는지 전혀 몰랐다. 기억나는 것이라곤 케이크, 꽃, 방안의 향긋한 냄새, 커다란 아기 침대에 예쁜 옷을 입고 누운 조그만 아기, 병은 없었지만 자리에 누워 있던 엄마, 많은 손님들이다. 어린 나이에도 아버지의 역할은 별로 없어 보였다. 퇴근해 보니 그저 아들이 하나 더 늘어나 있는 정도였다고 할까. 하지만 그때는 세대도 달랐고 또 지역도 여기가 아니었다!

캐시가 전화를 넘겨받았다. 순산이었다며 그녀는 이렇게 말했다. "티미가 큰일을 했어요. 지칠 대로 지쳐 더 이상 힘을 쓸 수 없는데 티미가 이러는 거예요. '엄마, 힘내요. 할 수 있어요!'"

금요일 데이브레이크에 돌아가면 어서 새러를 보고 싶다. 새러의 대부가 돼 기쁘다.

〈뉴욕 포스트〉(*New York Post*)나 〈뉴욕 데일리 뉴스〉(*New York Daily News*) 등 모든 대중 신문은 J. F. 케네디와 재키 케네디의 개인 소지품이 소더비 경매에 붙여졌다는 기사로 가득 차 있다. 경매 금액은 모든 상상을 초월했다. 단순히 누구의 물건이었느냐에 따라 이렇게 엄청난 값이 매겨질 수 있다는 사실에 입이 벌어질 뿐이다. 전화 통화 때 네이선은 이렇게 말했다. "성자들이 쓰던 물건은 결코 그런 값에 팔리지 않을 겁니다!"

나는 머레이의 장례식에서 딱 한 번 재키를 만난 적이 있다. 머레이는 페기의 남편이자 오랜 세월 내 친구였다. 그때 재키는 내 설교에 대한 소감을 들려주었다. 특히 내가 머레이의 연약함을 이야기하던 방식에 관해 이렇게 말했다. "나는 여태껏 한 번도 연약함을 긍정적인 요소로 생각해 본 적이 없어요. 진작부터 그랬어야 하는데 말이에요."

바울의 회심 기사에 대한 아주 활기찬 대화와 함께 피팩에서 성찬식을 가진 뒤 나는 다시 토론토로 떠날 채비를 갖추었다.

이번에 데이브레이크에 가는 데는 두 가지 이유가 있다. 하나는 데이스프링위원회에 참석하는 것이고 또 하나는 네이선의 지도자 연임을 축하하는 것이다. 네이선은 앞으로 4년 더 공동체의 지도자로 일하게 된다. 지난 5년간 데이브레이크 공동체는 현재의 데이스프링의 증축이나 새로운 신앙센터의 신축을 계획해 왔다. 그 건물에는 손님들이 머무를 집과 새로운 채플이 포함될 것이다. 현재의 데이스프링 건물은 방 5개의 작은 방갈로로 커다란 지하실을 채플로 개조해 쓰고 있다. 식구가 150명이 넘다 보니 데이브레이크 공동체에는 사람들이 기도할 수 있고 손님을 맞이할 수 있는 더 큰 공간이 필요하다. 데이스프링위원회는 토론토 및 미국 내 몇몇 라르쉬 지부들의 일꾼들로 이루어진 작은 모임으로 건축 사업의 감독을 맡아 아이디어를 제공하며 지속적인 기금 조성에 가담하고 있다.

저녁 8시에 공동체 식구가 모두 데이스프링채플에 모여 성찬식을 가졌다. 캐시와 티미와 태어난 지 나흘 된 새러도 참석했다. 얼마나 작고 귀여운 아기인지. 오늘은 새러가 채플에 첫 나들이를 한 날이다. 앞으로 더 자주 오게 되리라! 설교 후 새러에게 특별히 축복 기도를 해 주었다.

데이브레이크에 다시 오니 좋다. 위원회 모임, 네이선의 취임식, 건축 기사들과의 대화 등 아주 바쁜 주말이 될 것이다. 생명과 소망을 주는 시간이 되기를 빈다.

4월 27일 토요일

데이스프링위원회 회의는 아주 고무적이었고 단합도 잘됐다. 많은 질문이 제기됐으며, 데이브레이크 공동체의 전체 비전에 잘 들어맞는 건축 설계를 두고 흥분의 분위기가 역력했다.

나는 캐시와 티미와 어린 새러를 방문하는 것으로 하루를 마감했다.

4월 28일 일요일

4년 임기의 공동체 지도자 직분을 마친 네이선은 그 일을 4년 더 계속해 달라는 부탁을 받고 수락했다. 오늘 오후 데이브레이크 공동체 온 가족이 강당에 모여 그의 취임을 축하했다. 찬양과 축사와 재밌는 연극과 많은 축복이 곁들여진 칭찬과 격려와 축하의 오후 한나절이었다.

짧막한 격려사 순서에서 나는 두 개의 삼각형을 가지고 앞에 섰다. 삼각형의 한 꼭지점을 하나는 위로 향하게 하고, 하나는 아래로 향하게 했다. 네이선은 대장이면서 목자요, 방향을 제시하는 지도자이면서 멤버들의 말을 경청하는 지도자이기도 하다. 정부와 대화하고 예산을 관리하며 타 기관과 연대를 맺는 사람이자, 우리 공동체를 하나로 묶어 함께 기도하고 함께 먹으며 공동체의 초점을 우리 중 가장 약한 자들에게 유지시켜 나가는 사람이다. 평평한 면이 아래로 향한 삼각형은 우리가 경쟁에 연연해하지 않는 기관으로 세상 안에 존재함을 보여 준다. 뾰족한 꼭짓점이 아래로 향한 삼각형은 우리가 세상에 속한 자가 아니라 봉사와 사랑의 공동체임을 보여 준다.

두 개의 삼각형을 설명한 뒤 나는 그 둘을 겹쳐 놓아 별 모양이 되게 했다. 빛(인도와 깨달음의 빛)을 만들어 내는 것은 바로 상향 삼각형과 하향 삼각형 사이의 긴장이라고 나는 믿는다. 요즘 같은 세상에서 뱀같이 지혜롭고 비둘기같이 순결한 훌륭한 지도자가 된다는 것은 결코 쉽지 않지만 네이선은 보기 드물게 역량을 갖춘 사람이다.

4월 29일 월요일,
미국 피팩

아주 바쁜 하루였다. 아침에는 데이스프링채플에서 50명에 가까운 사람들과 함께 성찬식을 가졌다. 이어 캐시에게 여러 통의 편지를 구술한 뒤 리치먼드 힐의 의사를 찾아가 귓속을 손질했다. 조우와 점심을 먹은 뒤 건축 기사를 만나 현재의 데이스프링 건물에 연결하여 지을 내 작은 집에 관해 세 시간 동안 이야기했다. 그리고 나서 뉴 하우스를 찾아가 협력자들과 함께 아담의 죽음과 그들의 장래 계획에 관해 대화를 나눴다.

저녁 6시에 네이선이 웬디와 나를 공항에 데려다주었다. 웬디와 나는 한 시간 늦은 시각인 밤 10시 15분에 뉴어크에 도착했다.

고단한 일주일 뒤의 아주 고단한 하루였다. 다행히 모든 일이 잘돼서 그 결과가 만족스럽다. 피팩에 다시 돌아와 정말 기쁘다. 교정과 집필로 조용히 보낼 한 주간이 기다려진다.

4월 30일 화요일

리치먼드 힐에 있을 때, 데이스프링위원회의 한 멤버인 맬콤이 내게 존 업다이크의 신간 소설 *In the Beauty of the Lilies*(백합의 아름다움 속에서)에 관한 기사를 하나 주었다. 〈크리스천 센추리〉(*Christian Century*)에 실린 기사였다. 기사의 저자인 랠프 C. 우드는 그 책이 현대인들의 신앙 상실을 아무렇지도 않은 듯 이야기하고 있다며 걱정스레 지적했다. 소설의 한 주인공은 나태를 벗어나지 못하고 있다.

나태의 개념으로 보면 내가 사는 세상이 한결 이해가 잘 된다. 우리의 태도의 특성은 악도 아니요 선도 아니다. 선악 모두에 대한 냉담한 무관심이다. 나태한 사람들에게 말씀을 전한다는 것이 어느 정도는 어려운, 아니, 불가능한 일인지 알 것 같다. 그들에게는 정말 중요한 일이 전혀 없기 때문이다. 그들은 멋진 생각, 기막힌 구상, 희망적인 시각에 흥분할 줄도 모르고 더러운 말, 야비한 생각, 파괴적인 관점에 분노할 줄도 모른다. 우드의 말에 따르면, 이블린 워프는 나태를 현대 말기의 집요한 죄악이라고 했다. 중요할 것이 아무것도 없는 패역한 세대의 죄악이 아닐까.

새삼 확인하는 바지만 내가 하고 싶은 일은 다분히 사람들을 일깨워, 나태의 감옥을 박차고 나와 세상의 발전을 위해 힘쓰도록 하는 것이다. 이 일에 너무 열심을 내다 보니 지나치게 흥분하고 과장하며 떠벌린다는 비난을 들을 때도 있지만 그래도 나는 미지근한 것보다는 뜨겁거나 찬 것이 훨씬 낫다고 믿는다. 미지근하면 속이 메슥거리고 토할 것 같다. 하나님이 미지근한 것을 토하시는 까닭을 알 것 같다(계 3:16).

나태란 노인들에게 특별히 유혹이 되지 않을까 생각된다. 그들은 살면서 숱한 일을 겪었으나 변화를 별로 보지 못한 이들이 아니던가. 나 역시 또다시 선한 싸움에 나서 씨름하는 것이 피곤하게 느껴질 때가 있다. 그냥 조용히 혼자 있고 싶을 때도 있다. 그러나 하나님은 내가 너무 일찍부터 쉬기를 원하시지 않는다. 나는 하나님의 약속이 끝내 이루어질 것을 항상 믿으며 끝까지 신실해야 한다.

1996년 5월.

영적인 삶을 산다는 것,
내 모든 존재를
제자리에 둔다는 뜻

5월은 청명하고 아름다운 햇살로 시작되었다. 그 햇살에 인근 계곡은 작은 낙원으로 바뀌었다. 수선화가 피어나고 벗나무와 복숭아나무에 꽃이 피고 다른 나무들도 새순이 돋아난다. 성찬식 중 우리는 다른 사람을 판단하지 않고 사는 삶에 대해 서로의 생각을 나누었다. 그것이 세상을 심판하러 오신 것이 아니라 생명을 주러 오신 예수님을 본받는 삶이다.

평범한 하루였다. 원고를 교정 보고 여기저기 전화를 걸고 페기와 그녀의 친구 로마와 함께 느긋하게 점심을 먹고 잠을 좀 보충했다. 캐나다에서 바쁜 주말을 보낸 뒤로 아직도 굉장히 피로를 많이 느낀다. 몸이 계속해서 잠을 요구한다. 피곤이 너무 심하게 자주 밀려와 걱정될 때도 있지만, 몸이 요구하는 대로 푹 쉬고 나면 금방 상태가 좋아진다.

오늘 오후 프랭크가 미국 공군에서 계급이 승진됐다. 그에게는 아주 중요한 사건이다. 아쉽게도 그의 가족이나 친구들 아무도 그곳에 갈수 없었다. 하필 기지 내 훈련 기간 중에 승진돼 축하 행사가 전혀 없었던 탓도 있었다. 그래도 나는 프랭크를 위해 그곳에 다녀왔더라면 하는 마음 간절했다. 그의 삶에는 특별한 사건이 그리 많지 않았다. 그의 사역에 대한 이번의 공적인 인정이야말로 마땅히 축하받을 일이었다. 앞으로 축하를 표현할 기회가 있기를 바란다.

산타페에 함께 있을 때 프랭크는 내게 물었다. "내가 승진할 때 기도문을 하나 써 주실 수 있겠습니까?" 나는 물론 "좋지요" 하고 답했지만 프랭크가 원한 기도문이 내가 자기를 위해 기도해 주는 내용인지 아니면 자기가 기도할 때 사용할 수 있는 내용인지 나중에 궁금한 생각이 들었다. 결국 기도문을 써야 할 시점이 왔을 때 나는 후자 쪽으로 마음이 끌렸다. 그것도 한 번뿐 아니라 자주 사용할 수 있는 것으로 쓰고 싶었다. 나는 내가 프랭크가 돼 그의 마음으로 하나님께 기도하려 했다. 프랭크는 말이 많은 사람이 아니다. 특히 자신의 감정과 연관된 말은 별로 없다. 내 기도가 아니라 그의 기도를 쓰기로 한 것도 그 때문일 것이다. 내가 쓴 기도문은 이렇다.

> 사랑하는 주님,
>
> 인생이 절반에 이른 이 시점에서 저는 주님의 임재 안에 들어가 저를 주님께 다시 드리고 싶습니다. 지난 40년간 주님은 저를 인도해 주셨고 성숙한 믿음과 제 은사에 대한 새로운 확신 가운데 영적으로 장성한 자가 되도록 점차 이끌어 주셨습니다. 지나오면서 저는 많은 일들로 고민하며 인생에서 제 자리를 찾으려 했고 가정에서 제 자리를 찾으려 했고 군 동료들 틈에서 제 자리를 찾으려 했고 주님의 일꾼으로서 제 자리를 찾으려 했습니다.
>
> 긴 여정이었습니다. 기쁨도, 슬픔도, 회의도, 희망도 많았고, 외로운 순간도 많았으며, 아름다운 우정의 순간도 많았습니다.
>
> 이제 동료들의 인정 속에 미 공군 소령으로 계급이 승진되면서 저는 다시 한 번 주님 앞에 나옵니다. 언제나 저를 주님의 마음으로 그리고 제게 맡겨진 영혼들의 마음으로 가까이 이끌어 주소서. 주님은 제게 좋은 건강과 좋은 친구들을 주셨고 이렇게 안전한 곳에서 살게 하셨습니다. 그렇기 때문에 다시 한 번 전심으로 주님을 제 목자요, 인도자로 맞아들입니다.

야망으로 가득 찬 세상 한복판에서 겸손한 자
되게 하소서. 권력에 집착하는 세상에서 연약한
자로 살게 하소서. 복잡하기 짝이 없는 세상에서
단순하게 살게 하소서. 복수와 응징의 고통이
난무하는 세상에서 용서하는 자 되게 하소서. 부를
좇고 성공을 추구하는 세상에서 마음이 가난한 자
되게 하소서. 인생의 후반부에 접어들면서 저는
마음을 열고 주님께 옵니다. 주님께서 제게 주신
은사를 믿게 하시고 위험도 마다하지 않고 주님을
섬길 수 있는 용기를 주소서.

저는 주님께서 저를 어디로 인도하실지 모릅니다.
지금으로부터 2년, 5년, 10년 후 제가 어디 있게
될지도 모릅니다. 제 앞길은 모르지만 그러나
주님이 저와 함께 계셔서 제 길잡이가 돼 주신다는
것과 어디로 인도하시든, 설령 제가 원치 않는
곳으로 데려가신다 해도, 결국 저를 참된 본향으로
이끄시리라는 것만은 분명히 압니다.
주님, 제 인생과 제 소명과 주님께서 제 마음에 심어
주신 이 소망을 감사드립니다. 아멘.

나는 팩스로 기도문을 프랭크의 사무실로 보냈다. 화초도 한 그루
함께 보냈다. 이 특별한 날이 프랭크에게 기쁜 하루가 되기를 그리고 특

히 이 승진을 통해 그가 더욱 자신감을 얻게 되기를 바라며 기도한다.

무수한 규정과 명령에 얽매인 군대 생활은 어떤 면에서 교회 생활과 크게 다르지 않다. 둘 다 공적인 면뿐 아니라 사적인 부분까지 한 인간을 송두리째 통제하려 한다. 프랭크는 며칠 휴가를 내고 싶을 때마다 갖가지 양식을 작성하여 몇 단계의 승인을 받아야 한다. 군대 생활의 관료주의가 사역을 방해하는 것 같을 때도 있다. 군목이라는 신분으로 하나님을 섬긴다는 것은 적지 않은 도전이다. 네덜란드 육군의 경우 군목은 비록 제복을 입고 대위 계급을 달고 나이 35세에 소령으로 승진하기는 해도 신분은 어디까지나 민간인이다. 그러나 미군의 군목은 군법의 통제를 받는 진짜 장교다. 따라서 그들은 사역자로서 못지않게 장교로서 평가를 받는다. 이런 제도가 많은 군목을 승진에 집착하게 만든다. 열매 맺는 사역자가 되는 것보다 성공하는 장교가 되는 것이 더 중요해질 수 있다.

이런 생각을 하노라니 사역의 가치관과 군대의 가치관이 극과 극으로 다르다는 생각이 든다. 연약한 자가 돼 상대를 용서하는 예수님의 방식은 권력과 응징을 좇는 군대의 방식과는 첨예한 대조를 이룬다. 군대의 상벌 규정에 매여 있는 사람이 어떻게 군산복합체의 어두운 측면을 거리낌 없이 지적할 수 있을지 의아한 생각이 든다. 군목들이 당회나 주교의 인정보다 군 상관의 인정에 곧잘 더 신경 쓰게 되는 것도 놀랄 일이 못된다. 그래도 나는 그리스도인이 세상에 속하지 않았지만 세상으로 부름받은 것처럼, 그중에는 군대에 속하지 않았어도 군대에서 섬기도록 부름받은 이들이 있다고 믿는다.

프랭크에게 써 준 기도문은 그런 생각을 바탕으로 나왔다. 물론 이런 모든 것에 대해 프랭크의 생각은 내 생각과는 상당히 다를 것이다. 그래도 내가 알기로 프랭크는 군목 제도에 대해 나름대로 생각이 많고 날마다 권위적인 군사 제도의 무거운 존재와 압력을 느끼고 있으며 그런 상황에서 계속 영적 자유를 내세우기가 어렵다는 것을 잘 알고 있다. 그래서 나는 그의 승진 날인 오늘 그런 기도문을 쓴 것이다. 프랭크는 멋진 사람이다. 오늘 비록 몸은 함께 있을 수 없지만 멀리서나마 그의 기쁨에 동참하고 싶다.

5월 2일 목요일

피팩 우체국장 유진이 〈가톨릭 다이제스트〉(Catholic Digest) 최근 호에 실린 것이라며 내 책에서 인용된 문구를 보여 주었다. 그는 그 페이지에 사인해 달라고 했다. 그러고는 그 위에 32센트짜리 우표를 붙인 뒤 날짜 도장을 찍었다. 그는 내 글귀를 발견한 데 꽤 흥분하며 나중에 지니가 들어오자 인용구, 사인, 우표, 도장 그대로 그 페이지를 그녀에게 보여 주었다.

나는 유진이 무척 좋다. 그는 마음씨가 좋고 친절하며 늘 고객들에게 따뜻한 말을 잊지 않는다. 애초에 그가 〈가톨릭 다이제스트〉를 구독한 것은 몸져누우신 어머니에게 큰 소리로 읽어 주기 위해서였는데 이제는 자신이 탐독하게 됐다고 한다. "규격은 작고 귀여워도 짤막한 글들로 마음에 용기를 불어넣어 주는 잡지랍니다." 그는 말했다. 그는 내가 이 잡지를 잘 모르고 있는 것에 놀랐다. 나는 그가 가지고 있던 책에서 구독 신청서를 떼어 달라고 했다. 그는 찢어서 내게 건네주었다. 이제 나도 잡지사에 신청할 수 있게 됐다.

이렇게 많은 친절한 사람에게 둘러싸여 있다는 것은 얼마나 놀라운 일인가. 우체국의 유진과 그 옆 빵집 사람들…… 모두 가족 같다. 그들이 하도 매사를 순전한 기쁨으로 우정의 차원에서 대해 주다 보니 돈 내는 것을 깜빡 잊어버릴 때도 있다. 종일 장시간 서서 일하는 참 성실한 사람들이다. 나라면 그렇게 못 할 것이다.

5월 4일 토요일

아침에 비행기를 타고 동해안 남부로 내려가, 자살한 한 젊은이를 위한 추도 모임에 참석했다. 꼭 가서 그의 친구들과 짝에게 위로를 표하고 싶은 간절한 마음에서였다.

채플에 들어서니 9시 반이었다. 예배에 참석한 사람은 150명 정도 됐다. 분위기는 아주 아늑하고 따뜻했다. 친근감도 느껴졌고 기도하기에도 아주 좋았다. 설교자는 엠마오 도상의 제자들 이야기를 아주 실감나게 들려주었다. 두 제자는 예수님이 떡을 떼어 주실 때 그분을 알아보고는 자기들이 속한 공동체로 다시 돌아갔다. 우리 각자는 슬픔과 상실과 분노와 죄책과 고통의 삶으로 부름받았으며 그 모든 것을 통해 우리 안에 거하시는 예수님의 임재를 알아볼 수 있어야 한다고 설교자는 말했다. 우리 각자는 사랑과 관심과 지지의 공동체를 찾아 속해야 한다. 그 공동체 안에서 우리의 슬픔은 점차 감사로 바뀔 수 있다.

오늘 추도 예배를 계기로 나는 이 아름다운 인간을 통해 내게 계시된 하나님의 사랑의 신비를 온전히 붙들고 싶다.

오후 2시에 공항으로 돌아가 조너스의 도착을 기다렸다. 조너스는 지금 계곡에서 며칠 한적한 시간을 보내기 위해 비행기를 타고 나와 함께 피팩으로 가는 길이다. 비행기 안에서나 집에 가는 차 안에서나 우리는 할 이야기가 많았다.

왠지 모르게 속이 아주 불안하다. 아직 해결되지 않은 깊은 감정들 주변을 맴도는 기분이다. 별일 아닌데도 그런 감정이 불쑥불쑥 튀어 올라 평정을 잃곤 한다. 나조차 이럴 줄 몰랐다. 하지만 사랑, 미움, 거부, 끌림, 감사, 후회의 감정이 멋대로 소용돌이치는 모습에 그저 무력감을 느낄 뿐이다. 이제는 새로운 평화에 다다라도 좋으련만 이 나이가 돼서도 평화 대신 오히려 새로운 긴장이 쌓여 있는 것 같아 두렵다. 이 순간 기도가 참으로 중요함을 잘 안다.

우리는 지금 성령님이 임하시기를 기다리고 있다. 하지만 정말 그럴까? 오늘 아침 성찬식 때 나는 크리스마스나 부활절 때 준비하듯 오순절을 앞두고도 자신을 준비해야 한다고 간략히 이야기했다. 그럼에도 우리 대부분의 경우 오순절(성령강림절)은 아무 일도 아니다. 일반 달력에도 크리스마스와 부활절은 표기돼 있지만 오순절은 신기할 정도로 잊혀 있다.

하지만 오순절은 예수님의 영이 세상에 임하신 날이다. 시간과 공간의 벽을 허물고 새 창조와 사랑의 능력을 온 세상에 고루 부어 주신 하나님을 기리는 날이다. 오순절은 자유의 날이다. 성령의 자유가 어디로든 원하시는 데로 부는 날이다.

오순절이 없다면 그리스도의 사건(예수님의 삶과 죽음과 부활)도 그저 기억과 생각과 묵상의 소재쯤으로 과거의 역사에 갇혀 있을 수밖에 없다.

예수님의 영은 우리 안에 거하시려고 임하신다. 우리가 지금 여기서 살아 있는 그리스도가 되게 하시기 위함이다. 오순절을 통해 구원의 모든 신비는 그간의 한정된 지역을 벗어나 모든 민족, 모든 나라, 모든 계절, 모든 시대를 끌어안는 우주적 사건이 된다. 오순절은 또한 권능을 주시는 순간이다. 모든 인간 개개인은 예수님의 영을 자기 인생을 지도하는 영으로 붙들 수 있다. 그 성령 안에서 우리는 확신 가운데 자유로이 말하고 행동할 수 있다. 예수님에게 충만했던 동일한 성령이 우리에게도 충만함을 알기 때문이다.

우리는 정녕 이 절기를 앞두고 신중하게 자신을 준비해야 한다. 성령의 은사를 온전히 받을 뿐 아니라, 우리 안에 성령의 열매가 맺히도록 말이다.

5월 7일 화요일

아침 성찬식 중에 돈이 자동 응답기에 메시지를 남겼다. 간밤에 아버지가 돌아가셨다는 내용이었다. 나는 바로 그에게 전화를 걸었다. 우리는 돈의 아버지의 아름다운 삶과 평화로운 죽음에 관해 이야기했다. 돈과 그의 가족들에게는 커다란 상실이다. 돈은 아버지를 진심으로 사랑했으며 지난 몇 년 사이 아버지와의 사이가 아주 가까워졌다.

불과 3주 전에 돈의 아버지를 만날 수 있었던 것이 천만다행이다. 몸은 허약했지만 분명 그는 가정의 조용한 중심이었고 언제나 기도와 미소를 잃지 않았다. 의심의 여지없이 그는 위대한 사람이었다. 아주 훌륭한 남편이었고 깊이 존경받는 아버지였으며 가난하고 약한 자들의 인심 좋은 후원자였고 깊은 신앙의 사람이었다. 손님인 내게 그는 언제나 더없이 친절한 주인이었고 내 삶과 일에 언제나 관심을 보였으며 내 집필을 늘 격려해 주었고 아들 돈과 나와 셋이서 기도하는 것을 늘 좋아했다. 그가 정말 그리울 것이다.

목요일에 시카고로 가 장례식 전야 예배와 장례식에 참석하려고 한다. 이 슬픔과 애통의 순간에 돈 곁에 함께 있고 싶다.

오후에 조너스를 공항에 데려다주었다. 며칠간 함께 지내 참 좋았다. 최근 느껴 온 불안에 관해 함께 이야기할 수 있는 기회가 됐다. 겉으로는 드러나지 않지만 아직도 이면에는 불안이 도사리고 있다. 조너스는 내 이야기를 잘 들어준 뒤 사랑의 반응을 보여 주었다. 내면에 들끓던 소란이 다소 가라앉기는 했지만 상처가 도질 때마다 치유가 느리고 많은 인내가 필요함을 새삼 깨닫는다. 조너스가 곁에서 위로해 주어 적어도 치유 과정의 시작을 느낄 수 있었다.

5월 8일 수요일

드디어 새 글을 쓰기 시작했다. 지난 몇 주간은 여행, 강연, 방문, 편지, 전화, 원고 교정 등으로 너무 산만해 5월 중으로 아담 이야기 책을 쓰려던 계획이 계속 늦어지고 있다. 창의적인 작품이 전혀 없이 흘러가는 세월만 보고 있을라치면 이만저만 속상한 것이 아니다. 창의력 부족에는 내 피로도 한몫한다.

그러나 오늘 나는 아담에 관해 쓰고 있다. 내 마음과 머리에 아담에 대해 얼마나 많은 것이 담겨 있으며 모두가 얼마나 쉽게 표현되는지 나 자신도 놀랄 정도다! 쓰면 쓸수록 쓸 내용이 더 생각난다.

아담의 이야기는 하나님의 이야기이며 사람들이 꼭 들어야 할 이야기다. 이건 너무나 분명한 사실이다. 아담의 삶의 모든 면이 하나님의 사랑의 방식을 말해 준다. 아담의 빛, 아담의 성품, 아담의 숨겨진 삶, 아담의 침묵, 아담의 장애, 아담의 고난, 아담의 치유적 현존, 이 모두가 약함 중의 강함, 연약함 중의 힘의 신비를 드러내 주는 것들이다.

아담에 관한 책을 쓰면서 나는 새 힘과 새 희망을 얻는다. 내 분주한 삶의 이면에 남아 있던 깊은 고뇌까지도 글을 쓰면서 꽤 가벼워진 기분이다. 하나님께 감사드린다. 아담에게 고맙다.

5월 9일 목요일,
일리노이주 위네카

저녁 6시에 오헤어 공항에 도착했다. 즉시 택시를 타고 스코키 장례식장으로 갔다.

돈의 아버지의 시신이 있는 관은 뚜껑이 닫혀 있었다. 나는 관 앞에 무릎 꿇고 앉아 기도했다. 그를 위해 드린 기도라기보다는 그에게 하는 말이었다. 관에 머리를 기댄 채 나는 고인에게, 나도 그처럼 평정과 친절과 유머를 갖게 해 달라고, 특히 내 내면의 고뇌를 제하시고 더 깊은 내적 평안으로 인도해 주시도록 나를 위해 예수님께 빌어 달라고 부탁했다. 또한 슬픔 중에 있는 돈과 형제들과 친지들에게 유익하고 신실한 친구가 되고 싶다고 말했다.

아침 10시에 돈의 형제 밥과 그 아내 마르타와 함께 마지막으로 장례식장으로 향했다. 오전 11시에 장례식 행렬이 교회에 도착했다. 돈은 아주 친근감 있게 예배를 진행했다. 모든 참석자에게 자신이 예배의 소중한 일부라는 느낌을 갖게 해 주었다. 그는 으리으리한 대형 교회를 좋은 친구들의 만남의 장소로 바꿔 놓았다. 슬픔과 감사를 동시에 느끼며 표현할 수 있는 곳이었다. 돈은 설교를 통해 자기 아버지를 놀라운 평화의 사자요 손님 대접에 후한 분으로 소개했다. 아버지의 직장 생활과 가정생활과 신앙생활의 아름다운 연합에 관해서도 이야기했다.

예배가 끝나자 밥은 모든 사람들에게 다시 한 번 고개 숙여 기도하자고 말했다. 사람들 사이에 평화와 연합이 있도록 각자 자신의 방식으로 하나님께 기도하는 시간이었다. 돈과 밥의 아버지도 다년간 라디오 프로그램을 진행할 때 그렇게 청취자들에게 기도하자고 말하곤 했다. 그가 살아 있을 때 자라 온 공동체가 그의 죽음을 통해 더욱 깊어지고 있었다. 예수님의 죽음과의 유사성을 떠올리지 않을 수 없었다. 예수님의 죽음이 새로운 신앙 공동체의 시발점이 된 것처럼 돈의 아버지의 죽음도 새로운 사랑의 띠와 서로에 대한 새로운 헌신을 가져다주었다.

아침 9시에 돈이 나를 공항에 데려다주었다. 우리는 내가 탈 애틀랜타행 비행기를 기다리며 잠시 시간을 보냈다. 이 슬픔의 시간에 우리의 깊고 오랜 우정이 더욱 깊어진 것을 서로 고백했다.

다시 집에 와서 좋다. 드디어 일주일 내내 아담 책을 쓰는 일에 전념할 수 있게 됐다.

예수님은 말씀하신다. "내가 아버지께로부터 너희에게 보낼 보혜사 곧 아버지께로부터 나오시는 진리의 성령이 오실 때에 그가 나를 증언하실 것이요 너희도 …… 증언하느니라"(요 15:26-27).

성령의 증거란 무엇인가? 성령님은 예수님을 통해 우리에게 다가온 하나님의 무조건적 사랑을 증거하실 것이다. 세상이라는 틀 가운데서 가시화되는 하나님의 사랑은 곧 어둠 속에 비치는 빛이다. 그것은 어둠이 받아들일 수 없는 빛이다. 하나님의 사랑은 우리에게, 열매가 성공보다 중요하고 하나님의 사랑이 인간의 칭찬보다 중요하며 공동체가 개인주의보다 중요하고 긍휼이 경쟁보다 중요함을 보여 준다. 한마디로,

306

성령님의 빛은 사랑이 모든 두려움을 정복함을 우리에게 보여 준다. 그러나 세상은 두려움에 지배당한다. 두려움을 이용하지 않고는 세상은 통제하고 지배하는 법을 모른다.

성령의 증거는 세상을 위협한다. 성령과 더불어 증언하는 자는 누구나 세상에 위험한 존재가 되거니와 그것은 당연한 일이다. 그래서 예수님도 이렇게 예언하셨다. "때가 이르면 무릇 너희를 죽이는 자가 생각하기를 이것이 하나님을 섬기는 일이라 하리라 그들이 이런 일을 할 것은 아버지와 나를 알지 못함이라"(요 16:2-3).

우리 시대에 꼭 들어맞는 말씀이다.

하나님과 깊은 교제 가운데 즉 우리 안에 계신 예수님의 영과 더불어 살지 않을 때 종교는 우리의 성공, 명성, 출세욕을 채우는 방편으로 전락하기 쉽다. 그렇게 되면 내 목표 달성에 방해가 되는 자는 누구나 '죽이고' 싶게 된다. 그러면서도 그 살해가 하나님의 이름을 위한 것이라고 재빨리 합리화하게 된다. 비참한 현실이다. 많은 인디언과 유대인들과 회교도들이 그렇게 목숨을 잃었다. 북아일랜드, 보스니아, 기타 많은 지역의 폭력도 이렇게 종교라는 이름으로 합리화되고 있다.

예수님은 이런 일들이 일어날 때 우리가 놀라지 않기를 원하신다. 그분은 말씀하신다. "오직 너희에게 이 말을 한 것은 너희로 그 때를 당하면 내가 너희에게 말한 이것을 기억나게 하려 함이요"(요 16:4).

아침 성찬식 때 우리는 이런 이야기를 나누었다. 교회인 우리가 하나님의 이름으로 다른 사람에게 상처를 입힐 때가 얼마나 많은지 새삼 실감했다. 식탁에 둘러앉은 사람들 가운데는 교회에서 또는 부모나 친구에게서 그런 상처를 입었던 이들이 많았다. 가족이나 교인들이 그렇게 깊은 상처를 입히는 모습에 그들은 놀랐다. 그 상처 때문에 아예 교회를 떠난 경우도 있었다. 그러나 안타깝게도 그들은 교회를 떠나려다 그만 예수님의 메시지마저 잃어버리고 말았다.

예수님의 말씀은 대단히 중요하다. 그분은 우리에게 이런 일이 일어날 것을 경고하시며 그런 상처를 당할 때를 대비하게 하신다. 예수님의 예언에 힘입어 우리는 설령 하나님의 이름으로 거부당한다 해도 하나님의 사랑만은 거부하지 않을 수 있다.

5월 14일 화요일

예수님은 말씀하신다. "내가 아버지의 계명을 지켜 그의 사랑 안에 거하는 것같이 너희도 내 계명을 지키면 내 사랑 안에 거하리라"(요 15:10). 예수님은 내게 그분의 사랑 안에 거하라 하신다. 내 모든 존재가 그분 안에 산다는 뜻이다. 그것은 전인적 소속, 온전한 친밀함, 제약 없는 동행으로의 초대다.

지난 일주일 동안 나를 괴롭혔던 불안은 내게 아직 예

수님 안에 '거하지' 않는 부분이 있다는 증거다. 내 생각과 마음은 참된 처소를 자꾸만 겉돌며 낯선 땅을 찾아 나서지만 결국 거기서 만나는 것은 분노, 원한, 정욕, 두려움, 괴로움뿐이다. 영적인 삶을 산다는 것은 내 모든 존재를 제자리에 둔다는 뜻임을 나는 안다.

예수님은 친밀함을 포도나무와 가지가 서로 붙어 있는 것으로 비유하신다. 나는 가지가 포도나무에 붙어 있듯 예수님께 접붙여지고 싶다. 내 모든 생명을 포도나무에서 받고 싶다. 포도나무 되신 예수님과의 연합을 통해 내 작은 삶이 자라 열매를 맺을 수 있다. 그런데 알긴 아는데 그렇게 살지를 못한다. 어찌된 일인지 나는 예수님 말고도 탐색해야 할 또 다른 생명의 원천이 있는 것처럼 살아갈 때가 많다. 그러나 예수님은 끊임없이 말씀하신다. "내게 돌아오라. 네 모든 짐, 모든 염려와 두려움과 불안을 내게 맡기라. 나와 함께 있을 때 쉼을 얻을 수 있다는 것을 믿으라." 나는 이 사랑의 음성을 듣고 그 치유의 능력을 믿고자 애쓴다.

예수님이 하나님 안에 거하신 것처럼 내 집도 예수님 안에 있음을 나는 잘 안다. 예수님 안에 거할 때 곧 내가 그분과 함께 하나님 안에 거한다는 것도 안다. 예수님은 말씀하신다. "나를 사랑하는 자는 내 아버지께 사랑을 받을 것이요"(요 14:21).

내가 해야 할 진정 영적인 일은 하나님께 나를 온전히 남김없이 사랑하실 기회를 드리는 것이요, 그 사랑 안에서 내 소명이 다 이루어질 것을 믿는 것이다. 나는 방황하고 염려하며 불안해하는 내 자아를 늘 제자리에 있게 하려 애쓴다. 그래야 그분의 사랑의 품에서 쉴 수 있다.

오후에 지니가 나를 근처 대형 상가에 데리고 갔다. 줄이 없는 노트를 구했다. 크기가 두 종류였다. 두 노트를 아담 이야기로 채우고 싶다. 새로운 의욕이 생긴다. 새 노트 덕분이다!

5월 15일 수요일

안식년이 어느새 8개월도 더 지났다니 아찔한 기분이다. 처음에는 오랜 시간 고독과 기도 속에 글을 쓸 수 있으리라 희망도 컸다. 그때의 일기를 다시 읽어 보노라니 절로 웃음이 난다. 지난 시간은 내 기대와는 달랐다. 내 기억에 가장 분주하고 일이 많은 해 중 하나였다.

그래도 정말 놀라운 시간이었다. 계획만큼 글을 많이 쓰지는 못했지만 그래도 많이 썼다. 계획만큼 많이 기도하지는 못했지만 그래도 글쓰기를 통해 하나님을 더욱 깊이 경험했다. 기대만큼 혼자 있는 시간이 많지는 않았지만 전에 비하면 고독이 훨씬 많았다.

다가오는 9월을 생각하면 마음이 약간 불안해진다. 안식년을 마칠 준비가 전혀 돼 있지 않기 때문이다. 내 마음은 이전 어느 때보다도 글 쓸 구상으로 가득 차 있다. 나의 데이브레이크 복귀는 어느 정도 글 쓰기를 계속할 수 있을 때에만 현실성 있는 일임을 나는 안다. 글을 쓰지 않는 한 내 내면이 고갈돼 금방 피로와 우울에 빠질 테니 말이다. 수와 네이선을 비롯해 데이브레이크 다른 식구들도 나와 생각이 같아 참 감사하다. 글 쓸 공간으로 나를 위해 작은 집을 짓고자 하는 열망을 그들이 뒤에서 받쳐 주어 큰 힘이 된다.

지난 8개월을 돌아보며 기대와 실제를 비교해 보건대 미래를 제대로 예견할 수 없음을 새삼 느낀다. 하나님은 뜻밖의 하나님으로 남아야 하리라.

5월 16일 목요일

예수님은 제자들에게 이렇게 말씀하셨다. "조금 있으면 너희가 나를 보지 못하겠고 또 조금 있으면 나를 보리라"(요 16:16).

인생이란 '조금 있는' 시간 즉 짧은 기다림의 순간이다. 그러나 인생은 속절없는 기다림은 아니다. 기대에 부푼 기다림이다. 하나님이 과연 약속대로 만물을 새롭게 하사 우리에게 '새 하늘과 새 땅'을 주신다는 것을 알기에 그 기다림은 흥분에 찬 시간이 된다. 그 성취의 시작을 우리는 이미 보고 있다. 새봄이 올 때마다 자연이 그것을 말한다. 사람들의 미소 짓는 얼굴이 그것을 말한다. 해와 달과 별이 빛과 멋을 발하며 그것을 말한다. 모든 폐허와 혼돈 가운데서도 내면에 살아 있는 희망으로 다시 일어나는 이들의 모든 역사가 그것을 말한다.

이 '조금 있는' 시간은 참으로 소중한 시간이다. 그것은 정화와 성화의 시간이요 하나님의 영원한 집으로 들어가는 놀라운 입주를 준비하는 시간이다. '조금 있는' 동안 내가 꼭 해야 할 일은 무엇일까? 장차 임할 하나님 나라의 징조를 일러 주고 싶다. 하나님의 날의 첫 햇살에 관해 말하고 싶다. 우리 안에 거하시는 성령님의 많은 징후를 증언하고 싶다. 나는 지나가는 이 세상에 대해 불평하고 싶지 않다. 일시적인 것들 속에서 빛을 발하는 영원한 것에 시선을 두고 싶다. 영원을 보며 누릴 수 있는 공간을 창출하고 싶다.

날마다 성찬식 식탁에 둘러앉을 때마다 나는 우리 안에 연합과 평화가 자라나는 것을 느낀다. 이것이 바로 내가 '조금 있는' 동안 살짝 맛보는 하나님 나라다.

5월 17일 금요일

산타페 여행 준비로 하루가 대부분 지나간다. 내일 나는 비행기로 앨버커키에 도착해 거기서 차편으로 산타페로 향하게 된다. 짐의 지도 편달 아래 일주일간 책을 쓰기 위해서다. 다시 짐을 만나 책의 주제만 아니라 내 글쓰기 기술에 관해서도 함께 이야기할 시간이 못내 기다려진다.

내가 가장 바라는 것은 좋은 이야기를 쓰되 독자들이 끝까지 손에서 책을 놓지 못하게끔 쓰는 법을 배우는 것이다. 내가 알기로 예수님도 이야기를 들려주셨고 대부분의 신앙 스승들도 이야기를 들려주었다. 나는 지금 아담 책을 쓰느라 정신이 없고 로드레이 가족 책도 쓸 계획이다. 다만 내가 하고 싶은 말이 뭔지는 알겠는데 어떤 식으로 말해야 할지를 모르겠다. 이번 여행을 마치고 돌아갈 때는 흥미진진한 이야기를 쓰는 법에 대해 조금이나마 식견이 트이기를 바란다. 이번 산타페 여행은 이야기 전달의 새로운 차원에 들어서기 위해 내게 주는 작은 선물이다.

5월 18일 토요일,
산타페

다시 여행 이야기를 쓰려니 힘이 빠진다. 여기서 저기로…… 다시 저기로…… 또 저기로. 공항과 비행기와 렌터카 장소와 짐 찾는 곳은 지루하고 왠지 거북하기까지 하다. 여행할 때마다 왠지 악착같아지는 기분, 익명의 세계에 붕 뜬 기분이 든다. 탑승구, 무빙워크, 인형과 깃발과 컵과 잡지가 즐비한 매점, 고정된 금속 의자, 이 모두가 인간적인 구석을 전혀 찾아볼 수 없다. 심령이 죽는 것 같다.

뉴어크에서 덴버로 갔다가 거기서 비행기를 갈아타고 앨버커키에 왔다. 렌터카에서 차를 빌려 산타페로 왔다. 마침내 맬콤의 콘도에 도착하자 심령이 짓밟힌 기분에 피로까지 겹쳐 죽을 맛이었다. 누구의 탓도 아니다. 예수님이 말씀하신 "세상"을 내면에서부터 새로이 이해하게 된다. 모든 것이 정신없이 쉴 새 없이 돌아가지만 동시에 모든 것이 멈추어 있다.

산타페에 다시 오니 정말 기쁘다. 새로운 관계에 들어서는 데 약간 불안한 마음도 있지만 내일 있을 짐과의 만남이 기다려진다. 짐에게 기대가 너무 큰가? 짐은 내 집필을 도울 능력과 마음이 있을까? 친구 사이가 될 수 있을까? 너무 피곤해 생각이 또렷하지 않다. 분명한 것 하나는 잠이 필요하다는 사실. 그것도 아주 많이!

5월 19일 일요일

오늘 짐과 함께 잊지 못할 점심 식사를 나누었다. 산타페에 온 목적이 책 쓰는 데 짐의 도움을 받기 위해서이긴 했지만 우리의 첫 대화는 60세에서 80세까지 남은 인생을 어떻게 살 것이냐에 초점이 모아졌다.

내게 있어 이것은 갈수록 더 중요해지는 질문이다. 불안도 없지 않다. 지난 세월 나는 약간의 명성을 얻었다. 사람들은 나를 가톨릭 사제, 영성 작가, 발달장애인 공동체의 식구, 하나님을 사랑하는 사람, 사람들을 사랑하는 사람으로 생각한다. 이런 명성이 있다는 것은 놀라운 일이다. 하지만 원치 않게도 나는 내가 계속 지금의 그 명성에 갇혀 있음을 깨닫는다. 최근 들어서는 명성이 오히려 제약으로 느껴진다. 명성에 부합되게 살아야 하며 교회, 라르쉬, 가족들과 친구들, 독자들의 기대에 부응해 말하고 행동하고 책을 써야 한다는 부담이 내면을 짓누른다. 그러고 싶지 않아도 어쩔 수 없다. 나는 갇혀 있다. 신실함을 지키려면 어쩔 수 없이 따라야 하는 틀이 있다는 느낌 때문이다.

하지만 나이가 60 줄에 들어서다 보니 자연히 내 안에는 이전의 생각과 느낌과 감성과 열정과 일치하지 않는 새로운 생각과 느낌과 감성과 열정이 고개를 들곤 한다. 스스로 이런 질문을 던지곤 한다. "주변 세계에 대한 내 책임은 무엇인가? 나 자신에 대한 책임은 무엇인가? 내 소명에 충실하다는 것은 무슨 뜻인가? 이전의 생활 및 사고방식을 고수해야 하는가, 아니면 일부 사람들에게 실망을 줄 수 있음에도 불구하고 새로운 방향으로 나아갈 용기를 구해야 하는가?"

예수님이 30대 초반에 돌아가셨다는 사실이 갈수록 눈길을 끈다. 나는 이미 예수님보다 30년도 더 살았다. 예수님이 이렇게 오래 사셨다면 어떤 생각으로 어떻게 사셨을까? 잘 모른다. 하지만 내 경우, 전에 몰랐던 새로운 의문과 관심사들이 나이가 들수록 많이 생겨난다. 공동체, 기도, 우정, 친밀함, 사역, 교회, 하나님, 삶, 죽음 등 인생의 모든 차원에 관련된 것들이다. 어떻게 하면 결과에 대한 두려움 없이 이런 의문을 자유로이 품을 수 있을까? 내가 아직도 완전히 자유롭지 않음을 안다. 여전히 두려움이 있다.

짐은 예순둘이고 나는 예순넷이다. 예순 살부터 여든 살까지의 삶을 어떻게 살 것인가 하는 의문은 둘이 똑같다. 다만 차이는, 짐은 명성에나 소속 기관에나 전혀 매여 있지 않아서 아주 자유롭다는 것이다. 짐은 그 자유를 사랑한다. 이런 사람을 만난 것이 내게는 귀한 경험이다.

짐은 내 삶과 글쓰기에도 진심으로 관심이 있는 것 같다. 나를 나 되게 돕는다는 것 외에는 심중에 다른 목적이 전혀 없이 말이다. 그에게는 매여야 할 틀이 없어 보인다. 내가 굳이 자기 생각에 따르는 것도 바라지 않는 것 같다. 나는 하나님이 선하신 뜻으로 내 여정에 이 사람을 만나게 하셨다고 믿는다.

5월 20일 월요일

아침나절은 '아담 아네트의 고난'에 관한 집필 작업으로 보냈다. 아담의 한평생은 행동이 아니라 고난이었다. 그는 몸을 움직일 수 없었다.

모든 것을 남이 대신 해 주었다. 예수님은 고난으로 삶을 완성하셨다. 그분은 고난에 넘겨지셨다. 타인의 행동에 내어 맡겨졌다. 모든 것을 당해야 했다. 우리 사회는 온통 행동을 강조한다. 많은 사람이 인생의 훨씬 많은 부분을 고난 속에 살아가고 있음에도 말이다. 이런 사회에 아담의 삶이 예언자적 증거가 된 것도 어쩌면 그 평생의 고난 때문이 아닐까?

점심 식사 후 나는 화가 조지아 오키프의 짤막한 전기를 구입했다. 마이클 베리가 쓴 책이다. 오키프의 사연을 읽고 그 그림들을 볼수록 그녀에게 깊이 호감이 간다. 그녀는 인간관계 특히 사진작가 알프레드 스티글리츠와의 관계로 괴로워했다. 뉴욕주와 뉴멕시코주를 오가며 자기만의 예술 형태를 창조하려던 그 고뇌를 통해 우리는 사랑과 애정과 인격적인 지지는 물론 독립, 자유, 고독, 창조의 공간을 절대 필요로 했던 한 인간을 보게 된다. 그녀는 어느 모로 보나 뉴멕시코 사람이다. 산타페를 거닐며 하늘이며 건물이며 꽃을 보고 이 환경의 색채들을 들이마시다 보면 자연과 예술이 꼭 닮았음을 느끼게 된다. 오키프의 그림은 내게 산타페를 보게 해 준다. 렘브란트를 비롯한 여러 네덜란드 화가들이 빈센트 반 고흐의 눈을 뜨게 해 자신이 지나다니던 풍경을 바로 보게 해 준 것처럼 오키프는 내게 내 주변 세계를 보는 눈을 뜨게 해 준다.

조지아 오키프가 이토록 유명한 이유는 무엇일까? 성품과 예술의 조화 때문이라고 생각한다. 빈센트의 인생 사연과 예술을 분리할 수 없듯이 조지아의 인생 사연과 예술도 하나로 얽혀 있다. 나를 사로잡는 것은 단지 그림만이 아니다. 참으로 훌륭한 이 여자 자체이기도 하다. 그녀가 창조한 예술에는 친밀함과 고독에 대한 간절한 추구가 녹아들어 있다. 그녀의 작품을 보는 것은 곧 그녀의 삶을 보는 것이다. 그리고 그녀의 삶을 볼 때 나 자신의 삶을 보는 데도 도움이 된다.

내 안에 솟아나는 새로운 의문들과 조지아 오키프에 대한 내 강한 느낌이 서로 밀접하게 연결돼 있다는 생각이 든다. 양쪽 모두에 앞으로의 여생 동안 고독과 친밀함과 창의성을 새롭게 통합하고 싶어 하는 내 고뇌가 담겨 있다.

짐과 함께 좋은 시간을 보냈다. 우리는 삶과 일을 놓고 솔직하고 허심탄회한 대화를 나누었다. 짐은 내게 물었다. "신부님의 삶에서 가장 중요한 것은 무엇입니까?" 한참 생각한 후에야 대답할 수 있었다. 나는 이렇게 말했다. "세 가지로 말할 수 있지요. 예수님의 복음서에서 얻은 비전을 삶으로 실천하는 것, 가난한 자와 장애인과 병든 자와 죽어 가는 자들 곁에 있는 것, 그리고 친밀함과 애정에 대한 내 깊은 갈망을 채울 길을 찾는 것입니다." 짐은 나를 보고 웃으며 말했다. "벌써 세 가지 다 얻은 것 같은데요? 신부님은 정말 복받은 분입니다."

5월 21일 화요일

점심시간부터 짐과 함께 아담 이야기를 담을 책에 관해 이야기했다. 짐은 이 책의 가장 중요한 개념은 가난이라고 분명히 말했다. "가난이란 하나님께 역행하려는 인간적 힘이 없는 상태를 말합니다. 이런 힘에서 완전히 자유로울 때 우리는 하나님께 마음이 열립니다. 아담은 가난했기에 하나님께 온전히 열려 있던 것 같습니다. 또한 그 모습으로 신부님 안에 계신 하나님을 더 깊이 느끼게 해 주었지요." 짐도 종교적인 배경이 있었기에 내가 아담에 대해 하려는 말에 공감했다.

짐은 우리의 삶 속에 있는 하나님의 임재가 아담의 삶을 통해 표출된 것으로 보고 있다. 아울러 이 책이 아담에 관한 책만이 아니라 나와 나 자신의 영적 추구에 대한 책이라고 확신하고 있다. 그는 아담이 내 삶에 감화와 영향을 끼친 경위를 잘 묘사해 보라고 격려해 주었다.

나는 우정, 인간적인 접촉, 친밀함에 대한 내 욕구가 여전히 '세상적' 힘의 한 부분임을 깨닫는다. 아담은 겉으로는 중증 장애인이었지만 내게 하나님의 선물을 가져다주었다. 겉으로 보기에 재주가 많아 내게 하나님 이외의 다른 것을 주는 이들도 있지만 그들은 결국 나를 떠난다. 빈손만 남긴 채. 짐은 자신의 인간관계 경험을 나누며 이렇게 말을 맺었다. "하나님께 이르는 길에는 지름길이 없지요. 성공, 섹스, 권력, 명성은 우리에게 필요한 것을 가져다주지 못합니다. 우리 안에 임재하사 역사하시는 선하신 하나님의 진리를 발견하려면 오히려 그 모든 것을 잃어야 할 때가 많습니다. 아담과의 관계는 신부님께 여기에 대해 많은 것을 가르쳐 주었습니다."

5월 23일 목요일

느지막이 웨인과 함께 즐겁게 아침을 먹었다. 우리는 삶에서 새로운 자유를 찾는 길에 관해 솔직하고 격의 없는 대화를 나누었다. 우리 주변의 교회 제도가 우리의 창의력에 도움을 주는지 방해가 되는지의 문제는 그와 나 둘 다에게 현실적인 문제다. 웨인은 나보다 스무 살 아래지만 우리는 둘 다 전환기를 맞고 있다. 웨인은 삶의 새로운 방향을 모색하고자 가족과 함께 캘리포니아로 이사할 참이다. 나는 안식년이 끝난 후의 새로운 집필, 새로운 사고, 새로운 생활 방식을 궁리하고 있다.

오후 5시에 짐의 집으로 갔다. 저녁을 먹으며 짐의 사업 계획에 관해 이야기했다. 얼마 전까지만 해도 그는 출판사를 정리하고 은퇴할까 생각했으나 결국 그렇게 하지 않기로 했다. 지금 그는 새 분야에 진출하여 새로운 모험에 부딪치고 있다. 지금부터 10년 후에 우리가 어떤 이야기를 나누고 있을지 궁금하다. 헤어질 때 나는 단지 내 책에 대해서만 아니라 내 인생관에 대해서도 참으로 좋은 친구와 확실한 비평가를 만났다는 생각이 들었다.

모든 것은 공중그네에 관한 책으로 시작됐다. 짐은 그 책의 출간을 도와줄 이상적인 사람으로 보였다. 지금은 아담 이야기 책이 더 중요하다. 이미 절반쯤 썼기 때문이다. 하지만 아담 이야기 책이든 로드레이 가족 이야기 책이든 내 책은 언제나 나 자신에 관한 책이 될 것이다. 결국 아담과 로드레이 가족에 관한 책이 가능한 것은 그들에 대한 내 경험 때문이다. 나라는 렌즈를 통해 그들을 본 것이다. 그러므로 문제는 단순히 "아담은 누구인가?" 또는 "로드레이 가족은 누구인가?"가 아니다. 진짜 문제는 "나는 누구인가?"다.

짐은 두 책의 집필에 있어 나 자신의 중요성을 보게 해 주었다. 세

심한 영적 시각으로 아담과 로드레이 가족에 대한 책을 쓰려면 우선 그들이 내게 가까이 올 수 있어야 한다. 하지만 나 자신의 내면에 자유가 없는 한 그들을 내 곁에 다가오게 할 수는 없는 법이다.

짐과 함께 일하게 된 것을 깊이 감사드린다.

5월 25일 토요일,
피팩

부활절 시즌의 마지막 날이다. 요한복음의 마지막 장면에 깊은 감동을 받는다. 예수님이 베드로에게 "나를 따르라" 명하시자 베드로는 '사랑하시는 그 제자'를 가리키며 "주님, 이 사람은 어떻게 되겠사옵나이까?" 하고 묻는다. 그러자 예수님이 이렇게 대답하신다. "내가 올 때까지 그를 머물게 하고자 할지라도 네게 무슨 상관이냐 너는 나를 따르라"(요 21:21-22). 나 또한 그렇게 말할 때가 얼마나 많은가? "이 사람, 저 사람, 이 문제, 저 문제는 어떻게 됩니까?" 얼른 보기에는 관심의 표현 같아도 실은 믿음이 부족하다는 표시건만 나는 계속 이런 의문을 제기한다.

내 삶에는 "예, 하지만"의 반응이 너무 많다. "예, 주님을 따르겠습니다. 하지만 우리 가족, 내 친구들, 내 직업, 내 장래 계획은 어떻게 되는지 그것부터 말씀해 주십시오."

예수님은 대답하신다. "그 모든 것들로 걱정하지 말라.

ㅇ   321

나를 믿고 나를 따라오너라. 모든 것이 잘될 것이다." 내 삶이 한없이 산만한 것도 무리는 아니다. 수많은 걱정거리가 나를 중심축에서 끌어당겨 내 삶을 갈라놓는 것이다. 나는 예수님을 따르는 내 소명을 믿고 싶고, 다른 모든 것이 있어야 할 자리에 있게 될 것을 믿고 싶다. 그분이 온 세상을 그분의 손바닥 안에 안전하게 붙들고 계심을 믿기에.

오후에 내 누이 라우린이 연인 헨리와 함께 도착했다. 햇빛은 눈부시게 빛나고 있었고 계곡은 유난히 아름다웠다. 우리는 강줄기를 따라 잠깐 산책을 다녀온 뒤 페기와 함께 저녁을 먹었다.

라우린이 나를 찾아 주어 정말 기쁘다. 내가 살고 있는 곳과 내가 하고 있는 일을 가족들에게 보여 주고 싶은 마음 때문이다. 물론 내가 네덜란드에 갈 때 만나기는 하지만 대서양 이쪽 편에서는 만날 기회가 거의 없다.

5월 26일 성령강림절

갈라디아교회 교인들에게 보낸 편지에 바울은 이렇게 썼다. "오직 성령의 열매는 사랑과 희락과 화평과 오래 참음과 자비와 양선과 충성과 온유와 절제니 이 같은 것을 금지할 법이 없느니라"(갈 5:22-23). 오순절 축하 행사 때 우리는 이 열매들과 실생활에서의 의미에 관해 이야기했다. 페기는 커다란 접시에 아홉 가지 과일을 담아서는 각 과일마다 성령의 열매의 이름을 붙였다. 일곱 살 난 러시가 방 안을 돌며 각 사람에게, 자기 내면에 가장 성장하기 원하는 열매를 하나씩 고르게 했다.

즐거운 행사였다. 조우니는 아름다운 꽃을 가져왔고, 캐럴과 페기는 제단 빵을 구웠으며, 클레어와 제인은 말씀을 낭독했다. 찬양과 기도도 빠지지 않았다. 스무 명 정도가 참석한 아주 친근감 있는 성찬식 모임이었다.

5월 27일 월요일, 메모리얼 데이

아침 성찬식에 사람들이 무려 서른 명 정도나 모였다! 월요일이 공휴일인 덕에 가족들과 함께 아침 모임에 올 수 있었던 것이다.

복음서에는 예수님을 사랑했고 예수님께도 사랑받았지만 많은 소유에 대한 집착 때문에 그분을 따르지 못했던 부자 청년 이야기가 나온다. 이 이야기가 우리에게 커다란 도전이 됐다. 이 이야기는 '전부'에서 '무'(無)로 단걸음에 도약할 것을 말하고 있지 않다. 사랑의 방향으로 계속 작은 발걸음을 이어 갈 것을 말하고 있다. 사람들이 감동을 받은 것도 바로 그 부분인 것 같다. 부자 청년의 비극은 부를 포기할 마음이 없었던 데 있지 않다. 누군들 그러고 싶겠는가?

그의 진정한 비극은 깊고 친밀한 관계를 맺을 수 있는 기회를 놓쳐 버린 것이다. 그 관계야말로 예수님도 바라시던 바였고 그 자신도 바라던 바였다. 문제는 부에 초연한 태도가 아니라 사랑의 음성을 온전히 믿고 따르는 것이다. 초연함이란 더 큰 집착의 당연한 귀결에 지나지 않는다. 풍성한 주님과의 친밀한 관계로 초청받았는데 그까짓 얼마 안 되는 소유물로 걱정하는 것이 무슨 의미가 있겠는가? 그분은 우리가 잡을 수 있는 것보다 더 많은 물고기를 주시며 빵도 먹고 남을 만큼 넘치게 주시는 분이 아니던가?

부자 청년이 예수님 말씀대로 했다면 어떻게 됐을까? 다른 제자들처럼 그 또한 무수히 많은 사람에게 희망의 등불이 되지 않았을까? 하지만 그는 역사 속으로 사라져 다시는 등장하지 않는다! 얼마나 큰 손해인가! 우리의 모든 필요를 하나님이 다 채워 주시리라 믿고 한 걸음 한 걸음 사랑의 음성에 따른다는 것은 정말 커다란 도전이다.

성찬식 직후 라우린과 헨리가 미국 여행을 계속하기 위해 우리 곁을 떠났다. 나와 함께 있었던 시간이 즐거웠기를 바란다. 그들의 방문은 내게 큰 의미가 있다. 안타깝게도 나는 실수를 범했다. 그들과만 집중하여 시간을 보낸 것이 아니라 이곳의 많은 사람들 틈에 그들을 참여하게 한 것이다. 내 모습을 '현실 그대로' 나누고 싶은 뜻으로 그랬지만 짧은 방문 기간을 감안할 때 좀 심했다는 생각이 든다. 물론 좋은 시간을 보냈지만 다음번에 맞이할 때는 좀 더 부담 없이 편안하게 지내도록 다른 방도를 생각해 봐야 할 것 같다.

　　조우니는 성찬식 공동체의 사람들을 대거 자기 생일 파티에 초대했다. 지난 3개월 동안 자라난 이 작은 공동체가 그녀에게 의미 있는 모임이 됐다니 참 기쁘다. 매일의 신앙 모임을 통해 새로운 우정들이 싹텄다. 조우니는 자신에게 힘과 소망을 주는 신앙 공동체를 비로소 발견했다. 두말할 것도 없이 그녀는 바로 이 공동체 안에서 이 공동체와 함께 생일을 보내고 싶었다.

5월 28일 화요일,
뉴욕

　　오후 5시에 크로스로드 출판사 사무실에 도착했다. 그웬돌린과 밥과 함께 잠시 내 안식년 일기의 첫 8개월 분 원고에 관해 이야기했다. 나는 그 원고를 몇 주 전 이곳으로 보냈다. 두 사람 다 내 일기에 좋은 반응을 보이며, 마음에 가장 와닿았던 부분에 대해 적어 두었던 메모를 보여 주었다. 그들은 내가 좋은 사건을 좋은 묵상과 멋지게 연결시키면 좋겠다며 그 방법을 묻기도 했다. 안식년이 아직 3개월이 더 남았기 때문에 일기집이 완성되려면 아직도 써야 할 글이 많다. 그래도 이 모든 원고 중 어떤 것이 일반 독자들에게 내놓을 만한 것인지 지금부터 차차 추려 가는 것도 좋을 것 같다.

5월 29일 수요일,
피팩

뉴욕에서는 웬디와 제이의 집에서 묵었다. 아침에 그들의 집 거실에서 아주 조용히 성찬식을 가진 후 나는 택시를 타고 터미널로 나가 버스 편으로 피팩에 돌아왔다. 뉴욕에서 보낸 하루도 좋았지만 이 조용한 곳에 다시 오니 기쁘다.

프랭크한테서 전화가 왔다. 6월부터 9월까지 아이티의 군목으로 배치받았다고 했다. 그는 7월에 나를 방문할 계획이었으나 이제 내가 네덜란드로 떠나기 전에 며칠간 나를 찾아올지도 모르게 됐다. 아이티에 가면 그곳에 있는 라르쉬 공동체와 연결되면 좋겠다.

5월 30일 목요일

아침에 러시아 상트페테르부르크에 있는 얀 반 텐 보쉬의 네덜란드 방송 제작사로부터 팩스를 받았다. 9월 10일부터 13일까지 상트페테르부르크에서 탕자에 대한 텔레비전 다큐멘터리를 만들 계획이라고 했다. 방송 제작 이야기는 알고 있었지만 왠지 마음에 두지 않았다. 그렇게 짧은 기간 안에 에르미타주 측과 모든 교섭이 이루어질 거라 사실 예상하지 못했다. 그런데 이렇게 연락이 온 것이다! 모든 준비가 끝났다. 그들은 내가 9월 9일 전에 네덜란드에 오기를 바라고 있다. 10일에 제작진과 함께 상트페테르부르크에 갈 수 있도록 말이다.

텔레비전에 관여하는 것이 현명한 일인지 늘 생각해 본다. 나는 텔레비전을 보지 않으며 내가 나오는 프로그램도 별로 보지 않는다. 그래도 텔레비전은 영향력이 막강한 매체다. 텔레비전에 대해 가장 화나는 것은 영상이 소리를 삼킨다는 것이다. 사람들은 말한다. "오, 신부님을 텔레비전에서 봤어요. 신부님의 열정과 손동작이 참 좋았어요." 내가 "우리가 이야기한 내용을 어떻게 생각하십니까?" 하고 물으면 사람들은 거의 반응이 없다.

텔레비전 다큐멘터리 제작은 시간이 엄청나게 많이 걸리는 일이다. 피곤하고 속상한 일도 많고 종종 지루한 작업이다. '미묘한 표현'의 개념을 간단명료하게 서너 문장으로 줄이기 위해 나는 똑같은 일을 몇 번이고 반복해야 한다. 그런데도 나는 왜 이 일을 계속할까? 우선은 얀이라는 사람이 좋다. 내 조국을 위해 뭔가를 하고 싶은 마음도 있다. 일 자체도 내 마음을 뛰게 한다. 게다가 네덜란드인들처럼 주관과 욕심과 비전이 강한 이들의 청을 거절하기가 어렵다! 그래서 나는 9월에 상트페테르부르크에 갈 것이다.

1996년 6월.

하나님만이
우리의 실상을 아시며
우리를 온전히 용서하시고

정오에 로렌조가 뉴어크 공항에 도착했다. 일주일간 나와 같이 있으면서 그의 전기를 함께 다듬을 것이다.

로렌조와 나는 둘 다 1986년 노동절에 데이브레이크에 처음 들어갔다. 둘 다에게 중대한 결정이었다. 내게는 20년간의 대학 교수 생활에 종지부를 찍는 것이었고, 로렌조에게는 캘리포니아에서 하던 공부를 그만두고 가족을 떠나 새로운 생활 방식에 들어서는 것이었다.

로렌조는 몇 년간 데이브레이크에 있는 하우스 중 한 곳의 협력자로 돕다가 나중에는 그곳 목공소에서 일하기 시작했다. 나 역시 14개월 동안 데이브레이크 하우스 중 한 곳에서 살다가 그곳 전임 사역자가 됐다. 우리는 친구가 됐다. 지난 세월 거듭 그를 대하면서 나는 로렌조의 삶과 소명을 작은 책자로 펴내면 좋겠다는 생각이 들었다. 로렌조로서는 자신의 삶을 돌아볼 수 있고, 나로서는 그를 더 잘 알 수 있고, 또 우리 둘 다에게 함께 창의적인 시간을 보낼 수 있는 좋은 기회가 될 것 같았다.

로렌조의 유년기 이야기를 들으며 마음에 크게 와닿는 부분이 있었다. 귀족 집안 출신으로 로마의 상류사회에서 교육받은 그가 캐나다의 장애인들과 함께 사는 단출하기 짝이 없는 삶에 서서히 마음이 끌렸다는 점이다. 사회적 명망의 세계를 등지고 소외된 사람들의 세계로 들어오기로 최종 결정한 데는 로렌조 자신의 신체장애도 중요한 요인이 됐음은 물론이다. 그는 구개파열과 고관절이형성증으로 수없이 입원하여 수술을 받아야 했다.

그의 결정은 열매를 맺었다. 큰 믿음과 깊은 사랑으로 내린 결정이었기 때문이다. 나는 로렌조의 이야기를 쓸 때 우리의 삶을 향한 하나님의 자비로운 인도를 드러내는 방향으로 쓰고 싶다. 구체적인 방법은 차차 분명해질 것이라 믿는다.

6월 2일 일요일

삼위일체 축일(성령강림절 후 맞이하는 첫 번째 일요일로, 가톨릭에서 삼위일체의 신비를 기념하는 날). 날씨가 너무 좋다. 화창하고 서늘하고 바람 한 점 없다. 새들이 떼를 지어 지저귄다. 아주 조용하다. 페기는 미미의 정원에서 성찬식을 갖자고 했다. 자신의 죽은 딸을 기념하여 만든 정원이었다.

담이 둘려진 아름다운 정원에 스무 명 남짓 사람들이 빙 둘러앉았다. 나는 모든 인간관계가 삼위 하나님 간의 관계의 그림자라는 말로 삼위일체의 신비를 설명하려 했다. 하나님은 사랑하시는 분이자 사랑받으시는 분이며 우리를 하나로 묶어 주는 사랑 자체시다. 하나님은 우리를 그 사랑의 내적 역동의 일부로 부르신다. 우리의 모든 인간관계는 하나님 안에서 이루어질 수 있다. 인간관계란 우리의 삶에 거하시는 하나님의 거룩한 임재의 증거일 수 있다.

나는 인간의 고난이란 대부분 깨진 관계에서 온다고 굳게 믿는다. 분노, 질투, 원망, 소외의 원인을 추적해 올라가 보면 모두 연합과 공동체와 깊은 소속감을 갈망하는 인간 간의 갈등으로 귀결된다. 삼위일체를 우리 대인 관계의 모체로 삼음으로써 우리는, 하나님이 우리에게 가장 필요한 것을 채워 주시며, 사랑이 완벽하지 못해도 서로 용서하는 은혜를 주신다는 진리를 체험할 수 있다. 우리는 이 사랑의 신비에 관해 유익한 대화를 나누며 기쁘게 성찬을 나누었다.

6월 3일 월요일

로렌조는 로마의 귀족이다. 현재 그는 데이브레이크 목공실의 협력 목수다. 로렌조는 수수한 사람이다. 믿음이 깊고 기도에 힘쓰며 가난한 이들을 섬기려는 열정이 대단하다. 그는 친절하고 온유하고 신실하며, 말에나 일에나 모든 일에 정직하다.

로마의 궁전에서 보낸 청소년 시절, 미국 유학 시절, 캐나다에서 발달장애인들과 함께 사는 삶 등 그의 이야기는 기본적으로 그다지 거창할 것이 없다. 그것은 소명을 추구하는 한 상한 심령의 이야기다. 그것은 한 영혼의 이야기다. 그러나 그것은 소박하고 꾸밈없는 이야기요 빛으로 충만한 이야기다. 로렌조의 형제 프란체스코는 자기가 녹음한 테이프에 로렌조를 착실하고 우직한 사람, 그리고 분망한 사교와 파티와 산만한 삶과 영적 무관심으로 가득 찬 세상 한복판에서 삶의 목표가 분명한 사람으로 묘사했다.

로렌조는 고국에 갈 때마다 자기 가족들의 삶과 데이브레이크 공동체의 삶의 차이를 실감한다. 이탈리아에서 얼마든지 호사와 낙을 누릴 수 있는데 왜 그런 투박한 사람들과 살며 삶을 허비하느냐는 많은 이들의 물음에 마음이 흔들릴 때도 있다. 그러나 이탈리아 방문을 마치고 다시 돌아와 데이브레이크 사람들 틈에 있으면 그제야 비로소 내 집에 온 기분이 된다고 한다.

로렌조 이야기를 글로 쓰기 잘했다는 생각이 든다. 그것은 야망과 경쟁의 세상에 피어난 단순한 성스러움의 이야기다.

6월 5일 수요일

로렌조는 자신의 전기를 쓰는 나를 돕기 위해 단순성에 관한 짧은 글들을 몇 개 써 두었다. 그는 단순성을 자신의 주요 개성 중 하나로 보고 있다. 그는 이렇게 썼다. "단순성이란 삶의 작고 평범한 일들 속에서 기쁨과 즐거움을 찾는 것이다. 단순성은 내 영혼이 존재하는 곳인 내면의 중심에 완전히 순종하는 것이다. 단순하게 살 때 우리는 창조 세계와 그 아름다움의 일부가 될 수 있다."

단순성에 대한 로렌조의 말은 분명 중심에서 나온 말이다. 단순성이야말로 그의 전기의 화두가 돼야 하지 않을까 하는 생각이 든다.

오전 10시 반에 스티브가 도착했다. 스티브는 매사추세츠주 뉴베리 출신으로 내 친구이자 화가다. 내 책 *With Burning Hearts*(불타는 마음으로)의 표지를 제작했던 그는 컨티뉴엄 출판사에서 양장본으로 펴내게 될 내 전집의 표지를 맡아 주기로 했다. 축복하는 손, 치유하는 손, 말하는 손, 나누는 손 등 여러 가지 손동작을 그려 표지에 담는다는 구상이었다. 스티브는 그 그림에 내 손을 모델로 사용하고 싶어 했다. 그래서 오늘 내 손을 사진에 담으러 온 것이다.

햇빛이 눈부신 아름다운 날이었다. 스티브는 정원에서 사진을 수백 장도 더 찍었다. 그가 사진을 찍는 동안 나는 손이라는 것이 참으로 많은 감정을 표현할 수 있음을 깨달았다. 기쁨, 분노, 사랑, 관심, 친절, 부축 등.

점심 먹은 뒤에는 로렌조도 '출연하여' 네 개의 손을 넣어 많은 사진을 찍었다. 잡고 있는 장면, 만지는 장면, 잡아당기는 장면, 미는 장면, 꼭 쥔 장면, 때리는 장면 등. 포도주가 담긴 잔과 빵을 담은 접시를 사용하여 손으로 주고받는 모습도 표현했다.

스티브는 시종 기뻐 웃으며 기분 만점이었다. 그는 오후 3시쯤 떠났다.

로렌조가 맛있게 저녁을 차렸다.

고단해서 일찍 누워야겠다.

6월 6일 목요일

"네 마음을 다하고 목숨을 다하고 뜻을 다하고 힘을 다하여 주 너의 하나님을 사랑하라 …… 네 이웃을 네 자신과 같이 사랑하라"(막 12:30-31). 아침 성찬식 때 이 말씀을 묵상했다. 하나님을 사랑하는 것과 이웃을 사랑하는 것과 자신을 사랑하는 것은 사실 같은 사랑이다. 이 지상대계명은 우리를 가장 깊은 연합으로 부르시는 말씀이다. 그 안에서 하나님과 하나님의 백성과 우리 자신은 같은 사랑의 일부가 된다. 그런 면에서 이 지상대계명은 도덕규범 이상이다. 그것은 언제 어디서나 모든 일에 연합을 위해 살고 일하라는 명령이다. 존재하는 모든 것은 하나다. 모두가 하나님의 포괄적인 사랑의 한 부분이다. 우리의 소명은 그 사랑을 일상생활에서 가시적으로 드러내는 것이다.

이 연합은 세 가지 방식으로 나타날 수 있다. 첫째, 자신의 전 존재로 하나님을 사랑할 때 우리는 바로 그 하나님의 마음속에서 이웃과 자신을 발견하게 된다. 둘째, 자신을 하나님의 귀한 자녀로 진정 사랑할 때 우리는 하나님 및 이웃과 온전한 연합에 이르게 된다. 셋째, 이웃을 내 형제자매로 진정 사랑할 때 우리는 바로 거기서 하나님과 자신이 온전한 연합을 이룬 모습을 발견하게 된다. 이 지상대계명에는 사실상 첫째, 둘째, 셋째가 없다. 하나님의 마음, 모든 사람의 마음, 자신의 마음 모두가 하나다. 모든 위대한 영성가들은 이것을 '보았고' 그렇게 살았다.

수와 네이선과 한 시간 반가량 전화로 이야기했다. 9월에 데이브레이크로 돌아간 뒤 장차 공동체에서 내가 맡게 될 역할에 관한 이야기였다. 수는 1년간 온타리오 스트랫퍼드에 가 그곳의 라르쉬 공동체를 도와 달라는 부탁을 받아서 데이브레이크의 사역자 직책을 더 이상 맡을 수 없게 될 것이다. 우리는 공동체의 다른 멤버를 지명해 사역자로 세운 뒤 내가 뒤에서 도와주는 방안을 이야기했다. 그렇게 되면 나는 계속 책을 쓸 여유가 생길 것이다. 내 작은 집도 여름 중으로 지어질 수 있기를 바라지만 관할 도시인 리치먼드 힐의 건축 허가에 많은 것이 달려 있다. 대화 내용에 만족을 느낀다.

6월 7일 금요일

오늘 성찬식은 아주 특별했다. 에이미가 왔기 때문이다. 에이미는 사랑스런 아내이자 두 아이의 엄마로 현재 뇌암 말기다. 그녀의 친구인 한 의사가 그녀를 휠체어에 태워 밀고 들어왔다. 에이미는 제단 탁자 바로 앞의 커다란 소파에 누웠다. 스무 명 정도의 사람들이 에이미를 가운데 두고 빙 둘러섰다.

팔복 말씀을 읽은 뒤 나는 우리 공동체에 관해 이야기했다. 우리는 용서와 기쁨을 함께 나눔으로 하나 된 약자의 공동체다. 성찬식을 마치며 우리는 모두 에이미를 위해 복을 빌었다. 하나님이 그녀의 몸과 마음과 생각을 치유해 주시기를 기도했다. 에이미는 하나님이 자기의 기도를 들어주지 않고 기적을 일으켜 주지 않았다며 한없이 속상한 마음을 솔직히 털어놓았다. 분명 에이미의 신앙 상태는 아직 죽음을 맞이할 각오가 돼 있지 않다. 그러나 그녀는 우리 작은 공동체의 기도에 깊이 감사했다.

내일은 무척 바쁜 하루가 될 것이다. 로렌조를 공항에 데려다준 후 프린스턴까지 운전하고 가 바비와 앤의 결혼식에 참석한 다음, 다시 피팩으로 돌아와 네덜란드에 갈 때 가져갈 짐을 싸야 한다. 그러고는 버스 편으로 뉴욕에 올라가 웬디와 제이의 집에서 묵을 예정이다. 다 잘됐으면 좋겠다. 벌써부터 생각만 해도 긴장된다.

이 아름다운 곳과 사랑의 공동체를 떠나려니 자꾸만 미련이 생긴다. 더 오래 머물며 글도 좀 더 쓰고 공동체도 더 가꿀 수 있다면 좋으련만. 그래도 7월 15일이면 다시 와 한 달 정도 더 이곳에 머무를 것이다. 내게 특별한 시간을 허락해 준 페기와 그녀의 모든 친구들에게 감사할 따름이다.

6월 8일 토요일, 뉴욕

정오에 프린스턴의 한 호텔에 도착했다. 프랜이 점심을 먹자고 나를 그곳으로 초청했다. 오랫동안 보지 못하고 지냈던 우리는 지난번 위네카에서 돈의 아버지 장례식 때 다시 만났다. 프랜은 현재 학교 교장이다. 다시 만나 오랜 우정을 되새길 수 있어 기뻤다.

오후 2시 조금 전에 프랜은 나를 바비와 앤의 결혼식장에 내려 주었다. 아주 단출한 예식이었다. 나는 서신서를 읽어 달라는 부탁을 받았다.

그러므로 우리가 낙심하지 아니하노니 우리의 겉 사람은 낡아지나
우리의 속 사람은 날로 새로워지도다 …… 만일 땅에 있는 우리의

장막 집이 무너지면 하나님께서 지으신 집 곧 손으로 지은 것이
아니요 하늘에 있는 영원한 집이 우리에게 있는 줄 아느니라(고후
4:16; 5:1).

바비와 앤 앞에 서서 이 말씀을 읽노라니 그들의 상황이야말로 이
말씀에 딱 들어맞는다는 생각이 들었다. 바비는 살아오면서 온갖 산전
수전을 다 겪었기 때문에 이 땅의 장막 집 즉 우리의 육체가 무너지는
것이 어떤 것인지 잘 알고 있다. 그에게는 굳센 믿음과 넘치는 희망이
필요하다. 그래야 절망하지 않고 삶에 새 힘을 얻을 수 있다. 그의 큰 야
망은 자신에게 도움도 되지만 동시에 큰 취약점이 되기도 한다.

이 순간 그와 함께 있어 기뻤다. 그의 졸업식, 안수 예배, 첫 결혼식
때도 나는 그 자리에 있었다. 나는 그와의 우정에 충실하고 싶고 그의
삶과 그의 두 아들의 삶에 늘 함께하고 싶다.

드디어 네덜란드로 떠날 준비가 모두 끝났다. 분주했던 하루가 저
물고 있다. 웬디와 제이의 집에서 함께 아늑하고 편안한 시간을 보내게
돼 기쁘다.

6월 10일 월요일,
네덜란드 게이스테렌

늘 하는 생각이지만 나는 왜 이렇게 짐을 많이 가지고 다니는 걸

까? 늘 가볍게 다니겠다고 마음먹지만 매번 혼자 들지도 못할 만큼 짐 가방이 많아지고 만다! 스키폴 공항에 도착하자 혼자서는 그 많은 짐을 다 들고 다닐 수 없겠다는 생각이 들었다. 아버지 집까지 택시로 가면 요금이 너무 비싸서 기차를 탔다. 하지만 기차를 두 번이나 갈아타야 했다. 그 짐을 끌고 이 기차에서 저 기차로 갈아타는 것은 그야말로 악몽이었다. 공항에서 카트에 짐을 싣고 에스컬레이터를 내려가는데 가방이 주르르 쏟아지면서 계단으로 굴러떨어졌다. 나도 가방에 치여 넘어질 뻔했다. 사람들은 당황하는 내 모습을 보고도 고개를 돌렸다. 결국 나는 한 청년에게 도움을 청했다. 그는 친절하게도 짐 가방 다섯 개 중 두 개를 들고 기차역 플랫폼까지 가 주었다.

아버지 집까지 두 시간 반 걸렸다. 중간에 두 사람의 도움으로 간신히 기차를 갈아탈 수 있었다. 마침내 아버지의 동네에 도착했을 때는 완전히 파김치가 돼 있었다. 몸도 몸이지만 정신적으로 더 피곤했다. 깨지기 쉬운 선물이 두 개 있었는데 놀랍게도 둘 다 온전했고, 도둑맞은 물건도 없었다. 기차로 와서 돈은 아꼈지만 대신 기운이 쭉 빠졌다.

아버지를 다시 만나 기뻤다. 아버지는 편안해 보였고 몸도 건강해 보였다. 다음 주에 함께 벨기에로 여행갈 것을 고대하고 있었다. 나는 너무 피곤해 곧바로 침대에 누워 내리 여섯 시간을 잤다. 깬 후에는 아버지와 함께 영국에서 벌어지는 유러피언 컵 축구대회의 스코틀랜드 대 네덜란드 경기를 보고 나서 간단히 저녁을 먹었다. 밤 9시에 다시 잠자리에 들었다.

6월 12일 수요일,

독일 발렌호르스트

오후 3시에 로베르트가 왔다. 독일에서 열리는 자기 결혼식에 나를 데려가기 위해서였다. 호텔에 여장을 푼 후 나는 로베르트와 함께 그의 집으로 갔다. 거기서 그의 신부가 될 수잔느와 그녀의 자매 베아트를 만났다. 베아트는 뉴욕에서 막 도착하던 길이었다. 로베르트, 수잔느, 베아트는 모두 미국에서 오래 살았기 때문에 영어가 유창하다. 그래도 우리는 대부분 독일어로 이야기했다. 내 독일어는 아주 형편없지만 토요일 결혼식을 집례하려면 지금부터 익혀 두는 게 좋겠다.

호텔에 돌아오니 자정. 몹시 고단하고 약간 우울하기까지 했다. 끊임없이 여기저기 왔다 갔다 하는 일은 왠지 소속감을 잃고 소외감을 느끼게 만든다. 기도 시간을 간절히 원해도 그 자리에 앉아 기도할 만큼 마음이 차분해지지 않는다. 생각도 창의력을 잃는다. 피로가 풀리지 않으니 늘 잠잘 기회만 찾게 된다.

6월 13일 목요일

왜 피로가 풀리지 않는 걸까? 침대에 파고들고 싶은 생각밖에 없다. 모든 일이 힘들다. 옷 입는 것까지도. 모든 일이 짐이나 의무 같다. 좋은 사람을 만나 좋은 식사를 나누는 것까지도. 그저 혼자서 자고 기도하고 글이나 썼으면 좋겠다. 하지만 나는 언제나 갖가지 사건의 한복판에 있다. 단순히 손님이 돼 너무 피곤하면 행사에 얼굴을 못 내밀 수도 있으련만 나는 그게 안 된다. 무엇이 문제인지 잘 모르겠다. 내 몸은 아직도 미국에(여섯 시간 일찍) 있고 내 내면의 집은 엉망인 것 같다.

오후 1시에 로베르트가 나를 태우러 왔다. 수잔느와 베아트와 함께 점심을 먹기로 한 것이다. 식사 후 로베르트와 수잔느 커플은 나와 첫 번째 '영적 모임'을 가졌다. 대화 중에 그들은 부부란 자기 일은 자기가 알아서 하는 독립적 존재로서 서로를 인정하고 존중하고 귀히 여기는 것이 중요함을 재차 강조했다. 둘 다 의료 분야의 성공한 전문인임을 감안할 때 이해가 가는 말이었다. 그래도 나는 그들에게 꼭 해 주고 싶은 말이 있었다.

결국 사랑이란 이 치열한 경쟁 사회에서 서로 과감히 약한 모습을 내보이는 것이요, 피차 안전한 집 같은 느낌을 주는 것이라는 사실이다.

유익한 대화였다. 호텔에 돌아와 몇 시간 잔 후 로베르트의 부모인 프란츠와 레니를 만났다. 우리는 차를 타고 메팅엔으로 가 로베르트의 누이인 이레네와 그녀의 포르투갈인 애인 루이스, 로베르트의 미국 '부모'인 짐과 엘리스와 함께 저녁을 먹었다.

다들 식탁에 둘러앉자 나는 우리 모두가 이렇게 모인 것이 신기하게 느껴졌다. 짐과 엘리스는 예일신학대학원 시절부터 나와 친한 친구였다. 1978년 부모님이 미국에 나를 보러 왔을 때 짐은 우리 어머니에게 췌장암 진단을 내렸다. 결국 미국에 도착한 바로 그다음 날 부모님은 네덜란드로 다시 떠날 수밖에 없었다. 그리고 그로부터 얼마 후 어머니는 수술을 받았고 며칠 뒤 돌아가셨다.

몇 년 후 나는 독일에서 프란츠와 레니의 집에 머물며 글 쓰는 시간을 가졌다. 그때 그들의 아들인 로베르트를 알게 됐다. 그가 미국에서 의학 공부를 하고 싶어 한다는 이야기도 들었다. 나는 편지로 짐에게 로베르트 이야기를 했고, 그것이 계기가 돼 로베르트는 예일대로 3년간 유학을 떠났다. 그 3년 동안 짐과 엘리스는 로베르트와 아주 가까이 지내며 거의 독일인 양아들로 삼았다. 그간 로베르트의 친부모와 짐과 엘리스 부부 사이에는 전화와 편지로 많은 연락이 오갔지만 그들이 얼굴을 본 것은 오늘 밤이 처음이었다.

슬픔과 기쁨, 죽음과 새 시작, 옛 친구와 새 친구, 사연과 추억, 집필과 출간 등 많은 것이 한곳에서 만나고 있었다. 이런 기묘한 삶의 인연에 내 친구들도 나처럼 감회가 깊었는지 모르겠지만 나는 신기한 생각을 떨칠 수 없다!

밤 11시에 호텔에 돌아오니 온몸이 녹초였다. 잠깐 CNN 뉴스를 본 뒤 잠시 기도했다. 그러고는 깊은 잠에 빠져들었다.

6월 14일 금요일

오전 11시에 수잔느와 로베르트가 시청에서 법적 혼인 절차를 마쳤다. 가족들만 동석한 간단하고 짧은 의식이었다. 독일도 네덜란드와 마찬가지로 정부 결혼과 교회 결혼이 별도로 존재한다. 교회에서 결혼하는 이들이 보기에 국가 결혼은 축하 예식이라기보다는 형식상의 절차일 때가 많다.

저녁 6시에 로베르트와 수잔느가 호텔에 왔다. 우리는 두 번째 '영적 모임'을 가졌다. 호텔 식당에서 커피와 차를 마시며 나는, 결혼이란 하나의 성례이며 특히 결혼과 성찬식은 서로 밀접한 관계가 있음을 이야기했다. 성찬식을 통해 예수님은 당신의 살과 피를 영혼의 양식과 음료로 주심으로써 우리에게 당신의 신실한 사랑을 보여 주신다. 결혼이란 이 하나님의 사랑에 대한 가시적 증거이므로 성찬식의 참여는 곧 결혼 서약을 깊이 다지는 길이기도 하다. 이렇게 성찬식은 부부가 서로에 대한 헌신을 꾸준히 새롭게 하는 하나의 영적 훈련이 된다. 세상을 향한 하나님의 사랑의 살아 있는 징표인 것이다.

대화를 마친 후 수잔느와 로베르트는 의료계 동료들의 결혼 축하를 받기 위해 뮌스터로 갔다.

나는 방에 혼자 남아 성찬식을 가졌다. 오늘은 예수 성심 축일(가톨릭에서 예수님의 거룩한 마음을 공경하며 그 마음을 본받고자 정한 날)이다. 그런데도 나는 내면에 많은 불안과 두려움과 동요와 피로를 느꼈다. 나는 혼자 있고 싶었다. 기도하고 싶었다. 이 모든 강한 감정과 기분을 예수님의 임재 앞에 내려놓고 치유를 구하고 싶었다. 예수님의 마음에 관한 소책자를 쓴 뒤로 이 축일은 언제나 내게 아주 소중한 시간이 됐다. 내면의 고뇌를 거두어 달라는 내 기도가 그분께 상달되기를 바란다. 하나님이 내 기도를 들으심을 믿는다.

로베르트와 수잔느는 777년에 세워진 작은 알렉산더교회에서 결혼식을 했다. 최근에 아름다운 모습이 모두 복구돼 결혼식 및 특별 예식을 위해 개방되고 있다.

작은 교회당은 가족과 친지들로 가득 찼다. 즐겁고 격의 없는 분위기였다. 로베르트와 수잔느는 눈부시게 환했고, 축하 행사의 모든 순서에 빠지지 않고 모습을 드러냈다. 설교를 통해 나는 세 가지 진리를 이야기했다. 하나님이 그들을 선택하셨다는 것, 그들이 선택된 것은 열매를 맺기 위함이라는 것, 그리고 그들에게는 병들어 죽어 가는 이웃을 돌봐야 할 특별한 소명이 있다는 것이다. 이 세 진리의 실천을 위한 세 가지 훈련으로 나는 하나님께 드리는 기도, 이웃과의 지속적인 대화, 가난한 자들을 돌보는 일을 제시했다. 하객들은 열심히 귀 기울여 들었다. 피로연과 저녁 식사 때 설교 내용이 좋았다고 말한 이들도 꽤 있었다.

메팅엔의 호텔에서 열린 파티는 우아하고 흥겹고 고상하고 유쾌했으며 음식과 음료도 아주 풍성했다. 짧은 시간 안에 심장병 전문의, 내과 전문의, 신경과 전문의들을 많이 만났다. 모두 로베르트와 수잔느의 동료들이었다.

밤 11시에 프란츠가 나를 호텔에 데려다주었다. 파티에서 몇몇 사람들에게 작별 인사를 하기 전 나는 수잔느에게 춤을 청했다. 신부와 춤을 춰 보기는 처음이었다. 멋지고 흥겨운 마무리였다.

6월 16일 일요일,
네덜란드 게이스테렌

많은 포옹과 입맞춤과 악수 끝에 프란츠와 레니와 나는 게이스테렌으로 떠났다. 오후 3시가 조금 지나 아버지 집에 도착했다. 아버지는 프란츠와 레니의 방문을 그렇게 기뻐하실 수 없었다. 특히 지난번 크리스마스 때 프라이부르크에 갔을 때 이들 부부가 우리에게 융숭한 대접과 친절을 베풀어 주었기에 더 그랬다.

저녁 6시에 내 형제 폴, 내 동생 로렌트와 그의 아내 헤일티엔, 내 누이 라우린과 애인 헨리가 도착했다. 우리는 모두 아버지가 제일 좋아하는 식당으로 외식을 나갔다. 아름다운 저녁 시간이었다. 불빛은 고즈넉하고 공기는 청명했다. 마스강의 풍경은 장관이었고 양편 강둑에는 푸른 초장이 무성했다. 식전과 식후에 우리는 모두 평화로운 정경이 내려다보이는 커다란 테라스에 앉았다. 프란츠와 레니는 우리 가족을 모두 만나 아주 기뻐했다. 프란츠는 연거푸 말했다. "우리는 가족이 아닌데도 이렇게 마음이 편안하니 정말 신기합니다." 나는 아버지가 가족과 친구들에 둘러싸여 못내 행복해하는 모습을 보며 특히 기뻤다.

6월 18일 화요일

오늘 네덜란드는 온통 축구 열풍이다. 오늘 밤 수많은 사람이 텔레비전에 달라붙어 런던에서 열리는 네덜란드 대 잉글랜드의 경기를 지켜보았다. 온 나라가 중요한 축구 시합을 볼 때면 시내 거리가 그렇게 한산할 수 없다. 사람들은 네덜란드 팀의 유러피언 컵 결승 진출을 기대하며 이번 시합을 지켜보았다.

시합 전에 적수인 잉글랜드에 관해 말할 때 네덜란드 선수들은 자신감이 넘쳤고 자만하기까지 했다. 그러나 잉글랜드 팀이 훨씬 수가 높다는 것이 금방 밝혀졌다. 여태껏 잉글랜드가 네덜란드를 이긴 적이 없었던 점을 감안할 때 오늘은 네덜란드 축구 역사에 비극의 밤이었다. 잉글랜드 팀은 4:1의 승리를 속 시원한 분풀이로 자축하고 있다.

6월 19일 수요일, 로테르담

오후에 기차를 타고 로테르담으로 갔다. 한 가톨릭 신학 클럽의 좌담회에 초청받았다. 이 클럽은 지난 20년간 매달 모임을 가졌다고 한다. 영성에 대한 진지한 관심을 느낄 수 있었다. 좋은 질문이 많이 나왔다. "기도는 어떻게 해야 되나? 늘 하나님께 초점을 맞추고 살려면 어떻게 해야 하나? 경쟁이 치열한 직장 생활에서 어떻게 영적인 삶을 살 수 있을까? 어떤 훈련이 도움이 될까?" 참석자들은 친절하고 솔직하고 따뜻했으며 열린 마음으로 다른 사람들의 이야기를 아주 열심히 들었다. 나는 라르쉬에 보이는 그들의 관심에 깊은 감동을 받았다. 모임이 끝날

때 나는 정말 네덜란드인다운 그룹을 만났다는 생각이 들었다. 개인적
으로 그들을 좀 더 깊이 알고 싶은 마음이 생겼다.

6월 20일 목요일,
게이스테렌

초저녁에 기차를 타고 위트레흐트로 갔다. 대교구 수석 사제들의
격주간 모임에 강연을 부탁받았기 때문이다.

기도, 공동체, 사역에 대해 내 삶의 정황과 연결시켜 30분간 이야
기하고 나자 많은 질문이 나왔다. 사제들은 내가 이야기한 주제에 진지
한 관심을 보였다.

모임이 끝난 후 기차로 펜라이까지 온 다음 택시를 타고 아버지 집
으로 돌아왔다. 내일은 아버지와 함께 휴가를 떠나는 날이다.

6월 21일 금요일,
벨기에 헤르보몽

지난 크리스마스와 새해의 시작을 함께한 나와의 여행이 즐거웠던
지 아버지는 헤르보몽으로 가는 10일간의 여름휴가에 나도 함께 가자

고 청했다. 그곳에 조용하고 좋은 호텔이 있다는 이야기를 들었다고 했다. 우리는 그 호텔을 근거지로 매일 짤막한 나들이를 다닐 수 있을 것이다. 나는 아버지와 또 한 번의 휴가를 보내게 돼 기뻤다.

오전에 우리는 300킬로미터 길을 달려 헤르보몽으로 왔다. 특별히 내 눈길을 끈 것은 인근 오르발에 있는 트라피스트회수도원이었다. 한때 작은 수도원이었던 호텔은 아담하고 아늑했다. 우리는 아주 극진한 대우를 받고 있다. 나는 여행에 지쳐 세 시간 동안 잤다. 저녁 8시에 우리는 근사한 프랑스 요리로 저녁을 먹었다.

오기를 잘했다. 조용한 한 주간이 기대된다. 싸 들고 온 몇 가지 원고도 들여다볼 시간이 있을 것이다.

6월 22일 토요일

느지막이 아침을 먹은 후 우리는 오르발의 트라피스트회수도원으로 갔다. 거대한 규모에 눈이 휘둥그레졌다. 수도원은 지난 수 세기 동안 몇 차례 파괴됐으나 1950년대에 완전히 복구됐다. 입구 앞에는 대형 버스들이 세워져 있었고 수백 명의 사람들이 걸어 들어가고 있었다. 관광 명소임이 분명했다.

일단 도착은 했으나 교회 문까지는 멀고 계단도 많아 아버지에게 무리가 아닐까 싶었다. 그래도 아버지는 휠체어를 타거나 부축을 받지 않고 한사코 걸어서 계단을 오르겠다고 했다. 끝내 오르기는 했지만 아버지는 완전 녹초가 됐다. 다행히 트로슬리에서 만난 내 두 친구 마리엘렌과 폴이 함께 와 우리를 도와주었다. 그들은 현재 수도원에서 몇 킬로미터 떨어진 거리에 살고 있다. 성찬식 후 폴이 휠체어를 하나 구해 왔다. 덕분에 아버지는 많이 걷지 않고 차까지 갈 수 있었다. 우리는 즉시 호텔로 돌아왔다. 아버지는 짧은 나들이에 지칠 대로 지쳐 그대로 침대에 쓰러졌다.

오늘은 수도원 생각을 많이 했다. 교회가 강하고 힘 있고 자신 있던 시대에, 수도 생활에 소명을 받을 자들이 많으리라 예상하고 지은 대형 건물이다. 지금으로서는 전혀 현실성 없는 생각이다. 현재 이 공동체에 합류하는 젊은 남자들은 극소수다. 현재 남아 있는 수사는 35명밖에 안 되며 그것도 대부분 중년 이상이다.

60여 명의 방문객이 참석한 예배 의식은 진지하고 단순했다. 먼발치에서 순서를 따라가다 보니 데이브레이크와 피팩에서 가족처럼 친근하게 드리던 예배가 한없이 그리웠다.

이것이 내 공동체요 내 교회요 내 신앙이요 내 예배라는 생각에 나는 왠지 서글퍼지고 우울해졌다. 꼭 이방인, 관광객, 구경꾼 같은 기분이 들었다. 그곳을 나서면서 아버지에게 이렇게 말했다. "내일은 제 방에서 성찬식을 갖는 것이 좋겠어요. 아버지는 심장에 위험 부담이 없어 좋고 저는 우울해지지 않아 좋겠지요."

6월 23일 일요일

아주 조용한 하루였다. 정오에 내 방에서 아버지와 함께 성찬식을 가졌다. 설교는 없었다! 아버지도 나도 거의 온종일 원고 작업에 매달렸다. 아버지는 1932년 내가 출생할 때부터 1957년 신부 서품을 받을 때까지의 나에 대한 회고록을 쓰느라 바쁘다. 가끔씩 나한테 기억을 확인할 필요가 있을 때면 내 방으로 오곤 한다. 나는 나대로 《여기 지금 우리와 함께하시는 하나님》(Here and Now)과 《이 잔을 들겠느냐》의 네덜란드어 번역 원고를 손보느라 바쁘다. 역자가 곧 저자다 보니 번역도 자유자재로 고칠 뿐 아니라 네덜란드 독자들에게 잘 맞게 본문 내용도 여기저기 다듬고 있다.

6월 27일 목요일

연일 차분하고 조용한 나날이다. 아버지의 몸 상태가 별로 좋지 않기 때문이다. 오늘은 아주 안 좋았다. 이랬다저랬다 계속 계획을 바꿨다. 그래도 결국은 폴과 마리 엘렌과의 저녁 식사에 함께 가기로 했다.

아버지는 가자미 요리를 아주 좋아한다. 고기가 흰데다 속에 부담이 없기 때문이다. 하지만 가자미 트럭이 아직 오지 않아 웨이터는 아버지가 별로 좋아하지 않는 요리를 권했다. 막판에 트럭이 도착해서 우리는 결국 가자미 요리를 먹을 수 있었다! 늙으면 뭐든 일일이 신경을 쓰게 된다. 천국의 일이 아닌 것까지도 말이다!

아버지는 식사와 대화는 물론 차를 타고 오가는 시간도 즐거워했다. 그래도 밤 9시에는 완전히 지친 모습이었다.

6월 30일 일요일

오늘 밤의 일대 행사는 독일 대 체코의 축구 시합이었다. 아버지와 나는 저녁을 일찍 먹은 뒤 텔레비전으로 시합을 지켜보았다.

체코의 골키퍼를 영영 못 잊을 것 같다. 그는 발군의 실력을 발휘하며 독일의 득점을 수 차례나 막았다. 기민성과 과감함과 예측력과 끈질긴 정신력을 겸비한 그는 내 눈에 위대한 영웅으로 보였다. 그러나 경기가 1:1로 비겨 연장전에 돌입했을 때 그는 독일 선수가 바로 손앞으로 찬 공을 그만 놓치고 말았다. 그 골키퍼 때문에 체코 대신 독일이 엘리자베스여왕으로부터 유러피언 컵을 받았다. 그는 영웅이 아니라 체코 공화국의 승리를 무산시킨 자로 기억될 것이다. 독일 선수들이 운동장에서 서로 얼싸안고 춤추고 기쁨의 함성을 터뜨리며 승리의 만세를 부르는 동안 이 실력 좋은 골키퍼는 고개를 무릎에 처박은 채 골대에 기대 앉아 있었다. 그 곁에는 아무도 없었다. 그는 패자였다.

패배한 골키퍼의 모습을 보며 나는 깊은 깨우침을 얻었다. 그의 한 번의 실수로 체코는 꿈에도 그리던 유러피언 컵을 날렸다. 그의 모든 뛰어난 실적은 그 한 번의 실수에 가려 잊히고 말 것이다. 나는 이 '막판의 실수'에 대해 종종 생각하곤 한다. 평생 충실하게 살았어도 한 번의 불상사, 한 번의 실수, 한 번의 죄, 한 번의 실패로 얼마든지 영영 패자로 기억될 수 있다. 우리는 무엇으로 기억될 것인가? 많은 친절과 아량과 용기와 사랑의 행위로 기억될 것인가, 아니면 막판에 저지른 하나의 실수로 기억될 것인가? "그래, 그 사람은 훌륭했어. 하지만 끝이 안 좋았지." "그래, 그 여자는 성자였어. 하지만 나중에 죄를 지었지." "그래, 그들은 대단했어. 하지만 막판에 우리를 실망시켰지."

가끔 '큰 실수를 저지르기 전에 죽어야 할 텐데!' 하는 생각이 든다.

'성자들이 더 오래 살다가 마지막 순간에 손에서 공을 놓쳤다면 어떻게 됐을까? 그 작은 실수로 그들의 거룩함이 말짱 수포로 돌아갔을까?' 그런 생각을 하면 두려워진다. 결국 인간의 판단이란 아주 가변적일 수밖에 없다. 오직 하나님 그분만이 우리의 실상을 아시며 우리를 후히 사랑하시고 온전히 용서하시며 실제의 모습 그대로로 기억하신다.

1996년 7월.

증오와 전쟁이 판치는
폭력의 세상에 살고 있다 해도

7월 2일 화요일,
네덜란드 게이스테렌

아버지와 함께 또 한 번 즐겁고 평안한 휴가를 보내 참 좋았다. 아버지는 몸이 힘든데도 자신과 내 많은 관심사를 주제 삼아 대화하는 것을 즐거워했다. 오늘 귀국 길은 즐겁고 무사했다. 오후 3시에 집에 도착했다.

저녁 식사 후 아버지는 자리에 눕고 나는 헬리콥터 발명자 및 제작자인 이고르 시코르스키의 삶과 일에 대한 아주 재미있는 다큐멘터리를 시청했다. 러시아 태생인 그는 어려서부터 오직 수평으로뿐 아니라 수직으로 날 수 있는 비행기를 만든다는 일념뿐이었다. 모든 역경에도 그는 끝까지 그 일에 매달렸다. 1917년 볼셰비키 혁명 이후 제정러시아 시대의 많은 조종사가 처형당하는 것을 본 시코르스키는 러시아를 빠져나와 결국 미국으로 건너갔다. 거기서 그는 불굴의 집념과 의지로 헬리콥터를 발명했고 세계 최대의 헬리콥터 생산 업체 중 한 곳을 세웠다.

무엇보다도 나를 사로잡은 것은 한 번 세운 뜻은 끝까지 이루고야 마는 이고르 시코르스키의 집념이었다. 마침내 꿈을 실현한 이고르의 그 집념을 나도 내 소명을 실현하는 데 절반만 품을 수 있다면(실제로 그는 어렸을 때 꿈에서 헬리콥터를 보았다고 한다) 나 또한 많은 사람들의 비행을 도울 수 있으련만!

7월 4일 목요일

독일 여행을 준비하느라 거의 온종일 바빴다. 기차표를 사고 가방을 싸고 토론토 캐시를 비롯해 몇몇 친구에게 전화해 당분간 변경될 내 연락처를 알렸다. 내일은 베를린에 가 친구들을 만나고 월요일에는 프랑크푸르트 근처 오버우어젤에 가 로드레이 가족과 며칠 보낼 참이다. 목요일에는 코블렌츠 근처에 살고 있는 화가 한스를 찾아갈 생각이다.

아버지를 두고 가자니 약간 걱정이 된다. 가정부 틸리가 휴가 중이라 대부분 혼자 지내야 하기 때문이다. 하지만 다행히 내 형제자매들이 주말에 아버지를 찾아뵐 것이고 필요에 따라 더 자주 들르기로 했다. 아버지 본인이야 괜찮다며 한사코 아무 도움도 필요 없다고 하지만 말이다.

7월 5일 금요일,
독일 베를린

오늘은 기차를 오래오래 탔다. 내 친구 톰 데이가 베를린역 승강장에 나와 있었다. 전화로 몇 번 통화하고 편지도 몇 통 주고받았지만 얼굴을 보기는 1971년 이래 처음이다. 목소리가 하나도 달라지지 않았다. 그러나 25년 세월은 어찌할 수 없어 머리는 나처럼 희끗희끗해져 있었다!

내가 처음 만났을 때 톰은 성십자회 신부였다. 당시 나는 예일신학대학원에서 가르치고 있었고 톰은 유니언신학교에서 공부 중이었다. 톰의 재즈 색소폰 실력에 감탄하던 일이 기억에 생생하다. 신부이면서 훌륭한 재즈 뮤지션인 그가 내게는 이상의 실현으로 보였다.

유니언신학교에서 공부하던 시절 그는 성십자회를 탈퇴했다. 헬가를 만난 것도 그 학교에서였다. 헬가는 박사 학위 논문을 쓰고 있던 독일인 신학생이었다. 둘은 사랑에 빠져 결혼하기로 했다. 그들은 공부를 마치고 한동안 프린스턴에 살다가 독일로 돌아왔다. 그리고 각기 신학과 목회 분야에서 사역해 왔다. 그들에게는 두 자녀가 있다.

우리는 함께 지하철과 차로 그의 집에 갔다. 가는 길에 톰은 아들이 대학 시절에 갑자기 사고로 죽었다는 이야기를 했다. 얼마나 큰 아픔인가! 찬란한 한 인생이 꺾이고 말았으니. 집에 오자 헬가가 맞아 주었다.

이 엄청난 비극을 이들이 어떻게 견뎌 내고 있는지 정말 대단하다. 그들의 인생의 자랑이요 기쁨인 아들 라스는 그야말로 아닌 밤중에 날벼락처럼 갑자기 세상을 떠났다.

7월 6일 토요일

아침 식사와 성찬식 후 톰과 헬가가 베를린을 구경시켜 주었다. 베를린 방문은 나로서는 감개무량한 사건이다. 브란덴부르크 문, 옛 독일 의사당 등 친숙한 이름과 모습들이 많이 보였다. 이런 것들을 그 본래의 자리에서 한꺼번에 보며 톰과 헬가의 설명을 듣는 일은 마치 내 인생을 새로운 시각에서 보는 일과 같았다. 바이마르공화국의 몰락, 옛 의사당의 소화(燒火), 히틀러의 권좌 등극, 제2차 세계대전과 유대인 학살, 러시아의 베를린 침공 및 도시 파괴, 연합군의 3구역 분리 통합, 동서 베를린의 분단, 1961년 베를린 장벽의 설치, 1963년 "나는 베를린 사람"이라던 존 F. 케네디의 말, 장벽의 붕괴와 공산주의의 종식, 1990년 베를린을 다시 독일 정부의 수도로 삼는다는 결정, 도시의 전면적 재건. 이 모든 사건을 나는 옆 나라에서 지켜보았고 그중에는 내 인생의 중요한 순간으로 기억되는 사건도 많다. 이제 그 많은 것들을 단 몇 시간 안에 한눈으로 훑어보게 되다니 정말 감개가 무량하다. 역사가 되살아나는 느낌이었다.

내 책임을 절감한다. 내가 살아가는 방식은 세상을 달라지게 한다. 내가 어디를 가고 누구와 말하며 무엇을 쓰느냐가 세상을 달라지게 한다. 물론 내 인생은 지극히 짧아서 거대한 우주에 견주면 아무것도 아닌 듯 보인다. 그러나 오늘 많은 것을 보고 들으면서 마음속에 간절한 열망이 생긴다. 최대한 순결하고 용감하게 분명한 목표를 갖고 인생을 살고 싶다.

하루 내내 우리는 톰과 헬가의 아들 이야기를 했다. 그는 부재하면서도 확실한 존재의 자리를 점하고 있었다. 마치 내가 간발의 차로 늦게 오는 바람에 생명과 사랑과 희망이 넘치는 이 더할 나위 없이 아름다운 청년을 아깝게 놓친 것 같을 정도다. 얼마나 견디기 힘든 고통인가. 내 마음속에도 조금씩 아픔이 느껴진다. 나와 함께 걷고 이야기하며 이 도시를 안내하는 톰과 헬가의 심정이 어떨지 가히 상상이 안 된다.

7월 7일 일요일

아침 10시에 톰은 베를린 근교의 복음주의개혁베들레헴교회에서 예배를 인도했다. 아주 수수하면서도 감동적인 예배였다. 작은 건물에 할머니 다섯 분, 할아버지 두 분, 젊은 오르간 반주자, 사찰, 그리고 톰과 내가 전부였다. 할머니 한 분의 말에 따르면 대개 청년들 몇이 예배에 나오는데 오늘은 다 휴가를 떠났다고 했다. 교인 수가 너무 적어 담임목사를 모실 수 없었기 때문에 매주 주일마다 개혁교단 목사들이 돌아가며 예배를 인도하고 있었다.

예배는 내게 큰 은혜가 됐다. 나를 위해 준비된 예배 같았다. 찬송과 성경 봉독과 톰의 설교가 내 내면의 고뇌에 그대로 와닿으면서 한동안 느껴 보지 못했던 하나님의 사랑과 자비를 느끼게 해 주었다. 예배는 어딘지 엉성했고 사람들도 소박했지만 그것이 독일어와 어우러져 오히려 내게는 깊은 치유의 음성으로 들려왔다.

집에 오는 길에도 우리는 톰과 헬가의 아들에 관해 이야기했다. "그 애는 지금 어디 있는 거죠? 죽은 뒤에는 어떻게 되는 겁니까?" 헬가는 물었다. 찢기고 상한 심령 앞에 논리와 사고는 힘이 없는 법이다.

집에 돌아와서 우리는 정원 테이블에 둘러앉아 성찬식을 가졌다. 바울을 통해 주신 말씀을 읽었다. "예수를 죽은 자 가운데서 살리신 이의 영이 너희 안에 거하시면 그리스도 예수를 죽은 자 가운데서 살리신 이가 너희 안에 거하시는 그의 영으로 말미암아 너희 죽을 몸도 살리시리라"(롬 8:11). 이 말씀과 수수한 성찬식이 우리에게 조금이나마 위안이 되었다.

7월 8일 월요일,
독일 오버우어젤

오전 11시쯤 톰, 헬가와 함께 묘지에 갔다. 비가 억수같이 쏟아졌지만 우산을 받쳐 들고 갔다. 걷는 곳은 많지 않았다. 무덤 앞에 서 있자니 쓰라린 아픔이 밀려왔다. 지난 이틀 동안 톰과 헬가의 이야기를 통해 나는 이 청년을 아주 잘 알게 됐다. 마치 아들을 만나 아들과 이야기하게 하려고 부모가 그간 나를 준비시킨 것 같았다. 하지만 그의 얼굴을 볼 수도 없고 그의 목소리를 들을 수도 없다는 사실을 나는 무덤 앞에서 새삼 통감했다. 한 번도 만나 본 적 없는 친구를 잃어버린 기분이었다. 나는 그의 무덤 앞에서 기도했다. 톰과 헬가를 통해 그를 알게 된 것을 감사드렸다. 그에 대한 추억이 앞으로 내 사명과 사역에 새 힘이 되면 좋겠다.

묘지에 다녀온 직후 우리는 시내로 나가 함께 점심을 먹은 뒤 작별했다. 아주 특별한 주말이었다. 베를린에 오기 전에는 톰과 헬가를 깊이 알지 못했는데 이렇게 함께 지내다 보니 관계가 훨씬 깊어진 느낌이다.

오후 2시에 편안한 고속 열차에 올라 오버우어젤로 향했다. 거기서 로드레이 가족이 나를 기다리고 있었다. 월요일인 내일은 시즌 중 서커스 공연이 없는 몇 안 되는 날 가운데 하루였다. '플라잉 로드레이 가족'을 다시 만나 반가웠다. 그들은 활기가 넘쳤고, 공중그네 기술을 새롭게 다듬었다며 기뻐했다. 마지막 만난 이후 로드레이의 큰형이자 칼린의 큰오빠인 퀸틴이 50의 나이로 갑자기 세상을 떠났다. 너무나 가슴 아픈 일이었다. 하지만 로드레이와 제니에게는 기쁜 소식도 있었다. 12월에 아기가 태어나는 것이다.

작년에 제니는 공중그네를 그만뒀다. 어깨 통증이 심해서도 그랬지만 너무 늦기 전에 아기를 갖고 싶은 마음도 있었다. 올 시즌은 안 좋은 날씨 문제만 빼고는 현재까지 좋았다고 한다. 공연도 좋았고 공중그네도 잘됐고 천막도 만원일 때가 많았다.

그래도 모든 이야기로 미루어 분명한 사실이 하나 있었다. 공중 그네 곡예단으로서 '플라잉 로드레이 가족'의 시대가 서서히 막을 내리고 있다는 것이다. 내년 3-11월 시즌은 이미 계약돼 있지만 어쩌면 그것이 마지막 해가 될지도 모른다. 로드레이, 칼린, 조나단은 갈수록 피로와 스트레스와 통증이 심해지고 있다. 작년에 무릎 수술을 받은 조나단은 이렇게 말했다. "지금은 괜찮습니다만 경고를 받았습니다. 다른 일을 생각해 볼 때가 된 것 같아요."

프라이부르크에서 로드레이 가족을 처음 만난 지도 벌써 5년이 지났다. 당시 그들은 서커스를 막 시작하던 참이었다. 그때만 해도 그들은 이 일을 이렇게 오래할 줄 몰랐다. 서커스단 측에서 한 가지 기술로 곡예사들을 세 시즌 이상 채용하는 법이 없기 때문이다. 이들의 곡예는 내년으로 8년째를 맞는다.

내가 이 멋진 가족과 이렇게 가까운 사이가 될 줄은 꿈에도 몰랐다. 이들을 다시 만날 때마다 나는 가슴이 뛰며 감사를 느낀다. 이들을 소재로 쓰려는 책에 아직 착수하지는 못했지만 언젠가는 쓰리라는 것을 안다. 우정이 오래 지속될수록 책 내용이 달라질 것이다. 공중그네에 대한 단순한 흥밋거리 기사로 그치지 않을 것이다. 멋진 공중그네 기술은 점차 내 관심의 중심에서 사라지고 있다. 그것은 이제 이 현대 사회에서 바르게 일하며 사랑하려 애쓰는 한 8인 가족의 배경에 지나지 않는다.

조나단과 칼린은 자기네 대형 운반차 안에서 내게 융숭한 대접을 베풀었다. 그들의 '거실 소파'에 누워서도 잠이 잘 올 것 같다. 긴 하루를 보내고 몹시 피곤하던 차에 이렇게 누우니 정말 좋다.

7월 9일 화요일

실컷 자고 나서 조나단과 칼린과 함께 느긋하게 아침을 먹었다. 그 뒤 한 시간 동안 일기를 쓴 다음 조나단과 함께 천막으로 걸어갔다. 로드레이, 존, 슬라바, 조나단은 장비의 높낮이와 거리 따위를 점검했다. 설치야 어제 다 해 놓았지만 밧줄, 기둥, 그네 등에 세심한 조정이 더 필요했다. 새로운 지역에 갈 때마다 거리, 수평, 높이를 비롯해 많은 자질구레한 사항을 꼼꼼히 확인해야 한다. 공중그네 곡예는 고도의 기술을 요하는 작업이라서 장비에 조금만 차질이 있어도 치명적 사고를 초래할 수 있다.

서커스 천막이 아주 아늑하다는 생각부터 대뜸 들었다. 작년과 재작년 로테르담과 즈볼레에서 내가 로드레이 가족의 공연을 볼 때는 장소가 수용 인원 6만 명이 넘는 대경기장이었다. 그때는 공중그네 곡예가 너무 멀리서 이루어져 따뜻함을 느끼기 힘들었다. 오늘은 정상적인 무대에서 곡예를 볼 수 있었다.

공연은 오후 3시 반에 시작됐다. 아이들이 수백 명이나 몰려들었다. 로드레이 가족의 공연을 다시 보며 내가 그렇게 큰 감동을 받을 줄은 정말 몰랐다. 높은 상공을 나는 자와 붙잡는 자의 모습을 보며 나는 울고 있었다. 작년 겨울 서커스 때 보았던 것보다 기예가 훨씬 뛰어났다. 안무의 자태도 우아했고 군데군데 깜짝 놀라게 하는 장면도 많았다. 공연 전체에 힘이 매우 넘쳤다. 나는 로드레이 가족을 이미 5년이나 알고 지냈고 공연도 열 번도 넘게 보았지만 이들은 절대 나를 지루하게 하지 않는다. 언제나 뭔가 새로운 것, 독창적인 것, 신선한 것을 선보인다. 새로운 계약 요청이 계속 들어오는 이유를 알 만하다.

공중을 나는 그들을 보노라니 1991년 아버지와 함께 그들을 처음 보았을 때의 그 깊은 감정이 그대로 살아난다. 설명하기는 어렵지만 영혼이 성육신하는 체험에서 나오는 감정이다. 몸과 영이 완전히 연합된

다. 사랑, 우정, 가족, 공동체의 영이 아름답고 우아한 몸의 자태를 통해
표현된다. 그 영은 '지금 여기'의 몸을 절대 떠나지 않는다.

밤에는 다른 팀의 공연을 보았다. 두 친형제가 보여 주는 연기에 감
탄했다. 몸을 마음대로 구부리는 곡예였다. 몸이 자유자재로 휘며 서로
얽히는 모습을 보노라니 이 두 형제야말로 가장 친한 친구라는 느낌이
전해졌다. 그러나 공연이 끝난 후 나는 그들이 서로 앙숙이라는 이야기
를 들었다. 다른 트레일러에 떨어져 살며 업무상 대화 외에는 아무 말도
안 하고 지낸다. 그들은 최고의 자리를 두고 다투는 적수다. 형제, 친구,
부부 등 겉으로는 가까워 보여도 실제 삶은 정반대인 사람들을 보면 슬
퍼진다. 내가 로드레이 가족에 큰 매력을 느끼는 것은 그들의 공연과 삶
이 같기 때문이다. 하지만 로드레이 가족은 예외인 경우라는 생각이 갈
수록 강하게 든다.

7월 10일 수요일

아침에 제니의 트레일러를 찾아가 태아의 안부를 물었다. 제니는
아주 아름다운 예비 엄마다. 이것저것 많은 이야기를 나누었다. 아기에
게 다운증후군이나 기타 기형이 있을 경우 어떻게 할지에 관한 이야기

까지 나왔다. 제니의 큰 걱정은 아기에게 문제가 있을 경우 로드레이가 서커스를 그만둬야 할지도 모른다는 것이다. 이런 걱정이 부디 쓸데없는 것이기를 바란다.

정오에 천막에 가 연습 장면을 구경했다. 로드레이는 슬라바에게 삼중 공중제비를 가르치고 있었다. 슬라바는 삼중 회전 후 그물로 떨어지는 것은 잘하지만 존의 손을 붙잡는 부분이 아직 안 되고 있었다. 두 사람의 손이 닿기는 하는데 붙잡지는 못했다.

연습 시간이 끝날 무렵 로드레이는 내게 그네를 타 보겠느냐고 물었다. "물론이죠, 타 보고 싶습니다." 우선 그는 나를 그물로 올라오게 한 다음 긴 사다리를 타고 발판 있는 데까지 올라가는 시범을 보였다. 그곳에 올라서니 겁이 났다. 상하좌우의 공간이 끝없이 광활하고 무서워 보였다. 케리와 슬라바가 나를 발판으로 끌어올려 안전벨트를 채워 꼭 조인 뒤 그네의 손잡이 부분 막대기를 건네주었다. 막대기를 잡으려니 내 손으로 내 몸무게를 지탱할 수 있을지 걱정스러웠다. 하지만 막상 그들이 등을 떠밀자 편안하게 느껴졌다. 그물 위로 몇 차례 그네를 탔다. 좀 더 높이 올라가려 발차기를 해 보았지만 단순히 호흡이 따라 주지 않았다. 로드레이는 그물에 떨어지는 법을 일러 주었다.

나는 전체 과정을 한 번 더 반복했다. 이번에는 약간 자세가 좋아졌다. 이번에는 로드레이가 내게 '잡는 사람'의 손에 잡혀 있는 심정을 맛보게 해 주겠다고 했다. 나는 사다리를 타고 '잡는 사람' 쪽으로 올라갔다. 조나단이 막대기에 다리를 걸고 고개를 아래쪽으로 하여 매달린 채로 내 팔목을 잡았다. 나는 한동안 조나단의 손에 붙잡혀 매달려 있었다. 그의 얼굴을 거꾸로 올려다보니 이렇게 매달린 채로 그네를 타는 기분이 어떤지 알 것 같았다. 시종 아주 즐거운 경험이었다. 내가 행여 공중그네 곡예사가 된다면 오늘이 거기에 가장 가까이 근접한 날이었다!

로드레이의 트레일러로 돌아온 우리는 제니가 찍은 비디오를 보았다. 연습 시간과 내 '공연'과 오후 공연이 모두 담겨 있었다. 그네 막대기에 매달려 있는 내 모습은 우습기 짝이 없었다. 차마 눈뜨고 못 볼 광경이었다. 그러나 오후 공연 전체를 느린 동작으로 보는 것은 아주 즐거웠다. 복잡한 공중그네 기술을 느린 동작으로 보니 무엇보다도 로드레이 가족의 고도로 숙련된 기예를 한층 실감할 수 있었다.

저녁 공연을 보며 새삼 깨달은 사실이 있다. 로드레이 가족의 공연을 볼 때면 내 마음이 한없이 불안해진다는 것이다. 곡예의 내막을 알수록 관람이 더 힘들어진다. 로드레이 가족과 친해지고 사고 가능성이 많다는 것을 알고 나니 마치 위험한 일을 하는 자녀를 지켜보는 부모의 심정이랄까. 모든 것이 무사히 끝나자 깊은 안도를 느꼈다. 수많은 관객들은 넋을 잃은 채 장내가 떠나갈 듯 발을 구르며 박수를 쳐 댔다.

7월 11일 목요일,
네덜란드 게이스테렌

아침 8시 반에 로드레이와 제니가 나를 프랑크푸르트 기차역에 데려다주었다. 따뜻하고 진실한 작별이었다. 오버우어젤에서 보낸 이틀은 내게 큰 힘이 됐다. 로드레이 가족과 함께 있는 것이야말로 내게는 휴식과 회복을 맛보는 최선의 길 중 하나이기 때문이다. 칼린과 조나단은 나를 자기네 트레일러에서 아주 편안히 지내도록 해 주었다. 로드레이와 제니는 놀라운 친구다. 매번 그들은 지칠 줄 모르고 곡예의 세부 과정을 설명해 준다. 슬라바, 존, 케리도 나를 아주 친절하고 다정하게 대해 주었다. 이렇게 친절하고 마음씨 좋은 친구들이 있어 얼마나 감사한지 모른다.

코블렌츠에 도착하니 랄프가 기다리고 있었다. 우리는 그의 집에 잠깐 들렀다가 조각가 겸 화가인 한스 가족의 집으로 향했다. 즐겁게 점심을 먹은 뒤 한스의 작품을 보면서 데이브레이크의 새로운 데이스프링 채플과 신앙센터에 대해 의논했다. 후에 우리는 한스가 예배당 개조를 맡았던 인근의 한 교회를 잠깐 둘러보았다. 한스가 내년에 토론토에 와 우리 새 채플의 실내장식을 도울 수 있으면 좋겠다.

랄프가 나를 본(Bonn)으로 데려다주었다. 가는 길에 우리는 8개월 기간으로 오는 9월부터 시작될 랄프의 데이브레이크 체류 계획에 관해 이야기했다. 그는 트리어 교구의 장애인 사역을 준비하기 위해 데이브레이크에서 협력자로 일하게 된다. 나는 그가 데이브레이크의 사역 특히 예배 부분에서 의욕적으로 일해 주면 좋겠다고 말했다. 그러면 나로서는 글 쓸 자유 시간이 좀 더 많아질 것이다. 랄프는 열정을 지닌 헌신된 신부로 성격이 소탈하고 솔직한데다 데이브레이크를 아주 많이 사랑하는 사람이다. 저녁 4시 45분에 우리는 본역에 도착했다. 나는 쾰른행

기차에 몸을 실었다.

퀼른에서 펜로로 간 다음 다시 펜라이로 왔다. 저녁 7시에 아버지 집에 도착했다. 아버지는 근처 식당으로 오라는 쪽지를 남겨 두었다. 거기서 아버지는 친구들과 저녁을 들고 계셨다. 알고 보니 아버지의 옛 신학 클럽이 연례 모임으로 만나 저녁을 먹는 자리였다. 명예교수이자 일부 클럽 멤버들의 동료 교수이기도 했던 아버지는 클럽 모임이 게이스테렌에서 있을 때마다 초청받곤 했다.

식탁에는 아버지 외에 볼렌베르크 부부, 네이메헌의 지역 주임사제인 마르틴, 반 수잔타 부부, 반 라호벤, 스힐러벡스 교수가 앉아 있었다. 에드바르트 스힐러벡스 교수와 대화하게 되다니 전혀 뜻밖이었다. 전에 한두 번 지나가며 만났을 뿐이었다.

나는 그의 친절과 개방적 태도와 기꺼이 경험담을 나누려는 자세에 감동받았다. 우리 시대에 가장 영향력 있는 신학자 중 한 사람이면서도 그는 아주 겸손하고 온유하다. 분명 스힐러벡스는 그 세대 신학자답게 교회에 충실한 종이 되기 원하는 분이다. 칼 라너와 휴고 라너, 카스파 메츠, 스호넨베르크가 다 그 세대다. 그들은 모두 제2차 바티칸공의회 때 한창 활동하며 공의회 문서 작성에 중요한 역할을 담당했다.

이제 스힐러벡스는 80대 초반이다. 그는 말했다. "성례에 대한 책을 쓰는 중입니다. 벌써 300페이지를 썼는데 아마도 분량을 약간 줄여야 할 것 같습니다." 그는 컴퓨터 사용에 대단한 열정을 보였다.

저녁을 나누며 한 가지 서글펐던 것은 모두들 네덜란드 국내 상황과 문제에만 매달리는 듯한 모습이었다. 단 한 권이라도 내 책을 읽거나 보기라도 한 사람이 아무도 없었다. 서운하기보다는 뜻밖이었고 속상하기보다는 놀라웠다. 거부당한 기분이 아니라 아예 무시당하는 기분이었다. 내가 끼어들 여지라고는 전혀 없었다.

이 뜻밖의 경험을 계기로, 1971년 예일신학대학원 교수가 돼 처음 네덜란드를 떠날 때의 심정이 되살아났다. 그때 고국을 떠나 새로운 나라로 가기로 결정하기를 참 잘했다는 생각이 든다.

7월 12일 금요일,
위트레흐트

오전 11시에 고모 세 분이 집에 왔다. 트루스, 엘라, 폴라 고모와 차를 마시고 점심을 함께 했다. 세 분 다 80대로 유머와 사연과 추억이 끝이 없다. 고모들이 떠난 후 나는 짐을 싸서 아버지와 작별하고 위트레흐트행 기차를 탔다.

위트레흐트에 내려 루이스와 마리아의 집으로 갔다. 저녁을 먹으며 우리는 지난 달 대교구 수석 사제 모임에서 있었던 내 강연에 관해 뜻깊은 대화를 나누었다. 대화는 식사 후에도 계속됐다. 대교구 수석 사제 모임 이후 나는 줄곧 실망을 느끼곤 했다. 모두가 친절하고 우호적이었으며 대부분 토의에 적극 참여했음에도 불구하고 나는 이방인이 된 기분이었다. 모임에 갈 때만 해도 나는 잃었던 형제를 다시 찾은 듯 고향 교구가 나를 반겨 주리라는 낭만적 기대 같은 것이 있었다! 동료 사제들이 내 책과 라르쉬 사역에 어느 정도 관심을 보여 주기를 바라는 마음도 있었다. 이런 기대와 바람은 전혀 현실과 거리가 멀었고, 나는 들어갈 때보다 더 외로운 마음으로 모임 자리를 나왔다.

마리아도 그 모임에 참석했는데 나와는 평가가 크게 달랐다. 그녀는 참석자들이 정말 감명을 받았다며 나를 안심시켰다. 내가 다시 오면 좋겠다고 말한 사람도 몇 명 있다고 했다. 그녀는 내게, 수석 사제들이 미국인처럼 감정과 속마음을 표출하는 데 익숙하지 않다는 점을 이해해야 한다고 말했다. 아울러 그 모임이 나보다는 오히려 그들에게 훨씬 긍정적이었다고 힘주어 말했다.

마리아는 그 사제들이 내 책을 읽을 것을 기대하지 말라는 이야기도 했다. 네덜란드어로 번역된 책도 마찬가지였다. "그분들은 사람을 직접 대면해야 하지요. 신부님이 하신 일이 바로 그겁니다."

마리아와 루이스와 함께 있어 아주 좋았다.

7월 13일 토요일

오후에 얀과 함께 영화 〈리처드 3세〉(Richard III)를 보러 갔다. 셰익스피어의 희곡을 원작으로 한 영화로 원한과 질투와 분노와 가차없는 무자비한 살해가 줄거리를 이루었다. 영화를 본 후 저녁을 먹으며 얀은 최근 콜롬비아의 팍스크리스티에 다녀온 이야기를 들려주었다. 그 경험 때문에 셰익스피어의 극이 훨씬 현실로 다가오게 됐다는 것이다. 콜롬비아에서 그는 군부 수뇌, 의회 수비대장, 게릴라 총수 등 소위 전쟁

실세 3인과 각각 대화를 나누었다. 적을 납치하는 사람들은 대개 자기 파 사람들에게 살해된다고 한다. 피해자 쪽에 흔적이 될 만한 단서를 모조리 없애기 위해서다. 리처드 3세가 한 일이 바로 그것이다. 그는 자신의 악한 계략을 수행하는 데 가장 공이 컸던 사람들을 나중에 모두 처치한다. "내가 만난 콜롬비아 사람 중에는 그 손에 리처드 3세보다 핏자국이 많은 사람도 많았습니다." 얀은 말했다.

얀은 콜롬비아에서 목격한 살해의 실상에 대해 많은 이야기를 들려주었다. 그는 그곳에서의 자신의 사명이 전쟁을 종식시키는 것이 아니라(그것은 현재로서는 불가능한 일이다) 민간인과 무죄한 사람들의 살해를 최소화하여 인명을 구하는 것이라고 믿었다. 그 확신이 내게 가장 깊은 감동을 주었다. 그는 말했다. "보스니아, 북아일랜드, 중동, 체첸, 콜롬비아 등지에서 전쟁은 계속되겠지만 그래도 우리는 대량 살상만은 억제할 수 있을 것입니다." 정신이 번쩍 들게 하는 비전이다.

얀과 함께 저녁을 먹고 있던 식당에 내 동생 로렌트가 두 변호사 친구와 함께 나타나 나는 깜짝 놀랐다. 그러잖아도 막 얀에게 "로테르담의 로렌트에게 전화해 내일 그리로 간다고 말해야겠어요" 하고 말하던 참이었다. 그런데 그가 나타난 것이다! 로렌트는 내일 집에 아무도 없을 거라고 말했다. 그래서 나는 그냥 위트레흐트에 월요일 아침까지 있다가 여기서 바로 공항으로 가기로 했다. 내일은 아주 조용한 하루를 보낼 수 있어 다행이다. 뉴욕행 장거리 비행에 오르기 전 유럽에서의 마지막 날에 잠시나마 마음을 가다듬을 기회가 될 것이다.

꼭 일주일 후면 내가 신부의 길에 들어선 지 39주년이 되는 날이다. 1957년 7월 21일, 나는 27명의 다른 후보들과 함께 이곳 위트레흐트 성까뜨린느성당에서 알프링크 추기경을 통해 사제 서품을 받았다.

아침에 나는 성까뜨린느성당의 9시 성찬식에 참석해 신부로 살아온 지난 39년을 하나님께 감사하는 기도를 드리기로 했다. 놀랍게도 전에 알프링크 추기경 밑에서 보조 주교 겸 주교 총대리를 지냈던 헨드릭센 주교가 성찬식을 집전하고 있었다. 그는 89세지만 건강해 보였고 목소리도 쩌렁쩌렁했다. 맨 앞줄에는 내 책 *With Burning Hearts*(불타는 마음으로)와 《여기 지금 우리와 함께하시는 하나님》을 네덜란드어로 번역했던 스틴스트라 여사가 눈에 띄었다.

낯선 경험이었다. 잊히다시피 한 옛날의 세계가 되살아났다. 라틴어 예배에 마지막 참석했던 때가 언제인지 기억은 없지만 나는 지금도 성찬식의 라틴어 원문을 대부분 외우고 있다. 그 문구들은 내 안에 깊이 새겨져 있다. 옛 주교와 젊은 성가대원들과 귀엽게 움직이는 복사들을 보노라니 지난 39년간 아무것도 달라지지 않은 것 같았다. 50년대에 가득 찼던 교회당이 지금은 거의 비어 있다는 것, 그 한 가지만은 예외였다.

성찬식 후 스틴스트라 여사와 헨드릭센 주교는 나를 사택으로 초대해 커피를 대접해 주었다. 나는 그곳에 오래 있지 않았다. 아직 도시를 좀 돌아보며 여러 교회에 가 보고 싶었다.

이 도시의 기독교 신자들은 분명 전체 인구의 극소수에 지나지 않는다. 성당 근처에서 머리를 삭발한 한 젊은이가 내게 다가와 이렇게 말했다. "저 교회에 들어가 1길더를 주고 왔습니다! 이렇게 머리를 빡빡 밀었는데도 교회에서 저를 받아들여 줄까요?" 나는 말했다. "그럼요. 언제든지 환영입니다. 돈은 더 내지 않아도 됩니다!" 그는 정말 그 교회에 갔을까? 이 청년과 성당 예식 사이에 큰 간극이 있어 보인다. 하지만 과연 그럴까? 그레고리오 성가 CD가 젊은 록 팬들 사이에 큰 인기를 끌고 있기 때문에 나는 반드시 그렇지만은 않다고 본다. 많은 삭발 청소년들이 교회의 환영을 기다리고 있는지도 모른다!

남은 하루는 잠도 보충하고 일기도 쓰며 호텔 방에서 보냈다.

7월 15일 월요일,
미국 뉴욕

아침 7시 반에 얀이 호텔로 왔다. 내 무거운 짐 가방들을 싣고 나를 기차역까지 데려간 뒤 스키폴 공항까지 함께 와 준 그가 얼마나 고마운지 모른다. 6월 10일 이곳에 도착해 에스컬레이터에서 다섯 개의 가방이 우르르 쏟아지던 일이 지금도 기억난다.

비행기는 정시에 출발해 정오에 뉴욕 케네디 공항에 도착했다. 공항에서 택시를 타고 웬디와 제이의 집으로 왔다. 무사히 뉴욕까지 와 기쁘다.

서로의 '휴가'가 어땠는지 한참을 이야기한 뒤 나는 저녁 6시 반까지 잤다. 제이와 웬디와 함께 근사한 중국 음식으로 저녁을 먹으며 많은 이야기를 주고받은 뒤 나는 시차를 빨리 극복하고 싶은 마음에 다시 잠자리에 들었다. 5주간의 유럽 여행이 끝나서 참 좋다. 모든 일이 다 잘 됐지만 아주 피곤하기도 했다. 이제는 한곳에 오래도록 머물며 글쓰기에 전념하고 싶은 마음뿐이다.

7월 16일 화요일,
피팩

웬디는 내게 얼마나 큰 힘이 되는지! 아침 9시부터 오후 2시까지 우리는 거의 중단 없이 작업에 매달렸다. 이미 편집과 교정이 끝난 《영혼의 양식》 원고를 최종 검토하는 작업이다. 웬디는 이미 반 이상을 꼼꼼하게 읽은 상태였다. 그녀는 손볼 곳들을 많이 지적해 주었다. 우리는 신속하고 과감하게 일했다. 그렇게 많은 개정과 편집을 거쳤는데도 아직도 고칠 곳이 많다니 참 신기하다.

오후 2시에 웬디가 나를 버스 터미널에 데려다주었다. 오후 4시 20분에 버나즈빌에 도착하니 지니가 기다리고 있었다. 몸이 지칠 대로 지쳐 있었지만 도저히 궁금해서 우편물을 보지 않고는 잘 수 없었다.

아침에 성찬식을 하러 내 '작은 붉은 헛간'의 거실에 들어서니 50여 명의 사람들이 기다리고 있었다. 내가 없는 사이, '페기의 집'에서 매일 열리는 성찬식 이야기가 사방에 돌아, 전에 참석하던 거의 모든 사람이 한두 명씩 친구들을 데려왔던 것이다.

복음서를 읽은 뒤 나는 콜롬비아, 보스니아, 북아일랜드, 체첸의 고난과, 나아가 이 폭력의 세상 속에서 조용한 희망의 증인이 되는 것이 얼마나 중요한가에 관해 조금 이야기했다. 예수님은 사랑의 신비에 관해 말씀하신 후 이렇게 기도하셨다. "천지의 주재이신 아버지여 이것을 지혜롭고 슬기 있는 자들에게는 숨기시고 어린아이들에게는 나타내심을 감사하나이다 옳소이다 이렇게 된 것이 아버지의 뜻이니이다"(마 11:25-26). 그렇다면 우리는 어떻게 '지혜롭고 슬기 있는 자', 예수님의 단순하면서도 어려운 메시지가 자기 마음속으로 뚫고 들어오지 못하게 막는 자가 되지 않을 수 있을까? 어떻게 하면 하나님의 사랑을 증거하는 '어린아이들'이 될 수 있을까?

이번 여행을 다녀오면서 특히 절감하는 것이지만, 우리는 저마다 자신의 소소한 문제들에 온통 사로잡혀 있다. 하나님이 말씀의 통로로 쓰실 만큼 마음이 비어 있지 못하다. 폭력을 대항한다 하지만 자기도 모르는 사이에 말로나 생각으로나 그 폭력의 일부가 돼 있는 것이다.

《영혼의 양식》 원고를 마무리하고 편지에 답장을 쓰고 친구들에게 전화를 걸며 거의 온종일을 보냈다. 아주 바쁜 하루였다. 더웠지만 다행히 습하지는 않았다.

7월 18일 목요일

아침 성찬식에 새로운 사람들이 많이 참석했다. 우리는 우리의 짐과 예수님의 짐을 결부 짓는 것에 관해 이야기했다. 그분의 짐은 온 인류의 짐임에도 '가볍다.' 아무리 작은 짐 하나라도 다른 사람의 도움 없이 혼자서 지면 무거워 쓰러질 수 있다. 그러나 짐을 지되 하나님의 짐의 일부로써 지면 새 생명에 이를 수 있다. 이것이 우리 신앙의 위대한 신비다.

네이선, 칼, 건축기사 조우와 함께 장시간 전화로 이야기했다. 내 작은 아파트의 건축 계획이 가을에는 실현될 수 있을 듯싶다. 그들은 내게 계획의 최종 확정을 위해 금요일 토론토에 와 달라고 했다.

오후 4시에 닐이 향후 출판물에 사용할 내 사진을 (이번에는 컬러로) 더 찍기 위해 왔다. 30장을 찍었다. 출판할 만한 게 하나라도 나오기를 바란다. 상황을 잔뜩 의식하면서 편안하고 친근감 있게 웃는 모습으로 사진을 찍기란 쉽지 않다. 사진사를 신경 쓰지 않고 가볍게 이야기를 주고받을 수 있는 상대가 주변에 아무도 없었다. 어쨌든 닐이라면 '친근감 있는' 작품을 내놓으리라고 믿는다.

이 모든 작은 일들 중에 큰 비극이 터졌다. 롱아일랜드 연안에서 TWA 비행기가 폭파된 것이다. 기내에 타고 있던 230명 전원이 목숨을 잃었다. 이 비극이 빚어낼 엄청난 슬픔을 어찌 상상할 수 있으랴. 펜실바니아주 몬터스빌의 고등학생 단체, 가족들과 휴가를 보내러 프랑스로 가던 마흔일곱 살의 어머니, 프랑스 답사 프로그램의 최종 편을 제작하러 가던 서른아홉 살의 텔레비전 프로듀서, 파리로 골동품을 구입하러 가던 마흔일곱 살의 실내장식가, 교환학생으로 미국에서 여름을 보내고 돌아가던 열한 살짜리 프랑스 소년, 저마다의 꿈과 기대를 지닌 이 모든 사람들이 한순간에 유명을 달리하고 말았다.

거대한 통곡의 암운이 나라를 온통 뒤덮고 있다. 하나님은 어디 계시며 사랑은 어디 있는가? 정의는 어디 있으며 우리의 희망은 어디 있는가? 아무 대답이 없다. 이 많은 생명을 삼킨 도도한 바다의 침묵만이 있을 뿐이다. 뭐라고 기도해야 할까?

오후 4시 반에 심한 폭우 속에 차를 몰아 매디슨으로 가 마이클과 레베카 그리고 그들의 두 딸 레이첼과 메간을 찾아갔다.

나는 예일신학대학원 시절 마이클을 알게 돼 그가 사역자가 된 후에도 한동안 교분을 유지했다. 그는 노숙자 시설에서 일하다가 나중에는 에이즈 환자 및 체르노빌 피폭자들을 위해 사역했다. 그동안 마이클은 감리교회에서 안수를 받고 목사가 됐다. 그의 아내 레베카는 어느 출판사에서 협력 편집자로 일하다가 지금은 기도에 관한 격월간지를 펴내고 있다.

마이클과 레베카는 묵상과 활동을 겸비한 사람들이다! 그들은 다양한 형태의 영성에 관심이 많다. 마이클은 내면생활의 성숙을 위해 수도 공동체에서 꾸준히 시간을 보내고 있다. 그러면서도 그는 조직과 모금과 기획에 수완이 뛰어나며 가난한 사람, 병든 사람, 죽어 가는 사람들을 돕기 위한 굵직한 사업에 늘 참여하고 있다. 오랫동안 떨어져 지내다 이렇게 마이클과 레베카를 다시 만나니 얼마나 기쁜지 모른다. 앞으로는 계속 연락하며 그들의 몇몇 사역에 조금이나마 동참할 수 있으면 좋겠다.

집에 돌아와 한 시간 정도 애틀랜타 올림픽의 개막식 장면 뒷부분을 보았다. 멋진 쇼였다!

어제 워싱턴구세주교회의 다이애나한테서 작은 책과 함께 뜻깊은 편지가 왔다. 편지에서 그녀는 최근 보스니아에 다녀온 이야기를 들려주었다. 작은 책은 내 책 *Letters to Marc about Jesus*(마크에게 보내는 예수님에 관한 편지)의 크로아티아어 번역판이었다.

놀라운 것은 다이애나가 그 책을 보스니아 한 작은 마을의 완전히 무너진 교회 도서관 바닥에서 발견했다는 사실이다. 그녀가 속한 작은 미국인 단체는 마침 그 마을을 방문 중이었다. 책은 모래에 덮여 지저분해 보였다. 그러나 비닐로 싸여 있어 아직 읽을 만했다. 다이애나는 파괴된 도서관 바닥에 책이 떨어져 있는 장면과 프란체스코회의 한 젊은 신부가 그 책을 들고 있는 모습을 사진에 담아 보내왔다.

나는 이 책이 크로아티아어로 번역된 줄도 몰랐고 전쟁의 한복판인 보스니아의 작은 마을에까지 들어가 있는 줄도 몰랐다. 그 책을 이렇게 받다니 가슴이 뭉클했다. 이 책은 내 조카를 예수님께 좀 더 가까이 이끌어 주고 폭력과 전쟁에 휩싸인 이들에게 희망을 전하는 자가 되게 도와주려는 마음에서 네덜란드어로 썼던 책이다. 이 작은 사건을 통해 나는 새 힘을 얻었다. 글쓰기를 쉬지 말아야겠다는 생각이 들었다.

오후 3시에 돈과 프랜이 피팩 '시내'에서 전화해 자신들의 도착 사실을 알렸다. 나는 즉시 그들이 기다리고 있는 빵집으로 갔다. 두 사람을 다시 만나 반가웠다. 그들은 내 모습이 보기 좋다고 했다. 이곳 계곡도 마음에 들어 했다. 우리 집에서 함께 저녁을 잘 차려먹은 뒤 많은 이야기를 나누었다. 프랜은 몇 번 잘못 넘어져 8월에 무릎 수술을 받아야 한다. 지금은 목발 신세를 지고 있다. 돈은 10여 년 전 근육의 신경이 심하게 손상된 뒤 그 후유증으로 무거운 물건을 들지 못한다. 둘 다 몸놀림에 제약을 많이 받는 셈이다. 난데없이 내가 셋 중 제일 힘센 사람이 된 기분이었다.

저녁 8시에 프랜은 프린스턴으로 돌아갔다. 돈은 며칠 머물 예정이다. 돈과 나는 올림픽 체조 경기를 좀 보았다. 링 체조며 평균대며 마루 운동의 아슬아슬한 묘기를 보노라니 우리가 아예 신체장애가 있는 듯한 기분이었다. 그렇게 구르는 것은 프랜이나 돈이나 나나 상상도 못할 일이다. 그저 집 안에서 잘 걷거나 비행기에서 손을 뻗어 짐이나 잘 꺼낼 수 있다면 그것만으로도 족하다.

돈이 함께 있어 기쁘다. 그는 오늘 하루를 나와 함께 보내고 싶어 했다. 돈은 성찬식에 참석한 뒤 나를 따라서 날마다 가는 우체국과 빵집도 갔고 올림픽 경기도 잠시 같이 봤다.

아직도 나는 아담 책에 다시 손을 못 대고 있다. 편지, 전화, 방문 등 소소하게 해야 할 일이 너무 많아 단 한두 시간만이라도 한갓지게 글쓰기에 매달릴 여유가 없다.

7월 24일 수요일

기분이 별로 좋지 않다. 피곤하고 산만하고 약간 우울하다. 방은 지저분해 보인다. 사방에 널린 종이들이 저마다 내 관심을 바라고 있다. 몽땅 커다란 비닐봉지에 쓸어담은 채 깨끗이 잊을 수 있다면 좋겠다. 하지만 다시 볼 때마다 그 종이들은 매번 편지와 서문과 추천사를 써야 함을 내게 일깨워 준다.

최대한 청소해 주변을 정리하기로 했다. 짧은 시간 안에 금방 가지런해져 내가 보기에도 놀랍다. 저녁쯤 되자 쓰레기 종이만 큰 봉지로 적어도 두 봉지가 나왔다. 이제 방이 한결 나아 보인다.

청소를 마친 후 돈과 함께 앉아 그의 인생의 새로운 방향에 관해 이야기했다. 새로운 방향을 찾아야 할 시점이 오는 것 같다. 돈은 시카고의 히스패닉 사람들을 돕는 가능성을 점치고 있다. 그는 라틴아메리카 사람들에게 깊은 애정이 있고 스페인어도 꽤 잘하며 가난한 이들에게 자신을 바치고 싶어 한다. 나는 힘닿는 대로 돕겠다고 약속했다. 언제나 그렇듯 이런 상황을 맞을 때마다 나는 앞으로 5년 후에 우리가 어디서 무슨 이야기를 하게 될지 궁금해진다.

7월 25일 목요일

오늘 아침에는 사도 야고보를 기념하여 성찬식을 가졌다. 나는 예수님이 야고보와 요한에게 던지셨던 질문에 관해 이야기했다. "이 잔을 마실 수 있느냐?" 그리고 이 질문에 관해 내가 쓴 책 내용을 요약해 소개했다. 도전적 질문을 곧잘 하곤 하는 블레어가 이렇게 물었다. "하지만 내 잔을 마시고 싶은 마음이 전혀 없을 때는 어떻게 합니까?" 여기에 대한 대답으로 나는 원함과 원치 않음 사이의 긴장, 할 수 있는 것과 할 능력이 없는 것 사이의 긴장을 잠깐 이야기했다. 그리고 그 긴장을 가장 잘 풀어 나갈 수 있는 곳은 사랑의 공동체 안이라고 말해 주었다.

저녁 때 페기가 친구 집에서의 저녁 식사에 나를 데리고 갔다. 다른 사람도 몇 명 초대됐고 우리는 정치와 종교에 관해 좋은 대화를 나누었다. 한 민주당 상원의원은 사람들에게 가장 영향력을 잘 미칠 수 있는 길을 고심 중이었다. 수많은 이들에게 유익한 법률을 제정할 수 있는 정치가의 영향력이 가장 클까, 아니면 고난의 일상을 살아가는 이들에게 위안과 희망을 전하는 사역자의 영향력이 가장 클까? 참석자 모두에게 중대한 이슈 같았다.

문제는 사람들에게 가장 큰 영향력을 미칠 수 있는 방법이 아니다. 중요한 것은 우리의 소명이다. 우리는 누구에게 무슨 일로 부름받았는가? 사역의 결과를 자존감의 기준으로 삼을 때 우리는 결국 무너질 수밖에 없다. 정치가의 삶도, 사역자의 삶도 모두 소명에 대한 응답이 될 수 있다. 그런가 하면 둘 다 권력을 얻기 위한 수단이 될 수도 있다. 궁극적 문제는 우리 일의 결과가 아니라 하나님의 뜻에 대한 순종이다. 하나님의 뜻이 그분의 사랑의 표현임을 바로 아는 한 말이다.

7월 26일 금요일, 캐나다 리치먼드 힐

아침 성찬식 후 차편으로 뉴어크 공항에 가 비행기를 타고 토론토로 왔다. 이렇게 급히 온 것은 내 새 집을 지을 계획을 최종 확정하기 위해서다. 회의는 좋았다. 모든 것이 잘되면 9월 말쯤 시공에 들어갈 수 있다.

하루의 마지막 몇 시간은 캐시와 어린 새러와 함께 보냈다. 새러는 참 예쁜 아기다.

7월 27일 토요일,
미국 피팩

네이선이 나와 함께 피팩으로 왔다. 비행기로 뉴어크에 와서 차로 피팩까지 오는 동안 우리는 마음이 무거웠다. 오늘 아침 애틀랜타에서 폭탄이 터지는 참사가 발생했기 때문이다. 한 록 밴드가 객석에 몰려든 많은 올림픽 관중을 위해 음악을 연주하던 야외무대 근처에서 폭탄이 든 배낭이 터져 파편이 튀는 바람에 두 사람이 죽고 많은 사람이 다쳤다. 이 무슨 광란인가! 얼마나 잔인한 일인가! 웬 분노인가!

단순히 자신들의 분노를 표출하기 위해 스포츠 행사장의 무고한 관중을 살해하는 우리 사회는 분명 심각한 문제가 있다. 미국을 혐오하는 외국 테러리스트들의 소행이든 자국 정부를 싫어하는 미국 내 준군사 조직의 소행이든 이런 폭력 사태(오클라호마 정부청사 폭파 및 남부 교회의 연쇄 방화에 이어 어쩌면 TWA 800의 추락까지)의 증가는 위기의식과 불안 심리는 물론 불길한 공멸의 우려마저 확산시키고 있다.

폐기가 만든 옥수수 요리와 클레어가 가져온 포도주로 맛있게 저녁을 먹은 후 우리는 함께 저녁 기도로 하루를 마무리했다. 시편 4편 말씀이 마음에 와닿았다. "주께서 내 마음에 두신 기쁨은 그들의 곡식과 새 포도주가 풍성할 때보다 더하니이다"(7절). 우리는 함께 기도하며 이 폭력의 세상에서 또 한 번 평화의 하루를 주신 하나님께 감사했다. 좋은 시간이었다.

7월 29일 월요일

조우니와 짐이 네이선과 나와 테레스 그리고 빌·주디스 부부를 저녁 식사에 초대했다. 빌은 조셉 캠벨, 휴스턴 스미스 외 여러 미국 사상가와 작가들과 함께 만드는 텔레비전 프로그램들로 유명한 사람이다. 테레스는 몬태나주의 한 병원에서 '안식의 챌리스'(Chalice of Repose)라는 사역을 시작한 하프 연주자 겸 가수다.

빌은 경청의 전문가다. 오늘 밤에도 그것이 유감없이 드러났다. 그는 네이선과 내게 우리의 삶, 공동체, 영적 비전, 장래 계획 등에 대해 차근차근 질문을 던졌다. 나중에 테레스가 오자 그녀에게도 똑같은 시간을 할애했다. 오래전 빌은 침례교 목사로 안수받았으나 평생을 신문, 텔레비전 등 언론 분야에 몸담았다. 그와 그의 아내는 신앙이 독실한 사람들로 미국 문화에 비전을 제시하려는 뜨거운 열정의 소유자다. 여러 면에서 빌은 내게 프레드를 연상시킨다. 물론 빌의 텔레비전 사역은 프레드와는 사뭇 다르지만 말이다. 빌도 프레드처럼 텔레비전을 통해 '복음'을 전하는 일에 깊이 헌신돼 있다. 빌은 독자적으로 열심히 뛰고 있는데 그가 제작하는 프로그램들은 현실 관련성, 교육적 가치, 영적 비전, 사회적 비전 등이 돋보인다. 빌도 프레드처럼 겸손하고 다른 사람에게 깊은 관심이 있으며 명성보다 봉사를 중시하는 사람이다.

테레스는 '음악 죽음 준비 교육'(music thanatology)이라는 자신의 독특한 분야에 대해 설명해 주었다. 우리는 아주 관심 있게 들었다. 음악 죽음 준비 교육의 공인 학사를 '챌리스 사역자'(chalice worker)라고 부른다. 이들은 두 명 이상이 팀을 이루어 병원, 양로원, 호스피스, 가정 등에 직접 찾아가 노래와 하프 연주로 죽어 가는 이들의 병상을 지켜 주는 일을 한다.

더할 나위 없이 풍요로운 저녁 시간이었다!

7월 30일 화요일

유럽에서 돌아온 지 벌써 2주째인데 아직도 아담 아네트의 책에 손 댈 시간을 충분히 내지 못하고 있다. 이만저만 속상한 것이 아니다. 아침 성찬식, 편지 쓰기, 다른 책들의 레이아웃과 표지에 관한 많은 전화 통화, 저녁 식사 등 우선순위가 온통 다른 데 있는 것 같다. 하지만 꼭 아담 책으로 다시 돌아가고 싶다. 너무나 중요한 이야기니까.

뭔가 새롭고 독창적인 내용임을 느낀다. 예수님의 삶을 통해 아담 을 이해할 수 있고 아담의 삶을 통해 예수님을 이해할 수 있다는 이 비전이 계속 나를 매료한다. 아담은 하나의 성례요 하나님이 내게 말씀하신 거룩한 처소였다. 아담을 추억한다는 것은 단순히 그를 생각하며 그를 위해 기도한다는 것 정도가 아니다. 아담에 관한 글을 통해 나는 계속 (내가 아담 안에서 그리고 아담을 통해 만났던) 예수님 곁에 가까이 남아 있을 수 있다. 예수님이 내게 현실이었기에 아담도 현실이 됐고, 아담이 내게 현실이었기에 예수님도 현실이 됐다.

얀 반 덴 보쉬는 상트페테르부르크 여행을 9월 초에서 9월 말로 연기하자고 했다. 나한테는 잘된 일이다.

7월 31일 수요일

오늘 성찬식 때 우리는 우리 가운데 현실로 임한 하나님 나라에 관해 이야기했다.

하나님 나라는 우리 가까이 눈앞에 있다. 예수님은 우리에게 회개하라 명하신다. 아파하는 마음을 갖는다는 뜻이다. 그것은 고난의 쟁기로 잘 갈린 마음이요, 하나님 나라의 씨앗을 받아들일 수 있는 마음이요, 밭에 묻힌 보배를 볼 줄 아는 마음이요, 부드러운 사랑의 음성을 들을 수 있는 마음이다. 증오와 전쟁이 판치는 폭력의 세상에 살고 있다 해도 우리는 지금 하나님 나라에 들어갈 수 있고 믿음과 소망과 사랑의 공동체의 한 식구가 될 수 있다.

우리의 이 작은 성찬식 공동체가 하나님 나라의 한 부분임을 모든 참석자들이 깨닫게 되기를 기도한다.

　　초저녁에 네이선과 함께 멋진 저녁 식사를 나누었다. 도중에 나는 지난 몇 달간 나를 괴롭혀 온 불안에 관해 이야기했다. 가장 친한 친구에게 내면의 짐을 내려놓자니 약간 멋쩍기도 하고 부끄럽기도 했다. 하지만 결국은 털어놓기를 잘했다. 네이선은 내 고민을 들어주는 것은 어렵지 않지만 내가 그렇게 오랫동안 그런 아픔을 혼자서 품고 있었다는 점이 더 납득하기 어렵다고 말했다. 나는 그런 이야기를 전화로는 할 수 없었다고 해명했고 네이선은 이해해 주었다. 그것이 내 마음에 위안이 됐다. 내가 도대체 어떤 정신으로 살아가고 있는지 나조차 의아할 때가 있다.

1996년 8월.

용기란 흔히
작은 구석에서 시작된다

마이클 존슨이 400미터는 물론 200미터 달리기에서도 금메달을 땄다. '역사적인 사건'이다. 200미터에서는 세계 신기록까지 세웠다. 해설가들에 따르면 그는 역사상 가장 빨리 달리는 남자다. 그의 기백을 묘사하며 그들은 이렇게 말했다. "그는 적을 포로로 잡아 두는 사람이 아니라 단숨에 죽이는 사람입니다." 하지만 인터뷰에서 본인이 밝힌 소감은 그렇게 폭력적이지 않았다. "관중들이 훌륭했습니다. 이렇게 큰 응원을 받기는 처음입니다. 정말 대단한 사람들입니다!"

캐나다 선수 도노번 베일리는 100미터를 9.84초 만에 뛰었고 마이클 존슨은 200미터를 19.34초에 주파했다. 사상 최고의 기록이다! 수많은 관중이 1위를 기대하며 지켜보는 그 부담은 어떤 것일까? 마이클은 이렇게 말했다. "그 부담이란 말로 표현할 수 없습니다. 하지만 부담감이 있어서 이 모든 일이 가능한 겁니다!"

지나치게 금메달에 집착하는 풍조 때문에 올림픽 경기를 즐겁게 관전하기가 어렵다. 경기는 그야말로 정신적인 롤러코스터가 된다. 이 모든 압박과 이 모든 부담과 이 모든 승패가 세계 평화와 화합을 위한 것이라니 나로서는 도무지 믿기가 힘들다. 올림픽 경기에서 '흥겨운 놀이마당'의 기분을 느낀다는 것은 요원한 일이다. 핵심 단어는 경쟁이다. 승자의 눈물도 패자의 눈물도 반성하는 마음이나 감사하는 마음의 눈물이 아니다. 그 눈물이 어떻게 세상을 치유할 수 있단 말인가! 그래도 어쨌든…… 수많은 다른 사람처럼 나 역시 경기를 계속 지켜보며 인간 가능성의 한계를 뛰어넘는 이들에게 찬사를 보낸다.

네이선과 함께 조용한 하루를 보냈다. 둘 다 많은 시간을 방에서 일하며 보냈다.

8월 2일 금요일

예수님이 고향에 가서서 회당에서 사람들에게 가르치시기 시작하자 그들의 반응은 이랬다. "이는 그 목수의 아들이 아니냐 그 어머니는 마리아, 그 형제들은 야고보, 요셉, 시몬, 유다라 하지 않느냐? 그 누이들은 다 우리와 함께 있지 아니하냐 그런즉 이 사람의 이 모든 것이 어디서 났느냐 하고 예수를 배척한지라"(마 13:55-57). 예수님이 결국 가족과 친구들의 반경 바깥에서 권위를 인정받으셔야 했다는 점이 내 마음에 와닿는다. 예수님과 그 이 땅에서의 부모의 관계에 대해 우리가 아는 모든 것은 그분이 부모에게 거리를 두셨다는 것이다. 열두 살 때 성전에서도 그랬고 가나에서 마리아가 개입하려 할 때도 그랬고 가르칠 때도 그랬고 가족들이 와서 찾을 때도 그랬다.

가정은 우리가 자라 성숙한 어른이 되는 곳이지만 가장 깊은 소명을 이루려면 가정을 떠나야 한다. 가정은 우리에게 소속감을 줄 수 있지만 가장 깊은 소속감 즉 하나님께 대한 소속감을 얻으려면 자신을 아는 척하는 사람들에게서 벗어나 우리 삶의 가장 깊은 근원을 발견해야 한다. 우리는 부모형제의 소유가 아니다. 가족을 떠나지 않고는 온전한 자유를 얻을 수 없으며 태어나기도 전부터 우리를 부르신 하나님의 음성을 온전히 들을 수 없다.

예수님은 하늘 아버지께 온전히 순종하기 위해 종종 가족들의 말을 거절하셔야 했다.

8월 3일 토요일

오늘 복음서에서 세례 요한의 죽음에 대한 기사를 읽으며 '섬기는 리더십'을 생각했다. 세례 요한은 분명 당대의 가장 비중 있는 신앙 지도자 중 한 사람이었으나 그의 사명의 모든 초점은 오직 예수님을 드러내는 데 있었다. 그가 행하고 말한 모든 것은 결국 예수님의 리더십의 앞길을 예비하려는 것이었다.

로버트 그린리프는 자신의 많은 학생들과 함께 섬기는 리더십이라는 개념을 개발했다. 그것이 현대의 사업 및 관리 분야에서도 리더십의 지침으로 통용되고 있다.

훌륭한 지도자란 다른 사람들이 '흥할' 수 있도록 스스로 '쇠할' 줄 아는 사람이다. 지배하는 자리를 '떠나' 다른 이들의 리더십 계발을 인정하고 지지해 주려면 당연히 강한 내적 힘과 자신감이 필요하다. 교회에서나 사회에서나 많은 지도자들이 끝까지 감투에 연연해하는 현상은 결코 비밀이 아니다.

필과 페기와 함께 저녁 시간을 보내 아주 즐거웠다. 아침 성찬식 때 나는 두 사람에게 '하나의 언약으로서의 결혼'에 대한 묵상을 들려주었다. 10월 13일 일요일에 결혼할 예정인 이들은 그 전에 마음의 준비를 원하고 있다. 저녁 식사 때 페기와 필은 자기네가 처음 만난 경위와 지난 수개월간 서로 사랑이 깊어진 과정을 들려주었다. 페기의 말이 가슴에 와닿았다. "성찬식 도중 내 마음이 가장 평안할 때, 바로 그때 하나님이 내가 필과 결혼하기를 원하신다는 것을 가장 확실히 느꼈어요." 둥그런 탁자에 마주앉은 필과 페기는 서로에 대한 사랑으로 둘 다 얼굴이 빛나고 있었고 그것이 주변 사람들에게 알려지는 것을 전혀 개의치 않았다. 두 사람의 깊은 사랑에 이토록 가까운 증인이 된 것이 우리로서는 큰 특권으로 느껴졌다. 70세와 75세의 이 두 사람은 서로 헌신하여 자신들의 아주 풍요롭고 다양한 삶을 하나로 묶어 깊은 연합을 이룰 준비가 돼 있다.

8월 4일 일요일

성찬식 때 우리는 복음서의 오병이어의 기적에 관해 아주 활기찬 대화를 나누었다. 우리가 나누는 것은 언제나 배가의 기적을 낳지만 우리가 쌓아 두는 것은 점점 줄어든다. 떡[빵]이 많아진 것은 사실 내가 가진 작은 것을 이웃과 나누려는 마음의 결실이었다. 성찬식 참석자 중 한 사람이 특히 그 점에 큰 은혜를 받았다. 예수님이 보리떡 다섯 개로 많은 무리를 먹이신 것도 기적이겠지만 그보다 더 큰 기적은 자기 먹을 것을 움켜쥐지 말고 모두가 넉넉히 공유할 수 있음을 믿어야 한다는 그분의 말씀이 아닐까. 이런 나눔이 전 세계에서 시행된다면 굶어 죽는 사람이 이렇게 많지는 않을 것이다.

아울러 이것은 성찬식의 비전이기도 하다. 예수님은 우리 모두가 세상에서 살아 있는 작은 예수가 되게 하시고자 자신의 살과 피를 나누어 주신다. 자기를 내주심으로 영의 양식을 증식하신 것이다. 이제 우리는 공동체로는 물론 개인적으로도 그리스도의 몸이 된다.

아주 조용한 하루였다. 네이선과 함께 수영장 옆에 한참을 앉아 책을 읽다가 이따금씩 물에 몸을 적시곤 했다. 7시 반에 글래드스톤에 가 근사한 저녁을 먹었다.

8월 6일 화요일

그리스도께서 산상에서 변화되신 날을 기념하는 축일이다! 하나님의 영광스런 임재의 체험, 연합의 체험, 내적 충만의 체험, 어둠 속에 비치는 빛의 체험. 우리는 언제 어디서 이런 체험을 맛볼까? 베드로는 말한다. "우리에게는 더 확실한 예언이 있어 어두운 데를 비추는 등불과 같으니 날이 새어 샛별이 너희 마음에 떠오르기까지 너희가 이것을 주의하는 것이 옳으니라"(벧후 1:19).

우리는 자신의 영적 절정의 체험을 매번 깊이 인식하지 못할지도 모른다. 꼭 해야 할 중요하고 급한 일들에 비해 사소하고 하찮은 일이라 치부할 수도 있다. 그러나 예수님은 우리가 당신의 영광을 보기 원하신다. 회의와 절망과 고뇌의 순간에 그 체험을 붙들 수 있도록 말이다. 자신의 내면과 주변의 빛에 주목할 때 그 빛은 점차 더 환해져 마침내 우리는 이웃들의 빛이 될 것이다.

우리는 변화의 체험이 생각보다 우리 곁에 가까이 있음을 믿어야 한다. 그 믿음이 있을 때 겟세마네의 체험도 믿음을 잃지 않고 감당할 수 있다.

오늘은 몹시 피곤하다. 창의적인 힘도 별로 느껴지지 않는다.

8월 7일 수요일

오늘 네이선이 토론토로 돌아갔다. 열흘 동안 함께 좋은 시간을 보냈다. 조용하고 평온하고 아늑한 시간이었다. 우리는 뉴욕에도 가지 않았고 극장에도 가지 않았다! 그래도 좋은 시간이었다. 그와의 우정은 내게 큰 축복이다.

8월 8일 목요일

내 오랜 좋은 친구 딘이 나와 함께 하루를 보내기 위해 코네티컷주 미들타운에서 이곳 피팩까지 차를 몰고 왔다. 나는 딘을 깊이 존경한다. 그는 언제나 내게 도전을 준다. 타협 없는 철저한 신앙, 가난한 이들에 대한 깊은 헌신, 부자들을 향한 예언자적 사역, 늘 예수님과의 더 깊은 연합을 지향하도록 나를 일깨워 준다. 그는 내 양심이다. 나를 사랑하면서도 잘못을 지적한다. 나를 아끼면서도 마음을 흔들어 놓는다. 나를 세워 주면서도 내 한계를 깨뜨리라고 도전한다.

우리의 대화는 언제나 강렬하고 진지하고 깊다. 이 유대인 친구야말로 분명 내 선지자다. 그의 말이라면 들어야 한다. 그가 내게 예수님을 더 가까이하라 말한다면 나는 그 말을 아주 심각하게 받아들이는 것이 좋다.

8월 9일 금요일

"누구든지 나를 위하여 제 목숨을 잃으면 찾으리라"(마 16:25). 예수님의 말씀이다. 많은 것을 잃지 않고 지나가는 날은 하루도 없다. 자신의 내면생활을 잘 들여다보면 금방 깨닫는 사실이 있다.

세상에는 우리가 바라는 대로 되지 않는 일이 너무도

많다. 사람들이 하는 말은 우리의 기대와 다르다. 하루라는 시간은 우리가 원하는 대로 돌아가지 않는다. 이 모든 작은 '상실' 때문에 우리는 마음에 울분을 품고 인생이 억울하다고 불평할 수 있다. 그러나 이런 상실을 예수님을 위해 받는다면 즉 그분의 구속의 죽음에 동참하는 것으로 받는다면 오히려 상실을 통해 점차 자기중심성에서 벗어나 하나님께로부터 오는 새로운 삶에 마음을 열 수 있다. 진짜 문제는 이것이다. "나는 삶의 상실들을 나를 위해 당하고 있는가, 예수님을 위해 당하고 있는가?" 이것이야말로 생사를 가르는 선택이다.

성찬식 전 아침 8시에 워너를 맞이하러 피팩 우체국으로 갔다. 그는 뉴욕주 라이리 자기 집에서 나를 만나러 오는 길이었다. 워너는 오랜 친구이자 컨티뉴엄 출판사 사장이다. 우리는 개인적인 이야기와 업무 이야기를 한 시간가량 나누었다. 소망을 주는 아주 유익한 대화였다. 워너의 우정은 내게 큰 선물이다.

혼자서 조용한 밤을 지낼 수 있어 좋다. 잠시 기도하고 잠시 책을 읽다가 일찍 잠자리에 들었다.

성찬식 때 우리는 물질의 나눔에 관해 이야기했다. 바울의 말이 마음에 깊이 와닿았다. "이것이 곧 적게 심는 자는 적게 거두고 많이 심는 자는 많이 거둔다 하는 말이로다 각각 그 마음에 정한 대로 할 것이요 인색함으로나 억지로 하지 말지니 하나님은 즐겨 내는 자를 사랑하시느니라 하나님이 능히 모든 은혜를 너희에게 넘치게 하시나니 이는 너희로 모든 일에 항상 모든 것이 넉넉하여 모든 착한 일을 넘치게 하게 하려 하심이라"(고후 9:6-8).

나눔에도 여러 차원이 있다고 생각한다. 생각도 후해야 하고, 말도 후해야 하고, 행동도 후해야 한다. 다른 사람을 좋게 생각하고 좋게 말하는 것이야말로 후한 나눔의 기본이다. 그것은 곧 다른 사람을 내 혈육이나 일가친척으로 보고 가족처럼 대해야 한다는 뜻이다. 후한 나눔이란 연민이나 죄책감에서 비롯되는 것이 아니다. 그것은 두려움 없고 거리낌 없는 마음, 내게 주어진 모든 것을 넉넉히 나누려는 마음에서 비롯돼야 한다.

오후 5시에 내 사랑하는 친구 보리스를 맞이하기 위해 차를 몰고 뉴어크 공항으로 갔다. 하버드에서 여름 학기를 가르친 보리스는 우크라이나로 돌아가기에 앞서 잠시 나와 함께 시간을 보내기 위해 오는 길이다. 다시 만나 너무 좋았다. 그는 건강해 보였고 열정이 넘쳤다. 그가 부학장으로 있는 우크라이나 르비우의 신학교는 이제 학생 수가 600명에 육박한다. 최고의 교수진을 확보하고, 강좌 기부금을 모금하고, 우크라이나 학생들을 서방에 유학 보내고, 신학 도서관을 짓고, 르비우 전교생을 수용할 큰 기숙사를 짓는 것 등 그에게는 꿈이 많다.

내가 "그 학교 영성 강좌에 나를 초청하면 어떻겠습니까? 공식 초청장을 보내 주십시오" 하고 말했더니 보리스는 웃으며 말했다. "초청장이 생각보다 일찍 올지도 모릅니다!" 혹시라도 내가 강단에 다시 설 일이 생긴다면 우크라이나야말로 그곳이 될 수 있겠다는 생각이 들었다. 미래의 부푼 꿈을 안고 지도자로 준비되려고 열심히 공부하는 학생들을 가르치다니 얼마나 가슴 벅찬 일인가!

8월 12일 월요일,

뉴욕주 엘름스포드

기도와 성찬식을 마친 후 보리스와 함께 뉴욕주 엘름스포드로 갔다. 우리가 도착하자 더그와 두 명의 그리스 정교회 사제가 맞아 주었다. 보리스는 두 사제와 함께 르비우신학교 후원을 위한 미국 재단 설립에 관해 의논하러 나갔고, 나는 더그와 함께 내 책 《이는 내 사랑하는 자요》의 녹음테이프 제작에 들어갔다. 보리스의 방문은 참으로 은혜였다.

녹음 작업은 잘됐으나 꽤 힘들었다. 휴식도 별로 없이 작고 더운 칸막이 방에 앉아 네 시간 동안 마이크에 대고 책을 읽는다는 것은 보기보다 간단하지 않다. 내가 쓴 글인데도 말을 더듬어 같은 문단을 몇 번이고 반복할 때도 많았다. 녹음 기계의 제어판 조작을 맡은 브루스는 인내심도 많고 언어 감각도 뛰어났다. 어떤 말은 내가 써 놓고도 발음이 잘 안 됐다! 그래도 오후 5시쯤에는 책의 4분의 3 이상을 마쳤다. 나머지는 내일 아침에 끝내기로 했다.

8월 13일 화요일, 피팩

더그와 그의 아내 베시와 더불어 아주 즐겁게 아침을 먹고 난 뒤 나는 다시 몇 시간 동안 작은 칸막이 방에 들어가 《이는 내 사랑하는 자요》의 녹음 작업을 마쳤다. 여기저기 몇 차례 반복을 거쳐 결국 두 시간 만에 본문을 다 읽을 수 있었다.

《이는 내 사랑하는 자요》는 내가 쓴 책이지만 나는 그 책을 한 번도 읽어 보지 못했다. 4년 전의 내가 쓴 책을 읽는다는 것은 색다른 경험이었다. 읽는 내내 여기저기 바꾸고 다시 쓰고 작은 실수들을 고쳐 오늘의 상황에 맞게 개정하고 싶은 마음이 들었다. 하지만 새 책을 쓸 기력을 아끼기 위해 그냥 현재대로 읽는 것이 최선의 길이겠다는 생각이 들었다. 불과 몇 년 만에 사람의 생각과 감정이 그렇게 바뀔 수 있다니 정말 놀랍다. 이 책을 지금 쓴다면 내용이 사뭇 달라질 것 같다. 그럼에도 이 책은 계속 인기를 얻고 있다. 녹음테이프를 제작하는 이유도 바로 그래서다.

8월 14일 수요일

아주 바쁘고 약간은 정신없는 하루였다. 성찬식 때 우리는 공동체 내의 갈등을 처리하는 법에 관해 이야기했다. 우리에게 죄를 짓는 사람들을 다루는 법. 예수님은 이 문제의 해결책을 아주 구체적으로 말씀하신다. "네 형제가 죄를 범하거든 가서 너와 그 사람과만 상대하여 권고하라." 그것이 도움이 안 될 때에만 다른 사람들을 불러들여야 하며, 다시 그것이 효과가 없을 때에만 "교회에 말"해야 한다(마 18:15-17). 본인에게 교회의 말을 듣지 않으려는 뜻이 분명할 때에만 우리는 그 사람을 그냥 내버려 두어야 한다.

사랑의 공동체는 분명 '잘못의 지적'을 통해서만 바른 열매를 맺을 수 있다. 우리는 상대의 유익을 염두에 두어야 한다. 하지만 상대가 끝내 반응하지 않고 계속 해로운 일을 저지른다면 그때는 공동체 전체의 유익이 더 우선된다.

8월 15일 목요일

온종일 사람들을 상대하며 보냈다. 이 시점에서 받아들여야 하는 사실이 있다. 글을 쓸 시간이 이제 많지 않다는 것, 그리고 피팩에서의 마지막 2주간은 대부분 사람들 중심으로 돌아가리라는 것이다.

내일은 조운과 함께 주말을 보내기 위해 샌디에이고에 간다.

8월 16일 금요일,
샌디에이고

정오에 조운의 집에 도착했다. 조운은 나를 따뜻하게 맞이해 바로 식당으로 데려갔다. 거기서 우리는 뉴욕에서 온 친구들을 만났다. 우리는 예술, 종교, 영성을 주제로 좋은 대화를 나눴다.

저녁을 먹으며 조운과 나는 낙태, 생명의 권리 등 많은 이슈와 문제로 심각한 대화를 나누었다. 생명의 성스러움을 이야기하는 허심탄회한 자리였다. 우리는 자기 집에서 자랄 수 없는 아이들을 위해 곳곳에 공동체를 만드는 일이 정말 중요하다는 데 공감했다. 나는 아담 아네트 이야기를 조금 했다. 낙태 찬성론자들의 '진보적' 기준으로 본다면 아담은 아예 세상에 태어나지도 못했을 테고, 그가 없었다면 내 삶과 다른 많은 사람들의 삶은 이렇게 풍성한 복을 받지 못했을 것이다. 나는 대개 낙태 이야기를 피하는 편이다. 사람들이 벌이는 뜨거운 공방이 매번 우려

된다.

여성 문제의 열렬한 지지자인 조운은 자신의 비전이 늘 어떻게 형성되며 변화되고 있는지 이야기했다. 조운으로 인해, 그리고 그녀와 함께 나눈 이 시간으로 인해 깊은 감사를 드린다.

아주 긴 하루였다. 오래오래 푹 쉴 수 있을 것 같다.

8월 17일 토요일

아침에 조운과 함께 테라스에 앉아서, 하나님과 그분의 사랑의 언약에 관해 좋은 대화를 나누었다. 나는 하나님의 마음에 관해 많이 이야기했다.

그분은 인간인 우리의 짐을 져 주시고 우리를 지키시며 언제나 우리 마음속에서 우리와 더 가까워지기 원하신다. 사랑은 거리를 용납할 수 없기 때문이다. 하나님은 우리와 연합하기 원하신다. 그것이 언약이다. 하나님은 두려움의 대상이 아니라 사랑의 대상이시다.

오후 1시에 조운이 말했다. "경마장에 갑시다. 신부님께 신앙 교육을 받았으니 이번에는 제가 세상 교육을 시켜드리지요!"

솔직히 재밌었다! 우리가 앉은 칸막이 구역에는 베팅하는 기계가

딸린 라운지가 있었다. 경마장이 한눈에 내려다보이는 커다란 발코니
였다. 경주 장면을 확대해서 보여 주는 텔레비전도 있었다. 조운은 내게
50달러짜리 게임용 티켓을 주었다. 곧 나는 따고 싶어졌다! 순식간에
도박을 하는 사람들의 심리와 도박의 위력을 느낄 수 있었다. "다음번에
는 한몫 잡을 거야. 그게 안 되면 다음번에. 또 다음번에."

나는 네 마리의 다른 경주마에 각각 2달러씩을 걸었다. 떠날 때 보
니 딴 것보다 잃은 것이 더 많았다. 조운은 말했다. "티켓을 현금으로 바
꾸세요. 그러면 조금 딴 것 같은 기분이 들겠죠!" 티켓을 현금으로 바꾸
니 32달러가 됐다.

집에 돌아와서 우리는 거실에서 예배를 드렸다. 조운은 멕시코에
서 온 안젤라를 모임에 초대했다. 아주 조촐하고 친밀한 시간이었다. 우
리는 함께 기도하며 하나님의 언약의 신비를 음미했다. 나는 얼마나 복
된 자인가.

8월 18일 일요일,
피팩

오늘 여행은 시종 정확히 계획대로 됐다. 오후 5시 15분에 나는 내
작은 창고 집에 다시 돌아와 우편물을 뜯어보고 전화 메시지를 점검했
다. 기내에서 내내 잤더니 오랜 비행 끝인데도 기분이 좋았다!

샌디에이고 방문은 아주 좋았다. 조운과 내가 친구가 되고 있는 기

분이다. 그 우정이 있기에 우리는 진짜 관심사를 솔직하고 허심탄회하게 이야기할 수 있다.

8월 19일 월요일-20일 화요일,
아일랜드 코크로 가는 길

런던행 비행기는 저녁 7시 40분에 출발했다. 런던에 도착하니 아침 7시 반. 오전 10시에 다시 코크행에 올랐다.

8월 21일 수요일,
아일랜드 코크

아일랜드에 올 때마다 삶의 리듬이 달라져 정신이 없다. 시차 때문에 아침 9시까지 안에서 자기로 했다. 하지만 9시 반에 아침 식탁에 나가 보니 여태 아무도 없지 않은가! 이곳 사람들은 서두를 것도 없고 급한 일도 없다. 아일랜드에는 이런 말이 있다. "하나님은 시간을 만드셨다. 그것도 많은 시간을 만드셨다."

나의 아일랜드 방문은 유서가 깊다. 나는 1961년에 소피와 셰이머스의 결혼을 주례했고, 1966년에는 다시 레오니와 패디의 결혼을 주례

했다. 두 쌍 모두 네덜란드에서 결혼식을 올렸지만 그 후 셰이머스는 사업가로, 패디는 외과 의사로 각각 아일랜드 코크로 이사했다.

작년에는 소피와 셰이머스의 장남인 데이비드와 메리의 결혼을 주례하러 아일랜드에 왔고, 이번에는 다시 레오니와 패디의 장녀인 레오니지에와 모건의 결혼을 축하하러 오는 길이다. 그 사이 데이비드와 메리는 첫아들 키안을 낳았다. 나는 일요일에 키안에게 유아세례를 주기로 약속했다. 아마도 내가 키안의 결혼식 주례 때까지는 살아 있지 못하리라!

레오니는 나를 자기 집안의 여름 별장이 있는 오이스터헤븐으로 데려갔다. 별장은 아름다운 만(灣)을 굽어보고 있었다. 거기 도착해서 나는 레오니지에와 모건을 처음 만났다. 각자 자라온 가정을 깊이 사랑하면서도 동시에 다분히 독립적이고 주관이 뚜렷한, 아주 멋있고 밝고 모험심 넘치는 커플이었다. 우리는 그들의 지나온 여정, 인생관, 신앙의 태도 등에 관해 오랜 시간 좋은 대화를 나누었다.

대화 후 나는 온 가족을 위해 거실에서 성찬식을 인도했다. 경치는 그야말로 장관이었다. 멋진 쪽빛의 만은 굽이굽이 푸른 산자락에 둘러싸여 있었고, 멀리 두 개의 바위섬 뒤로는 사방으로 끝없는 바다가 펼쳐져 있었다. 따뜻한 느낌의 구름층 사이로 밝은 햇살이 여기저기 새어 들었고, 나뭇가지는 저녁 바람에 한들한들 춤을 추고 있었다. 이런 경치를 보며 어찌 하나님께 감사하지 않을 수 있으리. 그중에서도 모든 것이 은혜와 아름다움을 말하고 있다.

우리는 오후 5시에 포도원에 들어온 품꾼들의 이야기, 특히 "내가 후하기 때문에, 그것이 당신 눈에 거슬리오?"(마 20:15, 새번역)라는 구절을 묵상했다.

하나님의 커다란 사랑을 믿는다면, 그분께서 늦게 온 사람들에게 온종일 일한 사람들과 똑같은 품삯을 주실 때 우리는 마땅히 기뻐해야 하지 않을까? 하나님의 포도원에서 일하는 것을 특권으로 여긴다면, 늦게 온 사람들이 아침 일찍 온 사람들과 동등한 대우를 받는다고 우리가 화내야 할 이유가 무엇인가? 시기란 사람을 이간질하는 감정이다. 나 아닌 다른 사람이 뜻밖에 큰 선물을 받을 때 진심으로 기뻐하는 것은 과연 불가능할까? 여기 하나의 진리가 있다. 하나님이 나를 얼마나 사랑하는지를 진정으로 알 때에만 우리는 다른 사람을 향한 그분의 후대를 온전히 기뻐할 수 있다.

우리의 대화 내용을 성찬식 식탁에 둘러앉은 가족 안에서 실로 목격할 수 있었다. 시기란 전혀 느껴지지 않았다. 레오니지에와 모건, 이 두 사람에게 특별한 사랑과 넘치는 관심과 수많은 선물이 쏟아질 것에 다들 감사가 넘칠 따름이었다.

8월 22일 목요일,
오이스터헤븐

아침에 일어나니 패디가 물었다. "수영할 생각 있으세요?" 꽤 추운 날씨였지만, 물에서 나오니 따뜻한 공기가 기분 좋게 느껴졌다. 혈액 순환이 아주 잘되는 것 같았다.

아침 늦게 레오니지에와 모건과 함께 다시 대화의 시간을 가졌다. 이번에는 결혼식 세부 사항에 관해 이야기했다. 남은 하루는 선물을 들고 들락거리는 사람들이며 결혼식 준비에 만전을 기하러 좌우로 뛰어다니는 사람들로 온통 북적였다. 나는 조용한 구석을 찾아 조금 책도 읽고 글도 썼다.

8월 23일 금요일,
켄마레

모건과 레오니지에와 그녀의 자매 로즈메리와 함께 켄마레를 향해 아일랜드의 어느 좁은 길을 달리던 중 우리는 대형 사고 현장을 목격했다. 두 아이가 딸린 어느 미국인 부부의 차가 아일랜드 청년이 탄 차와 충돌한 것이다. 차는 둘 다 완전히 찌그러졌다. 현장을 보니 방금 막 발생한 사고임을 알 수 있었다. 미국인 가정은 괜찮아 보였지만 데이비드라는 아일랜드 청년은 머리로 차 앞 유리를 들이받아 아직도 충격에서 헤어나지 못한 채 운전대 앞에 앉아 있었다.

마침 모건에게 휴대전화가 있었다. 그는 즉시 구급대를 부르고 경찰에게도 연락했다. 이어 레오니지에와 모건은 데이비드의 부상 정도를 파악하려 했다. 모건은 조금이라도 신경 손상이 없게 하려고 그를 움직이지 못하게 했다. 레오니지에와 모건은 그에게 계속 말을 걸었다. 쇼크에 빠지지 않게 하려는 것이었다. 그러는 동안 나는 미국인 가정과 이야기했다.

무엇보다 인상 깊었던 것은 모건과 레오니지에가 난데없이 여행이 중단된 사태를 당해서도 능숙하고 자신감 있게 사랑으로 대처하던 모습이었다. 그들은 그 상황에 전심으로 매달려 최대한 올바른 조치를 취했다. 부상당한 청년을 가만히 안정시켜 척추 부상을 막았다. 경찰과 미국인 가정과 구급 대원들, 그리고 앰뷸런스 도착 직후 온 현지 의사에게도 상황을 설명했다. 유익한 정보를 주었고, 격려의 말을 건넸으며, 혼란이나 당황을 막기 위해 최선을 다했다.

오후 3시에 우리는 결혼식 장소인 켄마레에 도착했다. 저녁이 되자 모든 하객들이 바비큐 파티에 모였다. 이 결혼식을 위해 세계 곳곳에서 달려온 사람들을 보며 나는 감탄을 금하지 못했다. 몇몇 친구들이 뉴질랜드에서 왔고, 네덜란드에서도 가족들이 대거 건너왔다. 그 밖에도 홍콩, 중국, 짐바브웨, 남아공, 덴마크, 미국, 영국 등 각지에서 모였다. 하객들은 모두 합해 170명쯤 됐다. 주말 동안 모두 함께 있을 사람들이었다.

세계 각처에서 온 수많은 이들과 대화하며 나는 우선 사람들의 이런 인연에 놀랐고, 그럼에도 이 작은 지구에 아직도 정신적·심리적·종교적 간극이 너무 크다는 사실에 또한 놀랐다. 한 남자와 한 여자의 상호 헌신을 축하하러 이렇게 지구 끝에서 달려오는 일이 가능하다면, 왜 사람들이 종교적·사회적·경제적 차이를 이유로 서로 죽이는 일은 중단하지 못한단 말인가?

가장 편안한 자리에서 가장 어지러운 생각들이 스쳐 간다.

결혼식 주례를 많이 해 봤지만 매번 긴장되고 불안하기는 마찬가지다. 세부 사항이 너무 많아 다 끝나기 전에는 좀처럼 안심이 되지 않는다.

예식은 오후 2시에 있었다. 아주 아름답고 즐거운 예배였다. 나는 서로 사랑하라는 요한복음의 지상 계명을 바탕으로 관심에 관해 이야기했다. 자신의 심령에 대한 관심, 서로에 대한 관심, 다른 사람들에 대한 관심.

성찬식 때 나는 모든 사람을 앞으로 나오게 해, 거룩한 빵이나 축복과 격려의 말을 받도록 했다. 많은 사람들이 축복을 받으러 나왔다. 빵을 받으러 나왔던 사람 중에서도 적지 않은 이들이 나중에 내게 와 축복을 청했다. 그래서 오후 내내 나는 많은 사람들에게 축복의 말을 들려주었다. 하나님의 이름으로 단순한 확신, 격려, 능력의 말을 들려줄 때 사람들이 얼마나 깊은 은혜를 받는지 새삼 깨닫는다.

피로연 저녁 식사는 멋졌다. 자정 무렵에 나는 완전히 지친 몸으로, 춤추는 무리를 빠져나왔다. 실컷 푹 쉴 수 있어 다행이다.

오전 11시에 나는 만이 내려다보이는 작은 호텔 방에서 성찬식을 가졌다. 끝날 무렵 너무 많은 사람이 찾아와 우리는 창문을 열어 두었다. 많은 사람들이 바깥에 앉은 채로 예배에 동참할 수 있었다. 교제 시간에는 비가 퍼부어 다들 작은 방으로 들어왔다.

점심을 잘 먹은 다음 나는 신랑 신부를 비롯해 최대한 많은 사람에게 작별을 고한 뒤 코크로 왔다.

코크에서는 데이비드와 메리가 4개월 된 아들 키안의 세례를 위해 나를 기다리고 있었다. 세례를 집전하기 전, 데이비드와 메리와 함께 세례의 의미를 잠시 되새겼다. 유아세례란 아기가 부모의 재산이 아니라 하나님의 선물이며, 인간 공동체 안으로 맞아들여 하나님의 자녀의 자유로 이끌어 줘야 할 대상임을 선포하는 것이다. 나는 그 점을 설명해 주었다. 메리는 말했다. "우리 어린 키안이 내 소유가 아님을 깨닫는다는 것이 어려울 때가 많아요. 하지만 어찌나 빨리 자라는지, 태어나던 순간부터 계속 나를 조금씩 떠나고 있었음을 잘 알지요. 맞아요. 아기가 이렇게 빨리 자라는 것을 보면 약간 슬퍼져요."

잠시 후 가까운 가족들이 키안의 주위에 모여들었다. 아기는 울고 있었다. 일단 재운 후에 모든 세례의 축복을 받게 하느라 시간이 걸렸다. 기름, 물, 하얀 천, 타오르는 촛불, 모두가 이 적은 가족과 친지들의 모임 속에 변화와 희망의 참된 상징이 됐다. 데이비드는 "믿을 수 없을 만큼 특별한" 시간이었다고 고백했다. 이런 조촐한 모임에서 세례는 거창한 의식이나 예식이 아니라 우리를 직접 만져 우리의 삶에 영향을 미치는 하나의 사건이다.

아주 정겹고 아늑한 분위기에서 저녁을 먹은 후 나는 오랜 단잠을 꿈꾸며 잠자리에 들었다. 미국까지 고생하지 않고 장거리 비행을 하려면 휴식을 잘 취해야 한다.

8월 26일 월요일,
미국 피팩

길고 긴 하루였다! 코크에서 런던으로, 다시 뉴어크로, 다시 피팩
으로. 아주 고된 여행이었다. 가는 곳마다 줄도 길고 비행기는 만원이고
식사도 형편없고 영화도 이상한 것만 나왔다!

일주일간 아일랜드에 다녀오니 몹시 피곤하지만 그래도 아주 좋은
한 주였다. 레오니지에와 모건과 양가 부모는 결혼식에 흡족해했고, 데
이비드와 메리는 내가 키안에게 세례를 줄 수 있어 기뻐했다!

그러나 나는 시간이 지날수록 떨칠 수 없는 그 질문으로 다시 돌아
와 있다. 이렇게 돌아다니는 것이 내 소명일까? 혹 집에 있으면서 글쓰
기에 몰두하는 것이 더 좋은 길은 아닐까? 끊임없이 많은 사람들에 둘러
싸여 그들의 삶에 관여하는 것이 과연 좋은 일일까? 물론 그것은 목회
요, 참된 사역이며, 나는 거기에 은사를 받았고, 그 일을 사랑한다. 하지
만 그런 일을 하면서 동시에 새로운 통찰력을 길어 올려 글로 쓴다는 것
은 극히 어려운 일이다.

아일랜드에는 앞으로 몇 년 사이에 결혼할 젊은이들이 많고, 내게
도 많은 청첩장이 올 것이다. 하지만 이제 거절할 때가 됐다는 느낌이
든다. 물론 쉽지 않다. 나는 내 많은 젊은 친구들을 사랑하며, 그들의 결

410

혼 생활이 기쁘고 의미 있게 시작되기를 간절히 바란다. 이제 좀 더 믿고 맡겨야 할 것 같다. 그들은 필요한 주례 목회자를 찾을 수 있을 것이다. 그 사이에 나는 내 일차적 소명에 충실해야 하리라.

8월 27일 화요일

아침 성찬식 때 우리는 예수님이 책망하신 태도인 위선에 관해 이야기했다. 성직자의 삶은 위선으로 이어지기 쉽다고 생각한다. 영적 지도자의 위치에 있는 우리가 정작 자신의 설교나 가르침대로 살지 못할 때가 많기 때문이다.

위선에서 완전히 벗어난다는 것은 쉽지 않다. 하나님과 교회와 전체 공동체의 이름으로 말하려 하다 보면 어쩔 수 없이 자신의 실상보다 훌륭한 내용도 말해야 하기 때문이다. 내 경우도, 나조차 온전히 살지 못하는 삶으로 사람들을 부를 때가 왕왕 있다.

나는 위선의 최고의 치유책은 공동체라는 사실을 배우고 있다. 영적 지도자인 내가 '내가 돌보는 사람들'과 가까이 살 때, 그리고 그 사람들에게서 사랑의 비판을 받으며 내 잘못을 용서받을 수 있을 때 나는 위선자로 여겨지지 않을 것이다.

위선이란 설교대로 살지 못해서 생겨나는 것이 아니라 설교대로 살 수 없음을 고백하지 못해서 생겨나는 것이다. 나는 내 실수에 대해 우리 공동체 사람들에게 용서를 구할 수 있는 사제가 돼야 한다.

거의 온종일 자질구레한 일들로 바빴다. 전화 받고 손님들을 응대하며 많은 시간을 보냈다.

이제 안식년이 끝나 간다. 이틀 더 남았다! 내일은 내 이사를 돕기 위해 네이선이 토론토에서 비행기를 타고 온다. 모레 아침에 우리는 창고에서 마지막 성찬식을 가질 것이고, 모레 밤에는 페기의 집에서 송별 저녁 식사가 있을 예정이다. 제이와 웬디도 뉴욕에서 와, 피팩 송별 모임에 참석할 것이다.

금요일 아침 일찍, 나는 네이선과 함께 차를 타고 토론토로 향하게 된다. 데이브레이크로 돌아가는 기쁨이야 이루 말할 수 없지만, 이 한 해 동안 시작된 일을 그대로 멈춰서는 안 된다는 생각도 있다. 생각할 것이 많다.

성찬식 때 우리는 용기에 관해 이야기했다. 용기를 뜻하는 '커리지'(courage)라는 영단어는 '마음, 심장'을 뜻하는 〔프랑스어〕 단어 '꿰르'(coeur)에서 나왔다. 용기 있다는 것은 자신의 마음에 귀를 기울이는 것이요 마음으로 말하고 마음으로 행동하는 것이다. 존재의 중심인 우리의 마음이야말로 용기가 머무는 곳이다.

우리는 종종 시사 문제를 이야기하며 거기에 대한 자신의 의견을 토로한다. 그러나 용기란 입장을 밝히는 것이다. 사람들에게 인기 없는 입장일 수도 있다. 입장을 밝히는 것은 단순히 우리 생각이 남들의 생각과 다르기 때문이 아니라, 그 상황에 바르게 대처하는 법을 자신의 존재의 중심으로부터 깨닫기 때문이다.

용기에는 거창한 몸짓이 필요하지 않다. 용기란 흔히 작은 구석에서 시작된다. 험담에 가담하지 않는 것도 용기요, 뒷말하지 않는 것도 용기요, 남을 비웃지 않는 것도 용기다. 다른 사람들을 좋게 생각하는 것도 용기요, 설령 나와 생활 방식이 다를지라도 그들에게 감사의 마음을 품는 것도 용기다. 가난한 사람에게 손 내미는 것도 용기요, 고민에 빠진 아이에게 시간을 내주는 것도 용기요, 전쟁과 폭력과 학대와 착취를 예방하기 위한 행동에 참여하는 것도 용기다.

흔히 우리는 선지자들이 죽은 후에야 그들을 칭송한다. 살아 있는 동안 선지자가 될 마음은 없는가?

8월 29일 목요일

아침 9시에 우리는 창고에서 (어쨌든 당분간은) 마지막일 성찬식을 가졌다. 뉴욕의 웬디와 제이, 토론토의 네이선이 함께 와 참석한 특별한 시간이었다. 복음서를 읽은 후 일부 참석자들의 간증이 있었다. 그들은 지난 6개월 동안 이 작은 성찬식 공동체가 자신에게 얼마나 큰 의미가 있었는지 나누었다. 페기는 필과의 결혼을 마음으로 확정한 것이 바로 이 창고의 성찬식 도중이었다고 말했다. 지니는 지난 반년 동안 우리들 사이에 싹튼 우정에 관해 이야기했고, 프레드는 이 공동체가 성직자인 자신에게 큰 의미를 주었다고 고백했다. 그밖에도 몇몇 사람들이 그간의 체험을 통해 감사를 드렸다.

성찬식 후 우리는 커피를 마시며 좋은 시간을 보냈다. 맛있는 케이크도 많았고 따뜻한 작별의 말도 풍성했다.

오후에 첫 번째 한 일은 짐 꾸리기였다. 제이와 웬디와 지니는 내 모든 물건을 상자며 가방에 담아 내 작은 혼다 차에 싣는 일을 거들어 주었다. 두 번째 한 일은 웬디와 함께 《영혼의 양식》의 인쇄 원고를 검토하는 일이었다. 하퍼 출판사에서 최종 교정을 위해 보내온 원고였다. 웬디는 이번에도 작은 실수들을 많이 찾아냈고, 몇 군데 가벼운 수정을 권하기도 했다. 이 모든 소소한 일을 맡아 준 웬디가 얼마나 고마운지 모른다. 나라면 그렇게 똑같은 본문을 몇 번이고 다시 읽으며 구두점, 정확한 인용, 대문자 사용, 어법 따위에 집중할 인내나 끈기가 없었을 것이다. 웬디의 도움으로 우리는 한 시간 반 만에 전체 원고를 끝낼 수 있었다.

송별 저녁 식사는 6시 반에 있었다. 지니는 내가 피팩에 머물던 동안의 사진을 담은 멋진 사진첩을 선물해 주었다. 클레어는 사진 밑에 아주 우스꽝스러운 제목을 달아 놓았다. 정말 사랑이 가득 담긴 작품이었다. 오늘 아침의 성찬식 장면을 찍은 사진도 있었다. 나는 이 아름다운 선물과 그것을 만드느라 들인 지니와 클레어의 모든 수고에 깊은 감동을 받았다.

저녁 식사 자리는 즐거웠고 음식도 맛있었다. 우리는 모두 집 바깥 뜰에 앉았다. 서늘하고 상큼한 저녁 공기 속에서 좌중엔 웃음꽃이 만발했다. 나는 그간의 사랑과 우정에 일일이 감사를 표한 뒤 피팩에서 보낸 지난 6개월이 내게 큰 의미가 있었다고 말했다. 글이야 계획만큼 많이 못 썼는지 모르지만 새로운 친구들을 많이 사귀었으며, 성찬식 공동체의 형성은 하나님의 독특한 선물이었다. 정말 멋진 친구가 돼 준 페기에게 특별히 감사를 표했다. 페기는 내게 필요한 모든 공간과 자유를 베풀어 주었을 뿐 아니라 나와 내 친구들과 날마다 성찬식에 찾아오는 모든 사람들에게 자기 집과 게스트 하우스를 개방해 주었다. 지난 반년 동안 나를 이모저모 많이 도와준 지니에게도 특별한 감사의 말을 잊지 않았다.

내 안식년의 아름다운 마무리였다.

8월 30일 금요일,
캐나다 리치먼드 힐

오전 7시에 페기에게 작별을 고한 뒤 네이선과 함께 토론토로 향했다. 운전은 어렵지 않았다. 저녁 6시에 우리는 데이브레이크에 도착했다. 여행은 마지막 부분(버팔로에서 토론토까지)이 가장 어려웠다. 연휴를 맞아 차들이 온통 거리로 쏟아져 나와 교통 체증이 극심했던 것이다.

차를 몰고 들어가자 캐시가 어린 새러를 품에 안고 티미와 함께 우리를 맞아 주었다. 케이스와 제피도 갓난아기 디본을 데리고 나와 있었다. 티미는 막 생일 선물로 받은 멋진 네트에서 농구를 하고 있었다.

나는 한 시간 동안 짐을 풀어 내 작은 방을 대충 정돈했다. 저녁 8시에 캐시의 집으로 가 티미와 새러와 함께 멋진 환영 식사를 나누었다. 조금 뒤 다시 내 방으로 돌아왔다. 온 방안이 꽃으로 가득했다. 시오반은 멋진 백합 꽃바구니를 보내왔고, 로렌조는 귀여운 식물 화분을 보내왔고, 유타는 줄기가 긴 카네이션과 여러 꽃들로 빨간 부케를 만들어 보내왔다. 많은 공동체 식구들의 이름과 그림이 들어 있는 큼직한 환영 카드며 풍선도 많았다. 이 얼마나 아름다운 밤인가! 얼마나 따뜻한 환영인가! 과연 안식년은 끝났다. 이렇게 다시 돌아오니 참 좋다.

영혼의 비상,
마침내 진정한 안식으로

나는 지금 막 '신부헨리나우웬학교'(Father Henri Nouwen School)의 공식 개교식에 참석하고 돌아오는 길이다. 우리 라르쉬 데이브레이크 공동체에서 차로 5분 거리에 있는 신설 가톨릭 초등학교다. "신부헨리나우웬학교에 오신 것을 환영합니다!" 젊은 안내원들은 건물 안에 들어서는 우리를 반갑게 맞아 주었다. 아이들과 학부모들로 가득 들어찬 강당에서 나는 헨리를 느꼈다. 헨리는 새로 피어난 이 학교 공동체의 초문화적인 분위기를 한없이 좋아했을 것이다. 시시로 해맑은 어린아이가 되곤 했던 헨리는 신나게 바닥에 털썩 쓰러져 아이들과 함께 뒹굴었을 것이다.

개교식 행사에서 데이브레이크 공동체의 순서가 되자 조우와 빌이 강단에 올라섰다. 조우는 데이브레이크의 평신도 사역자이며 장애인인 빌은 우리 공동체의 핵심 창립 멤버다. 말문을 열면서 빌이 뜻밖에 울음을 터뜨렸다. 많은 이들의 슬픔처럼 빌의 슬픔도 표면 바로 아래 도사리다 걸핏하면 되살아나곤 한다. 슬픔의 강도는 시간이 가면서 잦아들겠지만 빌의 마음, 내 마음, 우리 공동체의 마음에는 언제나 헨리만 한 크기의 구멍이 있을 것이다.

헨리가 나와 함께 데이브레이크로 돌아온 시점부터 다시 상트페테르부르크로 떠나던 시점 사이의 2주간은 힘든 시간이었다. 자유를 만끽하던 한 해를 접고 수많은 요구가 뒤따르는 분주한 공동체 생활로 다시 돌아온다는 것은 쉽지 않았다. 공동체는 공동체대로 헨리에게 다시 담임사제 직분을 맡긴다는 기대에 찬 결정을 내려 둔 터였다. 우리의 새 평신도 사역자인 조우는 일상생활의 많은 목회적 필요를 감당하게 될 것이었다. 헨리는 전체적인 목회 지도자 역할을 계속 맡으면서 집필의 양을 대폭 늘리려 했다. 본인이 간절히 원했던 바였지만, 동시에 지난 10년간 굳어진 역할에서 벗어난다는 것은 그로서도 쉽지 않았다.

9월 1일 일요일은 내게 잊을 수 없는 날이다. 아침 일찍 헨리와 수와 나는 데이브레이크 공동체 식구이자 우리의 가장 가까운 친구인 수전과 함께 성찬식을 갖고자 병원으로 갔다. 햇빛이 화창한 날이었다. 소수의 친한 친구들과 함께 있으니 참 좋았다. 수전은 우리의 문병에, 또 함께 기도할 수 있는 기회가 주어짐에 우리 못지않게 감사해했다.

그날 헨리와 수와 나는 병원을 나서서도 많은 시간을 함께 보냈다. 천천히 느긋하게 점심을 먹고 호숫가를 거닐며 많은 주제를 놓고 이야기꽃을 피웠다. 앞으로 한 해 동안 함께 있을 시간이 많지 않으리라는 것을 알았기에 다들 그 시간을 더욱 소중히 여겼다. 헨리가 막 돌아오긴 했지만 수는 스트랫퍼드 라르쉬 공동체의 지도자 대행 직책을 맡아 곧 떠날 참이었다. 사실 이날은 지난 12년간 한 식구로 살아온 우리 세 사람이 함께 보낸 마지막 시간이었다.

9월 10일, 헨리는 데이브레이크이사회 선임이사인 딘 레빗과 저녁을 먹는 자리에 나를 함께 불렀다. 헨리는 자신의 유언에 관해 몇몇 이슈를 자세히 이야기했다.

헨리는 9월 15일 일요일 오후에 데이브레이크를 떠났다. 상트페테르부르크에서 자신의 책 《탕자의 귀향》에 대한 다큐멘터리 영화를 만들기로 돼 있었다. 그는 네덜란드에 들러 하룻밤 쉬면서 그 영화의 네덜란드인 제작진을 일차 만난 뒤에 러시아로 가기로 했다. 잠시 캘거리에 갔던 나는 9월 16일 월요일 이른 아침에 토론토로 돌아왔다. 헨리의 비서인 캐시에게 청천벽력 같은 전화가 처음 걸려온 것은 아침 8시(네덜란드 시간으로 오후 2시)경이었다. 헨리가 심장 발작을 일으켜 중환자실에 있다고 했다. 중태라고만 할 뿐 정보는 빈약했다.

즉각 네덜란드로 가야겠다는 생각이 들었다. 헨리가 죽지 않으리라는 것도 '알았다.' 내 여행은 어디까지나 위기를 만난 친구와 함께 있기 위해서였다. 나는 급히 회의를 소집해 폴라와 칼과 함께 의논했고, 그들도 내가 가야 한다며 거들었다. 여섯 시간 후 나는 대서양을 가로지르고 있었다.

네덜란드에 도착한 헨리는 바로 힐베르쉼의 작은 호텔에 여장을 풀고 쉬었다. 몇 시간을 자고 일어난 헨리는 호텔 지배인에게 전화를 걸어 의사를 만나고 싶다고 했다. 지배인은 의사에게 전화를 건 뒤 헨리의 방으로 갔다. 헨리를 본 그는 즉시 구급차를 불렀다. 계단이 너무 좁아 구급 대원들은 헨리를 수평 상태로 이동할 수 없었다. 그래서 소방서에 연락해 위층 창문을 통해 그를 달아 내렸다.

우리가 캐나다에서 전화를 받았을 즈음에는 이미 헨리의 아버지와 헨리의 남매들인 라우린, 폴, 로렌트가 힐베르쉼 병원에 와 헨리 곁에 있었다. 헨리의 책 관련 다큐멘터리를 맡았던 영화사 감독 얀 반 덴 보쉬도 그 자리에 함께 있었다. 헨리는 하루 종일 심한 통증에 시달렸다. 로렌트가 밤새도록 헨리 곁을 지켰다.

내가 병원에 도착한 것은 화요일 오후 2시였다. 헨리가 더 이상 위험한 상태가 아니라는 의료진의 말이 있었음에도 그의 고통은 너무나 확연했고 아예 말할 힘조차 없어 보였다. 가슴이 무너지는 것 같았다. 헨리를 지금까지 지켜 주신 것과 항공편이며 모든 상황을 잘 열어 주셔서 나를 여기까지 올 수 있게 해 주신 하나님께 감사드릴 뿐이었다. 헨리는 불과 몇 번밖에 입을 열지 못했다. 한번은 헨리가 저녁 늦게 내 손을 잡고 이렇게 말했다. "내가 죽거든 뭐든지 제일 쉬운 방법으로 하세요. 나는 네덜란드에 묻혀도 좋습니다. 그게 최선의 길이라면 말이에요. 그리고 모든 사람들에게 내가 감사했다고 말해 주세요. 나는 너무너무 감사합니다."

연이어 수요일도 힘든 하루였다. 통증이 심했지만 의사들은 헨리에게 곧 가라앉을 거라고 다짐을 주었다. 헨리는 생각이 또렷하지 않다며 불안해하고 두려워했다. 게다가 그는 피곤했다. 몹시 피곤했다. 하지만 목요일 이른 아침에는 획기적인 변화가 나타났다. 헨리는 처음으로 침대에 일어나 앉았으며 확실히 큰 차도를 보였다. 그 변화는 놀라웠다. 헨리가 진정 살아 있었다. 헨리가 이번 위기를 견뎌 내리라는 내 첫 직감이 사실로 확인되는 순간이기도 했다. 나는 깊은 감사를 드렸다.

다음 이틀간의 추억을 나는 영원히 고이 간직할 것이다. 언제 심장 발작이 있었냐는 듯 헨리는 회복이 아주 빨랐다. 중환자실에서도 나왔고, 목요일 오후에는 어렵사리 개인 전화도 연결할 수 있었다! 삶은 급속도로 정상으로 돌아오고 있었다. 가족들과 몇몇 가까운 친구들이 헨리에게 문병을 왔다. 금요일 날 헨리는 간호사를 만나 퇴원 절차를 밟기 시작했다. 간호사는 손에 플라스틱 모형의 인간을 들고서 그간 헨리에게 있었던 일을 설명해 주었다. 헨리는 주말에 계속 병원에 있다가 월요일이나 화요일에 퇴원할 참이었다. 그러면 나는 월요일에 토론토로 돌아오고, 헨리는 며칠간 가족들을 만난 뒤 내 뒤를 따라올 참이었다.

헨리는 이 심장 발작을 모든 선물처럼 감사로 받아야 할 하나의 선물로 보았다. 그것은 경종이었다. 헨리는 중대한 방식으로 생활 방식을 바꾸어 속도를 늦출 필요가 있었다. 그것은 인생의 새로운 국면에 들어서려던 그의 바람과도 잘 맞아들었다. 그는 여행을 줄이고 글쓰기를 늘리면서 새로운 형태의 집필을 시도하고 싶어 했다. 한창 추진하던 데이브레이크의 데이스프링신앙센터 신축을 그는 벅찬 마음으로 지켜보고 있었다. 그 건물이 지어지면 그는 데이브레이크에서 다양한 공동체 식구들을 상대로 더 많은 수련회를 인도할 수 있을 것이다. 헨리의 질문은 "왜 이런 일이 일어났으며 나는 이제부터 어떻게 할 것인가?"가 아니었다. 오히려 그는 이렇게 말했다. "이 뜻밖의 사건을 감사드립니다. 이 일을 계기로 내 소명인 새로운 일에 좀 더 충실해질 수 있을 테니 말이에요."

금요일 아침 헨리와 나는 병상 둘레에 커튼을 치고 소란하고 분주한 병원 한구석에서 성찬식을 가졌다. 기도하는 마음으로 갖는 조촐한 성찬식은 그야말로 감사의 순간이었다. 죽음을 채 스물네 시간도 남겨 놓지 않고서 헨리는 또 한 번, 그의 평생에 가장 핵심적인 행위였던 성찬의 신비 속으로 들어갔던 것이다. 저녁 9시쯤 헨리와 얀과 나는 함께 밤 기도를 올리며 하루를 끝마쳤다. 헨리는 우리와 함께 계단을 걸어 병원 현관까지 내려왔다. 떠나면서 나는 헨리를 되돌아보며 손을 흔들었다.

혹자는 마지막 며칠을 헨리와 함께 보냈기에 그의 죽음을 맞이할 준비가 더 잘 돼 있었을 거라고 내게 말한다. 그 말처럼 사실과 정반대인 말도 없으리라. 헨리와 함께 있던 우리가 준비하던 것은 그의 죽음이 아니라 그의 새로운 삶이었다. 그의 죽음은 내게 말로 다 표현할 수 없는 큰 아픔이었다. 헨리는 토요일 이른 아침에 격렬한 심장마비로 세상을 떠났다. 간호사들의 말에 따르면 꽤 급작스런 죽음이었다고 한다. 아무도 병원으로 달려올 새 없이 그는 떠났다.

살아생전 헨리는 고통받는 이들과 함께 살았고, 죽어 가는 많은 이들 곁에서 임종을 지켰다. 이제 우리는 우리의 친구요 스승인 그의 죽음에 관해 무슨 말을 할 수 있을까? 헨리가 기대하던 바는 아니었지만 그의 심장마비는 과연 그를 다른 세상으로 인도해 준 하나의 선물이었다. 헨리가 가족들과 몇몇 가까운 친구들이 있는 고국에서 죽을 수 있었다는 것은 또 얼마나 놀라운 은혜인가. 이 사람들의 존재와 팩스를 통한 많은 위로와 여기저기서 걸려온 전화를 통해 헨리는 자신이 얼마나 깊이 사랑받는 존재인지를 확인할 수 있었다.

헨리가 자신이 꽤 오래 더 살 줄로 진심으로 기대하긴 했지만, 그럼에도 그는 죽음을 겁내지는 않았다. 그에게는 많은 고뇌가 있었고 그는 그 고뇌들을 직접 친구들에게 혹은 많은 저서에서 솔직히 털어놓았다. 이것만은 분명하다. 헨리는 자신과, 가족들과, 자신이 속한 라르쉬라는 신앙 공동체와, 친구들과, 사제로서의 자신의 소명과, 무엇보다 하나님(그분의 영원한 사랑이야말로 헨리의 64년 인생에 등대가 됐다)과 화평한 상태로 이 땅에서의 최후를 맞이했다.

1998년 4월 29일, 라르쉬 데이브레이크에서

네이선 볼
Nathan Ball

※ 헨리 나우웬의 유작 관리인 수 모스텔러에게 특별히 감사를 표한다. 《안식의 여정》을 책으로 출간하는 방대한 작업을 마칠 수 있었던 것은 그녀가 헨리 나우웬을 향한 사랑과 헌신으로 각고의 수고를 마다하지 않았기 때문이다.

감사의 말

헨리의 친구들의 넘치는 사랑이 아니었다면 이 책의 출간은 불가능했을 것이다. 헨리는 그 우정에 감사를 표하고 싶었을 것이다.

헨리의 공동체인 라르쉬 데이브레이크는 헨리가 안식년을 계획하고 지낼 수 있도록 지원해 주었다.

헨리는 안식년 초반의 4개월가량을 매사추세츠주 워터타운에 있는 조녀스의 집에서 보냈다. 그의 좋은 친구 로버트 조녀스와 아내 마거릿 불릿-조녀스과 아들 샘은 헨리를 따뜻하게 환대해 주었고, 마거릿의 친정어머니인 새러 도어링은 개인적인 일정으로 자신이 몇 달 집을 비우는 동안 자기 방을 헨리에게 내주었다. 뉴저지주 피팩의 페기 맥도널은 마지막 7개월 동안 헨리를 자신의 게스트 하우스에 머물게 해 주었다. 한스·마거릿 크루트왜건과 웬디 그리어·제이 그리어도 안식의 여정 중 집 떠난 헨리에게 거처를 마련해 주었다.

지니 홀과 캐시 크리스티는 헨리가 깔끔하게 손으로 써 놓은 초고를 타이프로 쳐 주었다.

수전 브라운의 일차 교정으로 원고는 반으로 줄었다. 그녀는 최종 원고도 정리해 주었다.

헨리의 동생 로렌트 나우웬은 많은 시간을 들여 초고와 교정 원고를 읽으며 검토해 주었다. 조금씩 바꾸고 세부 내용을 뺄 때 그의 충고와 격려가 결정에 도움이 됐다.

웬디 그리어는 최종 원고를 읽으며 헨리의 글을 더 넓고 깊이 이해할 수 있도록 조언해 주었다.

준비 과정에서 가장 중요한 역할을 한 사람은 캐시 크리스티였다. 그녀는 최종 작품에 대한 생기 넘치는 소망으로 피곤도 잊은 채 원고를 세세하게 다듬어 주었다.